本书得到辽宁省教育厅2019年度人文社科服务地方类项目（2019JYT04）经费与2019年度大连外国语大学学科建设专项经费的联合资助

绿色经济前沿丛书

绿色金融发展与经济可持续增长

GREEN FINANCE DEVELOPMENT AND SUSTAINABLE ECONOMIC GROWTH

贾晓薇 著

序

读博是我学术生涯中最重要的一段旅程，从此我进入了一个崭新的世界。在阅读金融发展理论方面的文献时，我了解到金融发展与经济增长的关系是半个多世纪以来人们关注的焦点且一直存在争论。人们无法得出一致结论的主要原因在于没有把能源和环境因素纳入金融发展理论。而绿色金融在考虑能源与环境污染的前提下，考虑绿色金融资本的投入，主要是投入新能源的开发、节能减排以及环境污染治理，以提高环境质量，促进经济可持续增长。

能源与环境问题是经济发展的过程中必然要经历和面对的问题，金融的发展在促进经济增长的同时，可能会带来更多的能源消耗和环境破坏，而绿色金融可以在节约能源、改善环境以及应对气候的变化方面有更大的作为，因此绿色金融的发展是时代的要求，也是经济发展需要考虑的可持续性问题的较好的解决方式。从当前的发展状况来看，由于各国政府的重视，绿色金融发展的速度显著加快。从 2003 年“赤道原则”公布以来，截至 2019 年 11 月底，全球共有 38 个国家的 101 家金融机构宣布采用“赤道原则”，全球绿色金融市场不断扩大。随着国家绿色信贷标准与原则不断完善，绿色信贷市场扩容，绿色债券发行量再创历史新高，监管部门及投资者对环境、社会和公司治理更加重视，碳交易市场覆盖范围不断扩大，绿色金融的双边及多边国际合作进一步深化。自 2007 年欧洲投资银行发行第一只绿色债券以来，全球绿色债券市场以大于 50% 的年均增长率快速增长，截至 2019 年 12 月 18 日，全球合计发行 2312 亿美元的绿色债券，2019 年上半年，中国发行的绿色债券总额达到 1439 亿元（约合 218 亿美元），同比增长 62%，在全球居第二位。中国在绿色金融领域的快速发展得益于政府的重视。2016 年我国“十三五”规划提出“建立绿色金融体系，发展绿色信贷、绿色债券，设立绿色发展基金”，绿色金融的发展已经上升为国家战略。2016 年 8 月财政部等七部委联合印发《关于构建绿色金融体系的指导意见》，2017 年 6 月国务院在浙江、江西、广东、贵州、新疆五省区八市（州、区）进行绿色金融改革创新实验区的建设，绿色金融在实践中发展特别迅速，但在理论研究方面有些滞后。2019 年中国人民银行发布的《中国绿色金融发展报告（2018）》指出，“截至目前，学术界尚未形成绿色金融的完备理论，对绿色金融促进经济增长和转型升级的作用机制的研究也不够透彻”，“需要将环境因素嵌入传统经济学和金融学的分析框架，研究和明确绿色金融的理论原理、定价机制、影响因素、环境社会效益及其对经济增长和可持续发展的作用机制等内容”。本书试图建立绿色金融发展理论的一般框架，探讨绿色金融发展与经济可持续增长之间的关系。

本书基于内生经济增长理论，将绿色金融资本内生化，建立了在能源约束、环境约束以及能源与环境双重约束下的三个理论模型，得出经济可持续增长的条件，并建立了绿色金融发展的理论框架，根据绿色金融发展是否作用于经济可持续增长，通过什么传导机制起作用，以及作用的效果如何，构建起三种机制，即作用机制、传导机制和效果评价机制，分别通过固定效应模型、中介效应模型和双重差分模型进行了实证检验，得出以下一些有价值的结论。

（1）绿色金融发展能够促进经济可持续增长，考虑到能源与环境的约束，经济可持续增长是运用非期望产出的 DEA－SBM 超效率模型计算的碳排放效率和绿色全要素生产率来衡量的。

（2）绿色金融发展是通过研发投入的部分中介、技术创新的完全中介和产业结构的调节效应这样的传导机制对经济可持续增长起作用的。

（3）绿色金融发展的政策效果在比较发达的省份显著，因此应该根据不同收入水平的省份的特点制定不同的绿色金融发展政策。

本书的现实意义还在于通过厘清绿色金融发展对经济可持续增长的理论机制，为政府的绿色政策制定提供依据，为金融企业发展绿色金融提供激励，为企业履行社会责任以及选择产业的发展方向提供帮助。

2016 年 4 月《巴黎协定》正式签署，全球各国越来越重视环境变化的影响，对于绿色金融的研究也变得更加符合经济发展变化的需要。在不断探究学术的过程中，我深深地感觉到对于人类可持续发展的关注不但关系到地球的未来，也关系到每个人的生存空间和命运，因此学术的边界应不断拓展和延伸。

绿色金融还需更加深入的研究，以使理论模型的变量与实证检验更为契合。随着数据的进一步积累和标准的统一完善，学者能够选择更适合的变量来研究绿色金融的发展。另外本书对于绿色金融发展与经济可持续增长之间是否存在互为因果的关系的探讨，为未来的进一步深入研究提供了发展空间。

本书的绿色金融资本内生化经济增长模型，是对内生经济增长模型的改进，三种机制是对绿色金融发展理论的新的构建，建立起的绿色金融发展与经济可持续增长之间的关系是对金融发展与经济增长之间关系研究的深化。期待本书能够启发绿色金融的理论研究者们，为政策制定者们提供依据，为绿色金融发展贡献绵薄之力，期望不断涌现学术界的真知灼见。

贾晓薇

2020 年初秋于大连

前　言

关于金融发展与经济增长的关系，学术界一直存在争论，一方面认为金融发展在促进经济高速增长的同时，也带来环境的破坏与污染，经济增长不可持续；另一方面认为金融发展可以使更多的资金投入环保项目，或者用于可持续发展项目的融资，从而提高环境治理的效率。关于金融发展与经济增长之间关系的讨论一直没有达成一致，根本原因在于没有考虑能源与环境的约束。绿色金融往往与“环境金融”和“可持续金融”联系在一起，对于绿色金融的定义虽然并未统一，但均强调提供的金融服务支持环境的改善，有利于经济的可持续增长。绿色金融发展考虑了能源与环境的约束，将绿色金融资本投入新能源的开发与环境污染治理之中，使其成为经济增长的内生性因素，同样经济可持续增长也考虑了能源与环境的约束。本书研究表明，绿色金融发展可以促进经济可持续增长。因此大力发展的绿色金融，成为经济可持续增长的重要推动力量。

从实践来看，以 2003 年国际金融公司与世界著名银行共同发起和建立的“赤道原则”为标志，将“环境要素的考量”作为国际项目融资的新标准和规范，绿色金融得以兴起和推广。2015 年 9 月，我国《生态文明体制改革总体方案》首次明确提出了要建立绿色金融体系；2016 年 8 月，财政部等七部委发布了《关于构建绿色金融体系的指导意见》。这两个文件成为我国绿色金融发展最为重要的指导文件。2017 年 6 月，国务院决定在浙江、江西、广东、贵州、新疆五省区八市（州、区）开展绿色金融改革创新试验区的建设，动员和激励金融机构注重环境保护的投资，企业注重自身的社会责任，更多的资金进入节能环保的绿色产业，对于提高环境质量、促进经济的可持续增长意义重大。2017 年 10 月党的十九大召开，发展绿色金融被写入报告，我国绿色金融发展在此背景下取得了非常显著的成绩，但是在理论研究方面比较滞后，没有形成绿色金融发展的理论体系，实践的发展缺乏理论上的指导。

本书基于内生经济增长理论和金融发展与经济增长理论已有的研究成果，构筑绿色金融资本内生化经济增长模型，分别提出能源约束、环境约束，以及能源和环境双重约束下的新的理论模型，从理论上探讨绿色金融发展对经济可持续增长的促进作用，提出绿色金融发展与经济可持续增长之间的理论分析框架，并探讨绿色金融发展对经济可持续增长的作用机制、传导机制与效果评价机制，并分别运用固定效应模型、中介效应模型和双重差分模型实证检验了各种机制。

本书所构建的绿色金融发展理论将绿色金融资本纳入内生经济增长理论框架，这是对内生经济增长理论的补充，也是对金融发展理论的边际贡献。对于学术上金融发展与经济增长关系的争论，笔者提出了自己的独到见解和判断。本书所构建的绿色金融发展理论框架的现实意义在于，可以为我国宏观经济政策的制定提供理论依据，为环保产业和绿色产业提供更多的资金支持，为经济可持续增长做出贡献；解决了银行盈利性与外部性的矛盾，在制度层面设计有利于调整产业结构向绿色产业、环保产业优化升级的制度安排，有利于调整金融结构从绿色信贷向金融市场绿色证券、保险等方面发展所需的规则、政策等，对于经济可持续增长、提高全要素生产率起到积极的作用。

本书的研究贡献主要表现在：首先，丰富了金融发展与经济增长理论以及内生经济增长理论，进一步构建起绿色金融理论框架；其次，优化了经济可持续增长的度量方法，以碳排放效率和绿色全要素生产率来度量经济可持续增长；最后，进一步对比分析中国在世界绿色金融发展领域的地位及不同经济发展阶段的规律，探讨了绿色金融发展对经济可持续增长的作用机制、传导机制以及效果评价机制，为中国在能源和环境的约束下发展绿色金融、保持经济可持续增长提供理论支持和现实指导。

本书的结构安排如下。

第 1 章为绪论。本章主要介绍本书的研究背景与意义、研究内容与研究方法等，同时指出创新和不足之处。

第 2 章为相关研究文献综述。本章从四个方面对相关研究文献进行归纳和评述：①金融发展与经济增长关系的研究；②绿色金融发展的研究；③经济可持续增长的研究；④绿色金融发展与经济可持续增长的研究。一方面是基于金融发展与经济增长关系所做的文献梳理，另一方面是关于经济可持续增长的文献整理，从新古典到内生经济增长理论，从能源约束、环境约束再到能源与环境双重约束，经济可持续增长的条件在不断发生变化。另外，绿色金融发展的文献在最近几年呈爆发式增长，但主要是基于实证方面的成果，在理论上还没有形成完整的理论框架，尤其对绿色金融发展与经济可持续增长的关系缺乏深入的研究。

第 3 章为理论基础与理论模型拓展。将绿色金融资本作为单独投入的生产要素纳入生产函数，分别考虑在能源约束、环境约束以及能源与环境双重约束的条件下，绿色金融资本在节约能源和开发新的可再生能源以及减少污染排放、治理污染等方面会影响能源的存量以及污染排放的存量，因而绿色金融资本的投资直接影响经济可持续增长。本章考察经济平衡增长的均衡解，构筑起三个理论模型来说明需要具备什么条件才能实现经济可持续增长，并进一步提出本书的理论分析框架，对绿色金融发展对经济可持续增长的作用机制、传导机制以及效果评价机制进行描述。

第 4 章为国内外绿色金融发展的状况。本章通过讨论有代表性的高收入、中高收入和中低收入国家的绿色金融发展状况，总结不同收入的国家在绿色金融发展中的不同政策，会有不同的成果展现。通过对比可以看出中国在世界绿色金融发展领域的地位，通过介绍中国绿色金融发展的历程与现状，总结发展的经验和特点，也指出存在的不足之处，主要是在各方面的制度上不够完善，如何调整和改进这些制度上的缺陷，是中国绿色金融进一步发展的重要前提。

第 5 章为绿色金融发展与经济可持续增长关系的实证检验。首先，从理论上分析绿色金融发展对经济可持续增长的影响；其次，介绍经济可持续增长的两种度量方法——碳排放效率和绿色全要素生产率，碳排放效率是利用 1990 ~ 2016 年的跨国面板数据，绿色全要素生产率是基于中国 2005 ~ 2015 年的省际面板数据，都运用非期望产出的 DEA - SBM 超效率模型进行计算；再次，对绿色金融发展进行度量；最后，主要运用固定效应模型实证检验了中国绿色金融发展与经济可持续增长的关系。

第 6 章为绿色金融发展对经济可持续增长传导机制的实证检验。本章在理论上讨论了绿色金融发展通过研发投入和技术创新及产业结构的传导路径，对经济可持续增长产生影响；在实证上基于 2005 ~ 2017 年的省际面板数据，运用中介效应模型和有中介的调节效应模型进行了实证检验，揭示了研发投入的部分中介效应以及技术创新的完全中介效应与产业结构的调节效应。

第 7 章为中国绿色金融制度实施的效果评估。本章把试点省市列为处理组，把非试点省市作为对照组，运用 2005 ~ 2015 年的省际面板数据，实证检验在不同阶段实行绿色金融制度的地区与非试点地区制度效果的差异性。

第 8 章为研究结论与对策建议。根据研究结论，结合中国发展绿色金融遇到的问题，提出相应的对策建议，主要应进一步完善绿色金融法律制度、市场制度、监管制度、机构制度、信息制度等。

第 9 章为绿色金融发展的未来。理论方面主要是研究新结构经济学视阈下的绿色金融发展，实践方面主要是研究“一带一路”背景下的绿色金融发展、地方绿色金融试点的未来发展、未来的 ESG 投资与绿色金融、金融科技与绿色金融的融合发展。

本书只是对绿色金融发展理论提出了一个简单的框架，对于其理论机制的探索也很粗浅，而且由于笔者理论功底不够深厚，仍存在一些不足和尚待改进的空间，希望能够得到同行专家的批评指正，以待进一步完善，为本领域的进一步探索做出微薄的贡献！

目录 CONTENTS

1 绪论

经过改革开放40多年的发展，中国经济取得了举世瞩目的成绩，然而随着经济的快速发展，中国的能源消耗与环境污染也越发严重，中国工业化进程面临能源、环境双重约束的挑战，保护生态环境成为政府关注的焦点，发展绿色经济成为国家的应对策略。十八届五中全会提出了“创新、协调、绿色、开放、共享”的新发展理念，发展为绿色经济提供金融支持的绿色金融成为当前形势下国家的战略取向。2016年3月17日，我国“十三五”规划明确提出“建立绿色金融体系”，这意味着中国绿色金融体系建设上升为国家战略。2016年8月，中国人民银行、财政部等七部委联合印发了《关于构建绿色金融体系的指导意见》，提出了支持和鼓励绿色投融资的一系列措施，强调构建绿色金融体系的主要目的是动员更多资本进入绿色产业、抑制污染型投资，有助于促进社会的可持续发展。2016年9月在杭州召开的G20峰会上，中国首次把绿色金融议题引入议程。2018年在阿根廷举办的G20峰会上，绿色金融再次被写入领导人峰会成果文件。作为经济学领域的研究者，笔者感受到对社会焦点问题研究的社会责任。本书主要从理论和实证两个方面研究绿色金融发展与经济可持续增长的关系，以期为如何发展绿色金融提供有价值的建议。

1.1 研究背景与意义

1.1.1 研究背景

从理论上看，学术界存在争论，在金融发展和经济增长关系的探讨上，有学者认为金融发展可以促进经济增长，也有学者认为金融发展会阻碍经济增长，还有学者认为两者不相关，很多实证研究也无法得出一致的结论。另外，金融发展在促进经济高速增长的同时，也带来环境的破坏，而环境问题的解决在很大程度上还需要金融发展，金融发展能够带来新的技术，促进节能减排、污染治理，因此对金融发展是促进还是阻碍环境问题的解决存在争论。金融发展一方面可以促进经济增长，从而增加对一次能源的消费，造成环境污染，使二氧化碳排放增加；另一方面金融发展也可以使更多的资金投入环保项目，或者用于可持续发展项目的融资，使绿色金融快速发展，从而提高环境治理的效率。

我国经济发展到一定阶段，环保问题日益突出，金融发展要支持什么样的产业发展的问题摆在面前。环境风险也正在成为金融风险中的一部分。2015 年 9 月，我国《生态文明体制改革总体方案》中有“构建绿色金融体系”的内容；2016 年 8 月，财政部等七部委发布了《关于构建绿色金融体系的指导意见》。这两个文件成为我国发展绿色金融最为根本的指导文件。2016 年以来，在我国积极倡导和推动下，绿色金融连续三年被纳入 G20 峰会重要议题，为加快绿色金融国际主流化进程和全球绿色金融治理做出了卓越贡献。由中国、法国、英国等 8 个国家的央行和监管机构成立的央行与监管机构绿色金融网络（NGFS）成员单位快速增加，中国在绿色金融领域的国际话语权和引领力大幅提升。我国还与欧盟等经济体共同搭建起可持续金融国际平台（IPSF），积极利用“一带一路”绿色投融资合作，中欧、中英、中法高级别财金对话等双边和多边平台，向全球积极宣传中国绿色金融政策、标准和最佳实践，为推动实现《巴黎协定》和联合国2030年可持续发展目标贡献中国力量。

在实践方面，2017年6月，在浙江、江西、广东、贵州和新疆五省区八市（州、区）开展绿色金融改革创新试验区的建设，这为进一步的理论探索提供了试验的场所；2019年12月将兰州列为试验区，为绿色金融服务地方经济绿色转型提供了示范，开展了各具特色的绿色金融改革创新实践，有力支持了地方绿色产业发展和转型升级。截至2020年第一季度末，各试验区绿色贷款余额近2000亿元，占试验区全部贷款的13.2%，高于全国平均水平3.2个百分点；绿色债券余额575亿元，同比增长115%。试验区绿色项目库入库项目总数超过2000个，绿色项目累计投资超1.67万亿元，成为绿色发展的风景线，也可以检验绿色金融实施的政策效果。

本书研究的目标是考察绿色金融发展与经济可持续增长的关系，从理论和实证两个方面考察在当前的研究背景下绿色金融发展是否可以促进经济可持续增长。当前绿色金融发展的着力点应该放在绿色金融各种制度的完善，实现生态平衡与经济社会共同持久良性发展的可持续增长上。

1.1.2 研究意义

1. 理论意义

中国人民银行发布的《中国绿色金融发展报告（2018）》指出，“截至目前，学术界尚未形成绿色金融的完备理论，对绿色金融促进经济增长和转型升级的作用机制的研究也不够透彻”，“需要将环境因素嵌入传统经济学和金融学的分析框架，研究和明确绿色金融的理论原理、定价机制、影响因素、环境社会效益及其对经济增长和可持续发展的作用机制等内容”。因此研究绿色金融发展与经济可持续增长的关系及影响机制，一方面为政策的制定寻找理论依据，另一方面将绿色金融资本纳入内生经济增长理论框架下，构建绿色金融资本内生化经济增长模型，分别提出能源约束、环境约束和能源与环境双重约束下的新的理论模型，从理论上探讨绿色金融发展对经济可持续增长的促进作用。这是对内生经济增长理论的探索，也是对金融发展理论的边际贡献。对于学术上金融发展与经济增长关系的争论，笔者提出了自己的独到见解和判断。

2. 现实意义

党的十八大以来，生态环境保护日益受到社会各界的重视，环境保护已成为经济社会可持续发展的必然要求。我国“十三五”规划提出“建立绿色金融体系”，将构建绿色金融体系上升为国家战略。在 2016 年杭州 G20 峰会上，首次将“绿色金融”写入领导人公报，党的十九大报告中也纳入“绿色金融”一词。绿色金融能够支持环境改善、应对气候变化和提升资源利用效率。绿色金融制度可以提高绿色项目的投资回报率和融资的可获得性，同时抑制对污染项目的投资，研究其对金融结构和产业结构的调整，对经济可持续增长的影响，现实意义重大。2019 年 3 月国家发展改革委等七部委联合发布《绿色产业指导目录（2019 年版）》，标志着行业绿色属性判断标准取得重大进展，同时为金融机构提供融资的绿色金融发展提供了重要的评估标准。我国制定了一系列绿色金融支持政策，建立起我国的绿色投融资行业的标准，也有利于建立起我国在此领域的话语权，对于推动世界其他国家在环境金融领域的合作有着重要的现实意义。本书着眼于当前绿色金融发展的现状，研究中国绿色金融发展的模式和特点，可以为其他国家，尤其是发展中国家提供借鉴，同时，在研究绿色金融发展的影响因素中发现绿色金融发展的不足，并提出解决对策，为政策的制定提供指引。在金融制度的改革方面，在金融机构的设立与金融市场的建立方面，在金融的监管与标准规范方面，都注入绿色因素，研究绿色金融发展应该在哪些制度方面加以完善，才可以促进经济可持续增长。在中国目前以银行体系为主的金融结构中，绿色信贷也是绿色金融市场主要的供给产品，应该增加直接融资的比重，以更广阔的渠道来增加绿色金融市场的供给。随着国家推行的生态文明建设重要战略以及环保产业的鼓励政策出台，绿色金融在实践中可以提供经济增长方式转变（由能源消耗型向创新驱动型转变）所需要的金融支持，即绿色金融资本的投资，优化绿色金融资源的配置，积极推动环保产业的发展，因此研究绿色金融发展问题，可以为政府促进社会经济与环境保护协调发展提供决策帮助。

1.2 相关概念的界定

1.2.1 金融制度与金融发展

金融从字面上理解是指资金的融通，与金融相关联的概念有许多，而且从不同的角度和层次去理解，也会衍生出千差万别的概念。与金融相关联的概念主要有以下几个。

金融制度（Financial Institution）是指资金在融通的过程中受到约束的规则，有利于降低交易成本、达成契约以及提供激励相容机制。

金融体制（Financial Regime）是指金融机构、金融市场和金融业务的一系列组织和管理制度与运行机制。白钦先（1999）将金融发展战略、组织形式、框架结构、构造方式、业务分工、监督管理、运行机制、运行环境（金融生态）和总体效应（功能）等九大金融相关要素的有机整体定义为金融体制。

金融机制（Financial Mechanism）是为达到金融配置资源的有效目标而设计出来的金融组织和运行变化的规律，代表金融制度的运行状态。

金融制度从法律的角度指国家制定的具有强制性的规则，也包括由习惯、文化等形成的非正式的规则，还可以被看作博弈的均衡、契约的达成。而金融体制包含金融制度的概念，范围更加宽泛。金融机制是设计出来的但无法事先保证是可实施的。从此意义上说金融制度和金融体制可以发生变迁。

金融体系（Financial System）或称金融系统，是指一国有关金融活动的构成部分，是由金融组织、金融市场、金融工具等各种金融要素构成的综合体。

美国学者 Demirgüc-Kunt 和 Levine（1999）发表了论文《以银行为基础的和以市场为基础的金融系统：跨国比较》，把金融系统划分为银行主导型的金融系统和市场主导型的金融系统。美国经济学家 Allen 和 Gale（2000）在《比较金融系统》一书中，以美国、英国、法国、德国和日本等五国为代表，系统地比较了两种金融系统的形成机制、优缺点以及各自对经济增长的促进作用等，进一步推进了“两分法”金融结构理论的研究。

金融发展（Financial Development）的概念更是千差万别。最初把金融发展与经济增长联系起来的是美国经济学家 Goldsmith（1969），他在其著作《金融结构与金融发展》中提出金融结构的概念，将其界定为“该国当前金融工具和金融机构的总和，包括当前各种金融工具和金融机构的形式及其相对规模、管理特征和管理模式，以及金融中介机构的各个分支机构集中度等”。他提出金融相关比率，研究金融发展与经济增长之间的关系。

金融结构（Financial Structure）是指构成金融体系的各个组成部分的相对规模、相互构成与配合的比例关系。金融结构是金融体系的具体表现，金融结构所具有的特征通过金融体系的功能反映出来。由于金融结构是金融体系中各组成部分的构成及比例，因此金融结构是不断变化的，研究金融结构的演进，对于研究金融发展的影响以及经济发展的变化有着重要的意义。

麦金农（McKinnon，1973）和肖（Shaw，1973）进一步深化了金融发展理论，他们以发展中国家为研究对象，认为发展中国家普遍存在政府对金融的过度干预，存在金融抑制，这样就严重阻碍了金融发展，他们主张消除金融抑制，实行金融自由化。他们又创立了金融深化理论，认为发展中国家应减少对金融市场的人为干预，运用市场的手段来实现金融与经济增长之间的协调发展。

金融功能观的代表人物 Merton（1995）指出，金融发展对经济增长的作用机制在于金融系统的功能，如动员储蓄、配置资源、促进公司治理、提高风险接受能力以及为交易提供便利等，这样可以传导到资本积累与配置效率以及技术进步上，以促进经济增长。金融中介与金融市场不仅是替代关系，也是互补关系。金融发展离不开金融制度，La Porta 等（1997）提出真正影响经济增长的是金融结构背后的法律体系，不同国家的法律体系对投资人的保护存在很大差异，因此，资本市场的发育程度也存在较大差别。金融制度是一系列合约的集合，而这些合约的效力由法权和实施机制来决定。20世纪 80 年代末，随着信息经济学的发展，经济学家们开始把“道德风险”和“逆向选择”的问题与金融发展理论相结合，提出了金融约束论。Hellman 等（1997）在《金融约束：一个新的分析框架》一书中主张政府对金融市场和金融管理进行有选择性的干预。这些学者把金融制度与金融发展和经济增长联系起来。

金融发展与经济增长之间的关系的争论持续了半个多世纪，对金融发展的度量和界定也变得更加复杂与边界模糊。Levine（2002）构造了若干个金融发展指标，比较市场主导型金融体系和银行主导型金融体系，但无法比较其优劣。王志强和孙刚（2003）从规模、结构和效率三个方面来衡量金融发展，采用带有控制变量的 VECM 和格兰杰因果检验的方法来探讨金融发展与经济增长的关系，具有开创性的意义。在大量文献证实金融发展有利于促进经济增长的同时，Krugman（2009）强烈质疑金融发展有利于促进经济增长。

1.2.2 绿色金融与绿色金融发展

有关绿色金融的定义，国际上并没有达成一致的意见。

国际上，绿色金融（Green Finance）往往与环境金融（Environmental Finance）和可持续金融（Sustainable Finance）联系在一起，1974 年西德建立了第一家环境银行，为环保和治理污染项目融资，这是绿色金融的雏形。1992 年美国经济学家和企业家 Richard L. Sandor 首次提出“环境金融”，即“与金融相关的经济和市场支持环境保护活动，在不损害盈利能力的同时改变投资等商业活动对环境的影响”（陈诗一、李志青，2019）。1992 年联合国环境与发展大会通过了《里约宣言》和《21 世纪议程》，环保成为各国关注的焦点问题，要求金融部门向绿色产业和低碳经济倾斜。2001 年世界银行发布了《做出可持续的承诺——世界银行环境战略》，提出金融行业运营的基本目标之一是环境的改善。可持续金融是指金融体制和金融机制随着经济的发展而不断调整，从而合理有效地动员和配置金融资源，提高金融效率，以实现经济和金融在长期内有效运行和稳健发展。以 2003 年国际金融公司与世界著名银行共同发起和建立的“赤道原则”为标志，将“环境要素的考量”作为国际项目融资的新标准和规范，绿色金融得以兴起和推广。2016 年，在中国倡议下，G20 首次将绿色金融列入核心议题，发布了国际社会达成共识的定义，即“绿色金融是指能够产生环境效益以支持可持续发展的投融资活动。这些环境效益包括减少空气、水和土壤污染，降低温室气体排放，提高资源使用效率，减缓和适应气候变化并体现其协同效应等。发展绿色金融要求将环境外部性内部化，并强化金融机构对环境风险的认知，以提升环境友好型的投资和抑制污染型的投资”（G20 绿色金融研究小组，2016）。

国内较早使用“绿色金融”一词的是胥刚（1995），他认为应该高度重视强化环境保护、维护生态平衡中的金融导向效应，阐述构建绿色金融的必要性。高建良（1998）认为绿色金融通过金融业务运作体现可持续发展战略，促进环境资源保护和经济发展协调。马骏（2016b）首次从政策工具角度对绿色金融定义，他认为绿色金融是通过贷款、私募基金、发行债券和股票、参与保险等金融服务将社会资金引导至环保、节能、清洁能源和交通等绿色产业发展的一系列政策和制度安排。2016 年 8 月，中国人民银行、财政部、环保部等七部委联合发布《关于构建绿色金融体系的指导意见》，首次提出了绿色金融的官方定义：绿色金融是指为支持环境改善、应对气候变化和资源节约高效利用的经济活动，即对环保、节能、清洁能源、绿色交通、绿色建筑等领域的项目投融资、项目运营、风险管理等所提供的金融服务。

从金融机构自身的角度看，绿色金融是指金融机构在投融资决策中充分考虑环境和社会因素的影响，通过对金融资源的配置和引导，在推动经济和社会的可持续发展的同时，实现自身可持续发展。

绿色金融发展是“以完善的顶层设计为基石，通过重要的国家战略文件、绿色金融专项政策及实施细则的传导，引导市场各利益相关方的积极行动，实现金融体系的逐步绿色化，推动经济绿色转型”（王遥、罗谭晓思，2018）。

从国内情况来看，2010 年在长春举办的第六届中国吉林东北亚投资贸易博览会长春国际金融高级别会议，以“绿色金融——发展方式转变新动力”为主题，国内外金融机构高管、经济学家就绿色金融如何推动经济增长、成为经济发展方式转变新动力等话题做演讲并展开了积极的探讨。与会代表共同达成《绿色金融松苑共识》，为推动绿色金融发展和国际金融创新做出了积极贡献。2016 年 8 月《关于构建绿色金融体系的指导意见》公布之后，我国绿色金融发展进入了全面发展阶段，尤其是绿色债券市场发展迅猛，各种绿色金融产品不断创新，绿色信贷不断增长，碳交易市场的统一也在 2017 年正式启动。

绿色金融是随可持续发展路径、低碳经济模式应运而生的，它是绿色金融要素、金融工具及金融创新的总和，包括各种绿色金融制度安排、金融机构、金融产品和金融交易等。绿色金融发展将环境因素纳入金融发展的框架之中，既包括绿色金融规模、市场结构以及效率，也包括环境风险的识别与防范。本书所研究的绿色金融发展主要用治理环境污染投资总额表示，包括城市环境基础设施建设、工业污染源治理和环保三同时。

1.2.3 可持续发展与经济可持续增长

可持续发展（Sustainable Development）是既满足当代人的需求，又不对后代人满足其需求的能力构成危害的发展。可持续发展包括经济、生态、社会的可持续发展，其中经济的可持续发展是基础，生态的可持续发展是条件，社会的可持续发展是目的。

联合国有 17 个可持续发展的指标。联合国《2030 年可持续发展议程》的可持续发展目标如下。①

---

① 《变革我们的世界：2030 年可持续发展议程》，外交部网站，2016 年 1 月 13 日，https://www.fmprc.gov.cn/web/ziliao_674904/zt_674979/dnzt_674981/qtzt/2030kcxfzyc_686343/t1331382.shtml.

（1）在全世界消除一切形式的贫困。

（2）消除饥饿，实现粮食安全，改善营养状况和促进可持续农业。

（3）确保健康的生活方式，促进各年龄段人群的福祉。

（4）确保包容和公平的优质教育，让全民终身享有学习机会。

（5）实现性别平等，增强所有妇女和女童的权能。

（6）为所有人提供水和环境卫生并对其进行可持续管理。

（7）确保人人获得负担得起的、可靠和可持续的现代能源。

（8）促进持久、包容和可持续的经济增长，促进充分的生产性就业和人人获得体面工作。

（9）建造具备抵御灾害能力的基础设施，促进具有包容性的可持续工业化，推动创新。

（10）减少国家内部和国家之间的不平等。

（11）建设包容、安全、有抵御灾害能力和可持续的城市和人类住区。

（12）采用可持续的消费和生产模式。

（13）采取紧急行动应对气候变化及其影响。

（14）保护和可持续利用海洋和海洋资源以促进可持续发展。

（15）保护、恢复和促进可持续利用陆地生态系统，可持续管理森林，防治荒漠化，制止和扭转土地退化，遏制生物多样性的丧失。

（16）创建和平、包容的社会以促进可持续发展，让所有人都能诉诸司法，在各级建立有效、负责和包容的机构。

（17）加强执行手段，重振可持续发展全球伙伴关系。

经济可持续增长（Sustainable Economic Growth）是指在经济社会发展的速度和规模与生态环境系统相协调、相适应的可持续发展模式指导下，实现生态平衡与经济社会共同持久良性发展的增长。

按照 Brock 和 Taylor（2004）的定义，经济可持续增长主要是指在经济增长的同时环境质量改善。经济可持续增长要求经济增长方式由传统高碳模式向低碳模式转型，经济发展注重与社会、生态体系建设的协调，经济可持续增长成为全球关注并致力于行动的重要议题。

经济可持续发展鼓励经济增长，而不是以环境保护为名取消经济增长，因为经济发展是国家实力和社会财富的基础。但经济可持续发展不仅仅重视经济增长的数量，更追求经济发展的质量，要求改变传统的以高投入、高消耗、高污染为特征的生产模式和消费模式，实施清洁生产，文明消费，以提高经济活动总收益、节约资源和减少废物。

可持续发展致力于要求人类在发展中讲究经济效率、关注生态和谐以及追求社会公平，最终达到人类的全面发展。因此经济可持续增长只是可持续发展的一个组成部分，是实现可持续发展的重要途径。

1.3 研究内容与研究方法

1.3.1 研究内容

本书基于金融发展与经济增长理论已有的研究成果，构筑绿色金融资本内生化经济增长模型，提出绿色金融发展与经济可持续增长之间的理论模型与分析框架，通过分析我国及其他不同收入国家的绿色金融发展状况，从绿色金融发展与经济可持续增长关系的逻辑主线出发，从能源与环境约束背景下的经济可持续增长的度量——碳排放效率、绿色全要素生产率，到绿色金融发展对经济可持续增长的传导机制，再到绿色金融制度的政策效果评估，从而构筑起一个实证内容比较丰富的研究全景，为我国制定进一步发展绿色金融的政策提供有针对性的建议。本书主要内容如下。

一是在内生经济增长理论框架下，加入绿色金融资本的因素，对内生经济增长模型进行拓展，考察经济平衡增长的均衡解。在考虑能源与环境的双重约束下，得出绿色金融资本的投入可以带来经济可持续增长，同时解决能源耗竭与环境污染的问题，并构筑起绿色金融发展的理论框架。

二是从实证方面考察中国绿色金融发展与经济可持续增长的关系。以绿色全要素生产率作为衡量经济可持续增长的指标，以治理环境污染投资总额作为衡量绿色金融发展的指标，运用固定效应模型对两者的关系进行实证分析，得出了绿色金融发展促进经济可持续增长的重要结论。

三是对绿色金融发展影响经济可持续增长的传导机制进行研究。运用中介效应模型，检验出绿色金融发展通过研发投入、技术创新促进了经济可持续增长，产业结构起到调节作用。

四是针对中国实行绿色金融的制度效果进行评估，以碳排放权交易制度试点为例，得出发达省份实行此制度的碳减排效果十分显著的结论。

本书构建的绿色金融理论框架可以为我国宏观经济政策的制定提供理论依据，为环保产业和绿色产业提供更多的资金支持，为经济可持续增长做出贡献；解决了银行盈利性与外部性的矛盾，在制度层面设计有利于调整产业结构向绿色产业、环保产业优化升级的制度安排，有利于调整金融结构从绿色信贷向金融市场绿色证券、保险等方面发展所需的规则、政策等，对于经济可持续增长、提高全要素生产率起到积极的作用。

1.3.2 研究方法

第一，理论分析与文献归纳法。基于理论与文献分析，找到本书研究的理论依据与现有研究的不足之处。在大量研读金融发展理论与经济增长理论相关研究文献的基础上，将绿色金融发展与经济可持续增长关联起来，对内生经济增长模型的发展阶段与发展趋势进行深入思考、总结，对绿色金融资本的重要作用进行分解，也为后面的实证分析部分提供了理论依据。

第二，实证分析法。通过研究相关的变量，进行实证分析，对采集的数据进行数理分析，得出令人信服的结论。数据为跨国面板与中国的省际面板数据，计量分析的方法及模型有面板回归分析、固定效应模型、中介效应模型、双重差分模型、非期望产出的 DEA – SBM 超效率模型等。

第三，比较分析法。通过对收入不同的国家的绿色金融发展状况进行比较，借鉴发达国家绿色金融发展的经验，同时对全球典型城市的绿色金融指数以及我国各省份的绿色金融指数进行比较，为我国发展绿色金融提出具体建议。另外对我国不同发达程度的省份实行碳交易制度的状况进行了比较，得出的结论是不同发展阶段实行制度的效果是不同的。

1.4 研究思路与技术路线

1.4.1 研究思路

本书围绕着绿色金融发展与经济可持续增长的主题，基于内生经济增长理论和金融发展与经济增长理论，构建了加入绿色金融资本，分别基于能源约束、环境约束以及能源与环境双重约束的内生化经济增长模型，分析了经济可持续增长应该具备的条件，建立了绿色金融发展的理论框架，探讨了绿色金融发展对经济可持续增长的作用机制、传导机制与效果评价机制，并分别实证检验了各种机制，得出了绿色金融发展促进经济可持续增长的重要结论。

本书基于“理论文献梳理—理论模型构建—理论分析框架—质性分析—实证检验—结论与对策”的分析思路展开研究，通过对相关文献的梳理和研究，发现目前文献中关于绿色金融发展的研究还没有形成完整的理论框架，尤其是绿色金融发展与经济可持续增长关系的研究不足深入。因此将绿色金融资本作为单独投入的生产要素纳入生产函数，分别在能源约束、环境约束以及能源与环境双重约束条件下，考察经济平衡增长的均衡解，构筑起理论模型，来分析实现经济可持续增长所应具备的条件，并提出本书的理论分析框架。然后通过国内外绿色金融发展现状的分析，分析中国所处的阶段和存在的问题，需要在实证方面检验实行的绿色金融政策是否可以促进经济可持续增长，有利于进一步制定如何发展绿色金融的政策，以促进经济可持续增长。

1.4.2 技术路线

本书的技术路线如图 1－1 所示。

本书以金融发展与经济增长理论以及内生经济增长理论为基础，提出将绿色金融资本内生化的经济增长模型，建立起绿色金融发展与经济可持续增长的关系的理论分析框架，通过对经济可持续增长的度量，运用固定效应模型、中介效应模型以及双重差分模型（DID 模型）建立了绿色金融发展与经济可持续增长的实证分析的框架，检验了绿色金融发展对经济可持续增长的作用机制、传导机制和效果评价机制，将理论分析与实证研究相结合，详细阐明绿色金融发展与经济可持续增长之间的关系。

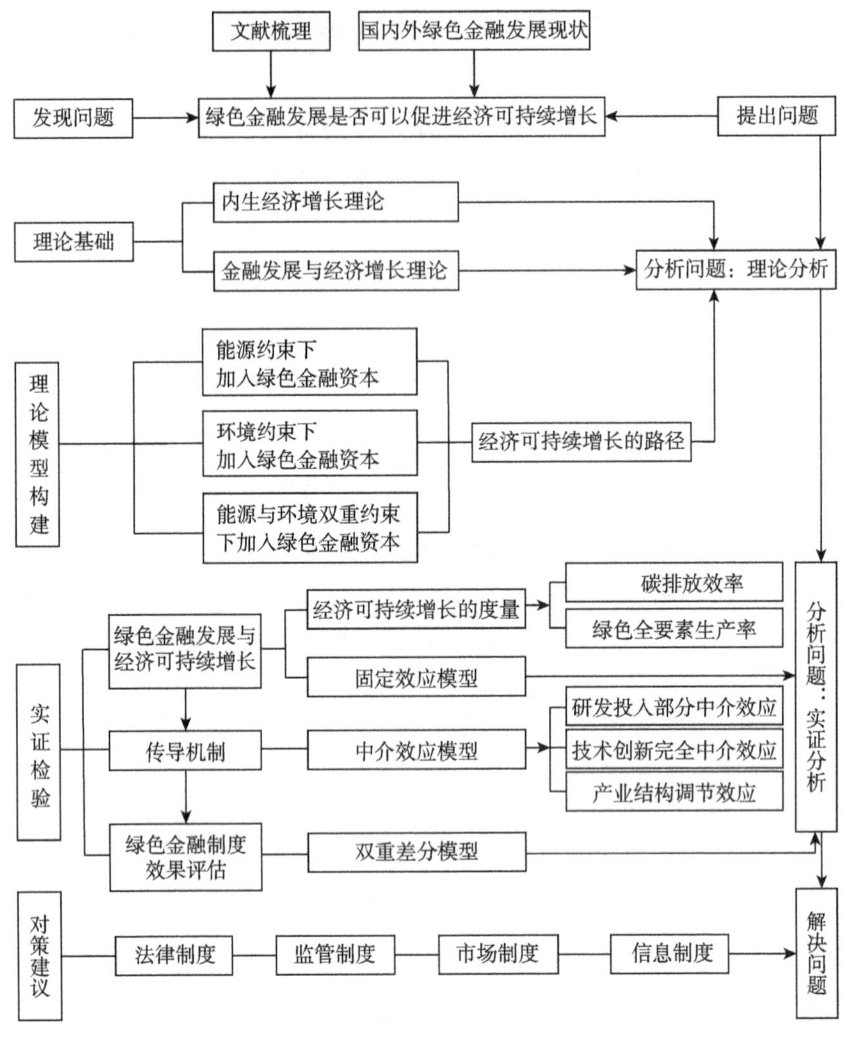

图 1-1　本书的技术路线

1.5　创新与不足

1.5.1　创新之处

首先，研究理论的创新。在传统的金融发展与经济增长的研究过程中，从关注数量关系到关注经济增长质量，即金融发展与经济可持续增长的关系，但仍然无法得到一致的结论。传统的内生经济增长理论将人力资本内生化，将技术进步内生化，都取得了在分析经济可持续增长方面的成就。本书从金融发展与经济可持续增长之间关系的争论出发，将绿色金融资本纳入内生增长理论框架，构建了在能源约束、环境约束以及能源与环境双重约束下的内生经济增长模型，使内生经济增长理论得以丰富，也创新了金融发展和经济增长的关系理论，建立了绿色金融发展与经济可持续增长的关系理论，为绿色金融的进一步发展提供理论上的依据。

其次，研究观点的创新。国内外有关绿色金融方面的研究成果主要集中于绿色金融的内涵、体系、政策等方面，很少涉及其对经济可持续增长的作用机制的研究。本书在梳理有关绿色金融发展和经济可持续增长理论文献的基础之上，提出绿色金融发展对经济可持续增长的作用机制、传导机制和效果评价机制，从理论和实证两个方面进行论述，比较全面地揭示了两者之间的关系。本书利用中介效应模型对传导机制进行了实证检验，得出了绿色金融通过研发投入的部分中介以及技术创新的完全中介作用（或中介效应）影响经济可持续增长，同时产业结构部分地通过技术创新起到调节作用（或调节效应）的结论。

最后，研究视角的创新。度量经济可持续增长主要以经济增长率为正，获得平衡增长路径也一直是主流学派的观点。本书从碳排放效率与绿色全要素生产率的视角来度量经济可持续增长，利用跨国和省际两个层面的数据，根据非期望产出的 DEA - SBM 超效率模型测算了碳排放效率和绿色全要素生产率，从能源与环境约束两个方面来探讨绿色金融发展对经济可持续增长的影响。

1.5.2 研究不足

本书研究的不足之处在于，由于变量之间的关系错综复杂，构建的含有绿色金融资本的内生经济增长模型很可能遗漏了某些重要的因素，因此存在进一步改进的空间。同时由于绿色金融的标准并未统一，对绿色信贷以及绿色债券的度量都非常困难，因此采用的度量绿色金融发展的指标可能并不全面，这也为未来进一步研究提供了更为广阔的空间。另外本书从较为宏观的角度来研究绿色金融发展，没有考虑绿色金融对企业的投资影响，这也有待今后继续研究。

本书基于现有文献以及国内外绿色金融发展的现实，提出具有建设性的绿色金融发展理论框架，但由于涉及的学科存在交叉，内容庞大而复杂，并且受制于数据的可获得性和研究方法的局限性，问题研究不够深入，关于绿色金融发展对微观企业的经济绩效影响的研究没有涉及，另外选取的变量也有一定的缺陷，因此有待今后进一步深入研究。本书虽然对绿色金融发展与经济可持续增长之间的关系进行了研究，但是由于研究方法以及研究视角的局限，可能还不够深入，传导机制可能还受其他变量的影响，考虑不够全面。对于绿色金融发展的度量的问题，随着绿色金融发展的推进，相信数据也会越来越全面，也可以进行更进一步的实证研究。

2 相关研究文献综述

2.1 金融发展与经济增长关系的研究

Bagehot（1873）最早提出金融发展对经济增长有突出作用，他认为在英国工业革命中，金融体系对工业项目融资起到了重要的推动作用。Schumpeter（1911）提出银行业通过信用创造提供了大量的资金需求，从而促进了企业的发展、技术的创新，拉动了经济的增长。Tobin 在 1955 年发表了《动态总体模型》一文，首次将货币因素引入经济增长的研究中，随后他又于 1965 年发表了论文《货币和经济增长》，形成了货币增长理论的雏形。在 Tobin 看来，货币会通过影响人们的可支配收入来影响消费和储蓄，进而对经济增长产生影响。在 Tobin 的货币增长模型中，国家通过运用货币政策调节实际现金余额来改变资本产出比。之后 Patrick（1966）首次阐明金融发展与经济增长之间可能存在因果关系。其假说指出发展中国家的金融发展是供给导向型的，即金融发展推动了经济增长；发达国家则是需求跟随型的，金融发展伴随经济增长，旨在说明货币金融与经济增长的关系以及货币政策对经济增长的影响。随着经济不断发展，学者们对于金融发展与经济增长的关系的探讨也不断深入，本书从以下三个方面进行了梳理。

2.1.1 金融发展对经济增长影响的数量关系研究

戈德史密斯（Goldsmith，1969）在《金融结构与金融发展》一书中创造性地提出金融相关比率，用它来衡量一国金融结构与金融发展水平，主要通过对35个国家1860～1963年的数据进行归纳与分析，得出了关于金融发展与经济增长之间关系的结论，开创了一个定量分析金融发展与经济增长的时代。但明显的不足是未控制其他变量对经济增长的影响，其研究不断被后人补充和完善。

King和Levine（1993a，1993b，1993c）运用1960～1989年的数据，对80个国家进行分析，通过更多的指标，如金融中介机构的规模、一国经济向私营企业提供的信用总量占GDP的比例、各国商业银行与中央银行分配信用的比例、一个国家向私营企业配置的信用占国内总信用的比例来衡量金融发展水平，同时发现更多影响经济增长的因素并进行控制，得到金融发展和经济增长正相关的结论，也对两者的因果关系进行了考察，但并未得到结论。他们也没有解决初始阶段经济发展水平对金融发展水平影响的问题。

金融功能观的代表人物Merton（1995）指出，金融发展对经济增长的作用机制在于金融系统的功能，如动员储蓄、配置资源、促进公司治理、提高风险接受能力、为交易提供便利等方面，这样可以传导到资本积累与配置效率以及技术进步上，以促进经济增长。金融中介与金融市场不仅是替代关系，也是互补关系，因此模糊了两者的界限，金融市场与金融中介在不同市场周期中会有一个交互替代的过程，也就是金融市场适合与标准化的金融产品交易并面对大量的消费者，而金融中介则针对的是具有特殊需求的个性化产品，并且在金融中介提供的个性化产品适应了市场需要，克服了信息不对称问题后，它又逐渐转向市场交易。当金融产品在金融中介与金融市场之间的周期性循环达到稳定状态时，金融体系会更有效率，因此金融中介与金融市场形成了互补关系。Levine（1997）通过使用金融发展深度作为经济增长的预测指标，得出了金融发展能够促进经济增长的结论。Levine 和 Zervos（1998）将股票市场的流动性发展纳入金融发展的范畴，考察其对经济增长的促进效应，他们利用 47 个国家 1976～1993 年的数据发现，股票市场的流动性和银行发展指标都对长期经济增长具有显著的正效应。Rajan 和 Zingales（1998）认为如果金融发展可以引起经济增长，那么金融发展应该对那些更加依赖外部金融的行业有更大的影响力；如果金融发展可以降低外部融资成本，那么依赖外部融资更多的行业会受到更大的影响，因此金融发展对于产业结构的影响是很大的。

国内学者中，谈儒勇（1999）较早实证研究了中国金融发展与经济增长的关系，他使用 1993～1998 年的全国层面的季度数据，由于中国股票市场是从 20 世纪 90 年代以来才得以发展的，因此他得出金融中介的发展可以促进经济增长，而股票市场对经济增长的作用极其有限的结论。王志强和孙刚（2003）较早使用带有控制变量的向量误差修正模型和格兰杰因果检验发现，金融规模、结构和效率与经济增长之间存在双向因果关系。孙刚（2004a）对金融发展与经济增长关系实证研究的状况进行了梳理。沈坤荣和张成（2004）利用 1978～1998 年省际面板数据得出结论，即银行中介的发展对经济增长没有显著的作用。赵振全等（2007）基于门限模型对金融发展与经济增长的关系进行了研究，得出了两者具有非线性关联的结论。赵振全等（2008）基于面板数据 GMM 估计得出金融发展主要通过技术进步而不是效率改进促进了经济增长的结论。毛诗琪（2013）研究区域金融发展对经济增长的影响，运用 1997～2011 年的面板数据，实证分析了副省级计划单列市金融发展对经济增长的影响。于成永（2016）基于 45 篇英文文献和 623 个关于金融发展和经济增长关系的方程进行元分析，他得出的结论是金融发展能够促进经济增长，银行体系对经济增长的促进作用大于股票市场，股市流动性能够促进经济增长，而股市相对规模的作用不显著，银行贷款投放作用低于金融资产集聚作用。

2.1.2 金融制度与经济增长的关系研究

美国经济学家默顿和博迪（2005）首次提出制度金融学（Institutional Finance）的概念，他们明确指出，一旦引入交易成本，金融制度的重要性就立即凸显出来。张杰（2010）指出，金融制度是指资金融通的各种规则与约束，是一种节约交易费用与增进资源配置效率的制度安排。金融制度有利于降低交易成本、达成契约以及提供激励机制。金融制度从法律的角度指国家制定的具有强制性的规则，也包括由习惯、习俗、文化等形成的非正式的规则，还可以被看作博弈的均衡、契约的达成。

McKinnon（1973）和 Shaw（1973）提出的金融深化理论，认为发展中国家应减少对金融市场的人为干预，运用市场的手段来实现金融与经济增长之间的协调发展。Hellman 等（1997）在《金融约束：一个新的分析框架》一书中主张政府对金融市场和金融管理进行有选择性的干预，比如要控制存贷款利率、降低金融成本、激励金融机构长期经营、实行严格的准入政策、控制金融机构的数量、避免无序的竞争等。金融法律论的倡导者强调法律制度对金融发展和经济增长的影响，主张健全的法制所形成的信用环境是推动金融发展的关键因素。主要代表人物是 La Porta、Beck 等人。La Porta 等（1997，1998，2000）提出法律与金融制度理论对于经济增长的重要性，他们发现一国的法律渊源对投资者保护程度有重要影响，普通法系保护程度高，而大陆法系保护程度低。La Porta 等（1997）通过对 49 个国家的样本分析发现，真正影响经济增长的是金融结构背后的法律体系，不同国家的法律体系对投资人的保护存在很大差异，因此，资本市场的发育程度也存在较大差别。金融制度是一系列合约的集合，而这些合约的效力由法权和实施机制来决定。La Porta 等（1998）研究发现，不同的法律体系不仅对投资者保护程度有差异，还对公司的股权结构、公司价值和红利政策产生影响。对投资者权益保护完善的普通法系国家，股权结构比较分散。他们认为私有产权保护是金融契约和金融发展的基础，所以对产权保护程度的差异可以影响金融发展水平。Rajan 和 Zingales（1998）认为银行主导型的金融体系在法制比较薄弱的国家更具优势，因为银行的强势会迫使企业披露信息和偿还债务，随着法制的健全，市场主导型的金融体系会更有效率。La Porta 等（2000）根据两种不同的股利代理模型，对来自 33 个国家或地区的 4000 家公司进行测试，结果表明更强的股东权力应该与更高的股利支付联系在一起。Acemoglu 等（2001）发现在不适于居住的环境中，欧洲人往往选择创造掠夺式的制度；而在环境禀赋适于移民的地区，欧洲人往往会形成移民殖民地。因此制度在经济增长中起到很重要的作用。不同的制度是根据环境禀赋来确定的，后来的发现是在掠夺制度下，对产权的保护比较少，在移民制度下，更容易形成民主的形式，对私人产权保护较好，有利于金融和经济的发展。Stiglitz 和 Greenwald（2002）提出金融约束论，假设政府可以有效地管理金融业，能够提供稳定的金融宏观环境，这些金融约束政策可以促进金融业更快地发展，从而推动经济增长。Beck 和 Maksimovic（2002）从法律制度视角对各国企业融资状况与经济增长的分析，解释了不同的法律制度与金融体系及其发育程度同企业增长之间的联系。这种制度和环境禀赋的思想对于我们探讨金融发展与经济增长之间的关系有很重要的意义。Levine（2002）构造了很多个金融发展指标，对市场主导型和银行主导型的金融体系进行比较，发现两者各有利弊，从此金融发展与经济增长理论进入“二分法”的阶段，由戈德史密斯的金融结构论变成了金融系统的两种结构划分法。Beck 等（2003）通过对 70 个前殖民地的实证研究发现，不同的初始环境禀赋可以很好地解释各国在金融中介与股票市场中发展的差异，也佐证了金融法律观。Levine（2004）指出金融制度对经济增长的作用渠道有：为投资者提供信息，改善资源配置效率；外部金融中介机构可以监督管理者绩效，提升公司治理水平；金融市场具有金融交换、隔离或者分散风险的作用；聚集社会储蓄，将储蓄转化成投资；促进交换和分工。因此研究金融制度对经济增长的作用可以从以上几个方面来考虑。

Aghion 等（2004）介绍了一个基本的框架，用来分析金融因素在小型开放经济体中造成不稳定的影响，认为完全的资本账户自由化可能会破坏处于中等金融发展水平的经济体。资本流入促进经济增长，资本流出直接使得经济崩溃。Krugman（2009）强烈质疑金融发展有利于经济增长的观点，在 2008 年金融危机之后，他认为金融创新产品过度复杂，超出了监管能力控制的范围，从实体经济中赚取了租金收益，因此会引致金融危机，并使经济出现倒退。

国内学者葛兆强（1997）较早阐述了金融制度与经济增长的关系，他认为金融制度通过三个方面推动经济增长：一是金融制度保证了使用货币和信用手段可以便利经济的运行；二是金融制度可以通过金融中介机构和货币乘数，扩张货币供给；三是通过金融市场融资时，金融制度可以提高储蓄向投资转化的速率和效率，加速资本形成。张杰（1998）通过分析中国金融制度的变迁来探讨国有金融制度的安排、成本与收益以及效率与金融产权的边界的问题。后来他倡导的金融分析的制度范式是我国学者在制度金融学领域的独特贡献。邹至庄（1999）对中国经济转型期间所涉及的货币金融现象进行了深刻的剖析，认为中国金融制度改革的推进是利益妥协的结果，他也并不反对政府对金融的控制。金融制度是一系列的金融合约，而这些合约是资金供给者和资金需求者之间的契约，通过金融中介机构和金融市场得以实现。在某种程度上，金融制度决定了金融发展的规模、结构和效率，从而对经济增长起到了促进作用。陈志武（2006）在研究中国金融变革的问题时，运用历史－制度主义的分析方法，关注“关系金融”，与传统文化和制度结构相关联，但在经济增长为世人瞩目时，货币需求也要求用新的金融制度来代替。杨晓敏和韩廷春（2006）在理论上阐述了制度变迁、金融结构和经济增长的关系，并且在金融结构与经济增长模型中引入制度变量，实证研究金融体制改革的影响。

张杰（2003，2010，2015）较早地系统描述了中国金融制度变迁的理论框架，对我国二重结构中的金融制度的特点进行了刻画，用经济学的方法来检验我国金融改革的体制变迁，建立了国有金融制度变革的基本框架。郑振龙等（2009）运用金融制度设计理论寻求建立适合中国国情的金融制度，并探讨这种金融制度通过哪些渠道能促进中国的经济增长。陈刚（2015）从实证的角度论证了转型时期中国金融制度与经济发展的关系，强调了城乡融合和对外开放与金融发展的关系。张杰（2017）的《金融分析的制度范式：制度金融学导论》是对我国金融制度理论的系统梳理，对我国经济金融改革进程的全面回顾。贾晓薇等（2019）利用 ARDL 模型分析了中国金融制度与经济增长的关系。

2.1.3 金融发展与经济增长的关系研究

金融环境论主要是着眼于金融发展带来经济增长的同时，也带来了资源的耗竭以及环境的污染和破坏，使经济增长不可持续，因此金融发展到底是促进经济增长还是阻碍经济增长的争论，是金融发展与经济增长关系的问题，从而使金融发展与经济增长的数量关系的研究转为质量关系的研究。

从国外的文献看，一方面有研究认为金融发展使能源消费增加从而导致环境恶化。Sadorsky（2010）基于22个新兴国家1990～2006年的面板数据，利用系统GMM方法，发现金融发展对能源消费的增长具有显著的促进作用。Bello和Abimbola（2010）同样发现，在尼日利亚，金融发展和环境质量负相关，主要是监管不严导致其更多地引进了污染严重的项目。另一方面有研究提供了相反的观点。Birdsall和Wheeler（1993）认为外国投资增加与污染密集型工业发展无关。开放的经济体可以利用发达国家的污染标准而采用清洁工业，受保护的经济更有可能偏向污染密集型产业。Frankel和Romer（1999）认为金融发展能够吸引FDI和高水平的研发投资以促进技术进步，有利于解决环境污染问题。Frankel和Rose（2002）认为通过为发展中国家提供新技术，可以帮助它们生产清洁的和环境友好的产品，最终广泛地提高全球环境质量并促进区域可持续发展。

经济可持续增长考虑到能源与环境的约束，可以用碳排放效率来度量。在衡量效率的方法方面，数据包络分析（DEA）等已被广泛应用。Zaim和Taskin（2000a）使用非参数技术为经济合作与发展组织成员国制定了环境效率指数。Ramanathan（2006）运用DEA模型，对经济增长、能源消耗与碳排放效率之间的关系进行了分析。Bian和Yang（2010）运用DEA模型构建一个综合效率指标来评估中国各省份的资源和环境效率。Shi等（2010）考虑到非期望产出和最小化能源消耗的问题，衡量了中国工业能源效率。Zhang（2011）考虑到中国金融发展与碳排放之间的复杂性，采用协整检验、格兰杰因果检验、方差分解等计量经济学方法，探讨了金融发展对碳排放的影响。Shahbaz等（2013）利用1965～2008年南非的时间序列数据，探讨了金融发展、经济增长、煤炭消费和贸易开放度对环境绩效的影响，并采用ARDL边界测试方法来测试变量之间的长期关系，得出结论：经济增长增加了能源排放，而金融发展则减少了能源排放。Meng等（2016）使用DEA模型对2006～2015年的中国区域能源效率和碳排放效率进行评估，得出结论：在不同阶段，不同区域的效率不同。Wang 等（2016）使用亚边界和非径向方向距离函数提出了一种替代性的三阶段方法来测量碳排放性能和技术差距。他们使用了54个国家的数据进行了实证分析，该研究有三个主要发现：首先，中高收入国家的表现不及高收入国家和中低收入国家；其次，高收入国家通常享有优化的生产技术，而中低收入国家通常具有最低的技术水平；最后，管理效率低下和技术差距都对碳排放效率产生负面影响，但管理效率低下起主要作用。Yue 等（2018）以2002～2014年中国28个省份为研究对象，使用绿色效率来衡量经济增长与环境保护之间的双赢平衡，把绿色效率分为经济效率和环境效率，然后在统一的框架内研究金融发展对经济增长和环境保护的影响。总体而言，金融发展有利于实现中国经济的双赢平衡；其对经济增长的积极影响远大于对环境保护的影响；资本市场的发展既促进了经济增长，又促进了环境保护。

从国内的文献看，魏梅等（2010）提出研发投入可以提高碳排放效率。王聪（2011）借鉴熊彼特范式分析方法，利用1985～2009年的跨国面板以及中国省际面板数据，验证了金融发展与经济增长的关系，提出金融发展的作用机制具有阶段性和动态性，由于国家的资源禀赋与技术发展水平不同，经济增长阶段不同，因此政府应该采取不同的对金融体系的控制方式，从数量型过渡到质量型，才能使金融发展更好地促进经济可持续增长。顾洪梅和何彬（2012）对我国省域金融发展与碳排放的关系进行研究，得出金融发展有助于减少碳排放的结论。郭郡郡等（2012）基于跨国数据进行研究，按收入水平和金融开放程度分组，得出结论：收入水平和金融开放程度越高，金融发展对二氧化碳排放的负向影响越强。薛俊宁和吴佩林（2014）认为人均 GDP 的提高以及技术进步会提高碳排放效率。陈欣和刘明（2015）运用系统 GMM 模型对金融发展与碳排放的关系进行实证检验，得出金融发展会减少碳排放的结论。廖涵和谢靖（2017）从区域内和区域间两个层面构建金融发展影响全要素生产率的空间溢出模型，用动态面板和空间面板进行实证分析。任力和朱东波（2017）构建了金融发展、经济增长作用于环境质量的理论框架，论证了金融发展的环境效应及其作用机制。

2.2 绿色金融发展的研究

关于绿色金融发展的问题，主要包括绿色金融的含义与绿色金融体系的研究，绿色金融发展水平的研究，绿色金融发展对产业结构影响以及影响因素的研究。

2.2.1 绿色金融的含义与绿色金融体系的研究

绿色金融通常被认为是与绿色经济有关的金融活动。国际上并没有统一的关于绿色金融的定义。联合国环境规划署从狭义和广义上进行了定义：狭义上，绿色金融的主要作用是评估环境状况，引导资金流向绿色产业或者技术，确定金融支持的重点行业、重点技术等，主要是确定金融资产有多大比例是绿色的；广义上，绿色金融是一种有助于可持续发展的金融系统，根据金融系统的目标设定融资标准，有效且高效地进行资本分配，有助于金融系统和宏观经济的稳定发展。国务院发展研究中心“绿化中国金融体系”课题组（2016）从发达国家和发展中国家的角度来研究，发现发达国家更关注气候，将未来的气候变化和相应的技术调整作为金融机构的主要风险因素；而发展中国家认为能够节约能源使用量，降低单位能耗等治污防污的投资都算绿色金融的部分。

1998 年白钦先教授在“面向 21 世纪全球金融发展国际研讨会”上，首次提出了金融可持续发展的概念。王军华（2000）提出绿色金融发展的必然性，并提出绿色金融不但要发展间接融资市场，还要发展直接融资市场。于永达和郭沛源（2003）提出金融业可以促进经济可持续发展，并引起环保观的变革。王春波和陈华（2003）认为贯彻“绿色金融”理念是我国实施可持续发展的重要保障，提出绿色金融是我国金融业发展的新方向和新的经济增长点。王卉彤和陈保启（2006）认为从制度设计的角度来提供激励机制可以更好地发展绿色金融。

2008 年的金融危机过后，许多发达国家推行绿色新政，推动世界绿色产业革命。任辉（2009）认为绿色金融体系构建需要从理念、法律体系建设以及创新绿色金融工具等方面进行。王婧和王光明（2010）指出绿色金融是绿色金融要素、金融工具及金融创新的总和，包括各种绿色金融制度安排、金融交易、金融产品和金融机构等。Lindenberg（2014）认为绿色金融包括绿色环保投资、绿色金融体系以及公共绿色政策融资，而绿色环保投资包括工业污染控制、可再生能源的投入、能源效率、生物多样性保护、废物处理与循环利用、公共卫生和卫生设施、适应气候变化所采取的措施（包括造林）等，比较详尽地描述了绿色金融的全貌。

随后我国出台了一系列政策鼓励金融机构开展绿色信贷。蔡玉平和张元鹏（2014）分析在我国绿色金融发展缓慢的原因，提出完善绿色金融体系的建议。马骏（2016a）将绿色金融作为一种市场化的制度安排，总结绿色金融的发展历程和实践案例，全面推进了绿色金融体系的建设。姜再勇和魏长江（2017）特别强调了政府在绿色金融发展中的作用方式与作用效率。

2.2.2 绿色金融发展水平的研究

对于绿色金融发展水平的测度，许多学者提出了各自的测度方法。黄建欢等（2014）用环境污染治理投资中银行贷款规模与银行贷款占环境污染治理投资的比重来衡量绿色金融发展水平。李晓西等（2014）主要从绿色信贷、绿色证券、绿色保险、碳金融等方面构筑绿色金融发展指数，其后更多的学者细化各种绿色金融工具的指标。曾学文等（2014）增加了绿色投资的指标并将节能环保产业的公共支出占比、外商投资占比与风险投资占比也加入其中。李常武等（2018）借鉴国外绿色金融评价指标体系，提出了一个一级指标有2个（包括绿色金融市场绩效指标、绿色金融生态环境指标）、二级指标有11个、三级指标有33个的较为复杂的指标体系。张莉莉等（2018）基于1040家公众公司的微观数据度量我国绿色金融发展水平，是微观层面的度量方法。王遥和罗谭晓思（2018）在国务院决定建设绿色金融改革创新试验区之后，利用指标打分法与合成法按照政府政策推动措施与市场效果形成的情况进行指数评分，构筑地方绿色金融发展指数。周腾和田发（2019）用高耗能企业利息支出占比来代表绿色信贷，绿色证券以环保企业A股市值占总市值的比重来代表，还有绿色保险的数据由农业险来代替。郭占（2019）根据绿色金融工具，运用熵权法，计算我国31个省区市（不含港澳台）的绿色金融指数。

2.2.3 绿色金融发展对产业结构影响的研究

1. 绿色金融发展对产业结构影响的理论分析

Salazar（1998）提出了金融机构可以运用绿色信贷、绿色债券、绿色保险等绿色金融工具，引导货币市场的资金向环保产业流转，从而使产业结构得到优化升级。Cowan（1999）对环境金融这一概念进行了概括和归纳，并指出了融通环境产业所需资金的重要途径。陈伟光和胡当（2011）认为绿色信贷通过资金形成、资金导向和资金催化三大机制的作用，促进我国产业结构优化和产业的高级化发展。彭路（2013）提出金融支持绿色产业的发展，必须以金融创新作为驱动力。金融业应以服务绿色经济发展为契机，将绿色金融服务培育成为新的盈利增长点。屠行程（2014）突出强调绿色信贷评价体系的重要性和实用性，主要对绿色信贷发展面临的问题和挑战做了一定的思考与分析。徐扬（2014）从理论层面分析了绿色信贷调整产业结构的必要性和作用机制，并通过与国外相关先进经验的比较，找出我国绿色信贷工作中的不足和提升空间。殷剑峰和王增武（2016）提出绿色金融既包括促进环保节能、技术进步的金融业务和产品，也包括适应经济结构转型，为绿色产业提供服务的金融业务和产品。Anderson（2016）指出，与传统的融资方式不同，环境金融通过创造绿色金融工具，引导替代能源的发展，控制环境污染项目的推进，实现产业结构优化升级。舒晓婷（2017）剖析绿色信贷对中国产业结构调整的作用与价值，认为绿色信贷是将银行日常经营业务与改善生态环境相结合的重要举措，是国家实现低碳、环保有力的金融杠杆。陈智莲等（2018）在总结绿色金融系列工具和分析西部产业结构现状的基础上，提出西部地区发展绿色金融的必要性，进而针对目前西部地区绿色金融支持产业结构优化过程中存在的问题提出相应的对策建议。王康仕（2019）探讨工业转型视角下的绿色金融发展的影响因素、作用路径与效率评价，为绿色金融发展支持工业转型的相关研究提供理论补充与经验证据。

2. 绿色金融发展对产业结构影响的实证分析

江晨光（2011）较早采用灰色关联分析法证明了绿色信贷比与三大产业的关联性。龙云安和陈国庆（2018）在阐述绿色金融促进我国产业结构调整机制与体系构建的基础上，通过建立灰色关联模型对我国 2008～2016 年的绿色金融与产业结构关联度进行了实证分析。陈国庆和龙云安（2018）通过构建灰色关联模型对江西省 2008～2016 年的绿色金融与产业结构关联度进行了实证分析，提出了相应的对策建议以促进江西省产业结构调整升级。徐胜等（2018）

选取 2004～2015 年我国 31 个省区市的相关面板数据，首先通过灰色关联分析法验证了绿色信贷的发展与产业结构升级之间确实存在关联，其次通过面板数据的回归模型，对我国东部、中部、西部地区绿色信贷对产业结构调整的效应进行了对比分析。钱水土等（2019b）基于衢州、湖州的数据，运用灰色关联分析法验证了绿色金融与产业结构优化之间的关系，通过绿色金融与产业结构之间的灰色绝对关联度、相对关联度、综合关联度的实证研究，得出了绿色金融促进产业结构优化的结论。周林海等（2019）以湖州市为研究对象，选取了 2012～2016 年湖州市 33 个工业行业的面板数据进行灰色关联度分析，发现湖州市的绿色信贷比与行业单位产值能耗存在关联。

刘婧宇等（2015）利用中国 2007 年 SAM 表、部分行业主要上市企业年报、2006 年及 2007 年资金流量表及金融年鉴数据，建立一个加入金融系统的 CGE（可计算一般均衡）模型，刻画绿色信贷政策的传导路径，定量测算政策在不同时期的系统性影响。邓兰（2017）通过构建绿色信贷与产业结构的多元回归模型，选用单位根检验、协整检验以及误差修正模型，定量分析了绿色信贷与产业结构调整之间的关系，得出的结论是绿色信贷有助于促进产业结构的优化升级。陈毓佳（2018）收集了 2008～2015 年中国 29 个省区市的相关数据，通过固定效应模型分别实证检验绿色信贷对产业结构优化的影响以及绿色信贷能否通过技术进步对产业结构优化产生作用。裴育等（2018）以浙江省湖州市为例，使用微观企业数据，构建 PVAR 模型研究绿色信贷投入、绿色产业发展与地区经济增长之间的关系。唐勇和丁嘉铖（2018）采用全国 2009～2015 年的季度数据实证分析了我国绿色金融发展促进产业结构转型升级的情况，通过建立 VAR 模型，运用协整检验、脉冲响应函数及方差分解等方法对两者之间的相互影响进行了实证分析，以促使绿色金融发展更加完善，进而更好地促进产业结构转型升级。孙焱林和施博书（2019）

利用2008~2017年上市企业的面板数据，通过倾向得分匹配-双重差分模型分析绿色信贷政策对企业创新的影响。党晨鹭（2019）从理论上分析了金融结构优化、绿色金融发展与区域产业结构升级效应之间的作用机制，构建固定效应模型进行了实证分析。何凌云等（2019）基于中国152家节能环保上市企业2010~2017年的数据，采用中介效应模型，对绿色信贷政策的有效性进行了实证检验。

2.2.4 绿色金融发展影响因素的研究

董晓红和富勇（2018）基于2010~2016年黑龙江省13个城市的经济数据，考虑到区域间绿色金融发展的空间相关性，通过构建空间面板数据模型，分析绿色金融发展与地区生产总值、金融发展水平、空气质量和碳排放量的空间相关关系及其影响。王康仕（2019）通过分析绿色金融的生成机制、作用机制与绩效对工业转型的影响，指出绿色金融配置效率、绿色政策、绿色经济是影响绿色金融发展的主要因素，并进行了实证分析。方建国和林凡力（2019）对我国绿色金融发展的区域差异及其变动趋势进行了分析，并对我国绿色金融发展差异的影响因素进行了实证分析，认为经济发展观念及增长方式、国家政策扶持等是影响区域绿色金融发展的主要因素。余冯坚和徐枫（2019）建立固定效应空间杜宾模型，基于2010~2016年广东省21个城市的经济数据，对广东省绿色金融发展及其影响因素进行了实证分析，认为地区生产总值、金融发展程度、空气质量和受教育程度是影响绿色金融发展的主要因素。

2.3 经济可持续增长的研究

关于经济增长的理论研究文献可谓浩如烟海，主要分为两类：一类是经济可持续增长论，另一类是经济增长极限论。能源与环境对经济增长的影响自20世纪60年代以来表现得更为突出。1962年，卡逊（Carson）的《寂静的春天》拉开了环境保护的序幕，让人们对经济增长是否可持续产生了怀疑。1972年，梅多斯等写了《论人类困境》的报告，后来以《增长的极限》为书名出版，他们认为由于人口增长，可耕地面积有限，粮食供应会不足，另外不可再生能源会耗尽；由于工业增长，污染会越来越严重，因此人类的生存会受到威胁。与梅多斯等（1972）持相反观点的一派认为，经济是不断增长的。哈罗德－多马模型开了分析长期经济增长的先河，经济是否可持续增长取决于储蓄率和资本与产出比，经济的实际增长率不仅必须等于有保证的增长率，而且等于经济自然增长率，即为了实现充分就业所需的经济增长率。1956年，索洛－斯旺模型提出技术进步是决定长期经济增长的关键因素，虽然这时技术进步是外生的，并不能说明技术进步是怎样产生的，但突破了资本积累是经济增长的源泉的观点，已经奠定了研究经济可持续增长理论至关重要的基础。Kaldor（1961）提出的六个事实突破了新古典理论增长均衡的思想，劳动生产率稳速增长，人均资本存量以连续不变的速度增长，另外他认为资本积累可以促进创新，经济增长依赖技术进步。随着现代经济增长理论的诞生和发展，经济可持续增长问题成为增长理论提出者们最关心的问题。随着新经济增长理论的诞生，阿罗（Arrow，1962）的边干边学模型，将技术进步内生化，阐明技术进步是由经济系统本身决定的，具有溢出效应。但要使经济稳定增长，还需要外生的人口变量持续增长，在此基础上，罗默（Romer，1986）和卢卡斯（Lucas，1988）分别将技术进步、人力资本内生化，人们才对知识的溢出效应在经济增长中的重要作用有所了解，知识技术可以在人口不用增长的前提下，使生产要素报酬递增。更进一步，Romer（1990）提出技术创新内生化，即R&D模型。此后经济可持续增长理论在此框架下不断地发展。而将能源和环境问题与内生经济增长理论联系起来，主要是从 20 世纪 90 年代以后开始的。有代表性的是 Bovenberg 和 Smulders（1995）在 R&D 模型的基础上将环境因素引入生产函数的研究；Stokey（1998）在边干边学模型的基础上将污染密度指数引入分析框架，研究了环境污染外部性与经济可持续增长的问题；Aghion 和 Howitt（1998）将能源、环境因素引入 R&D 模型，认为环境质量有一个最小的阈值，低于此阈值，环境就会变得不可逆，系统考察了环境资源的限制对经济可持续增长的影响；Grimaud 和 Rouge（2005）将环境污染和不可再生能源引入基于“创造性破坏”的新熊彼特模型中，在消费者的效用函数中增加了环境污染变量，主要考察环境对经济平衡增长路径的影响。国内学者在 20 世纪 90 年代末也开始将资源与环境问题纳入内生经济增长模型，做了许多改进和创新，并结合中国的实践进行了实证检验。下面举几个典型的例子来说明这些内生经济增长模型的发展。

2.3.1 能源约束下的经济可持续增长理论

能源是自然资源的一种形态，分为可再生能源与不可再生能源。不可再生能源是可耗竭资源，直接关系到经济能否可持续增长。最早的研究见于 Hotelling（1931）发表的《可耗竭资源经济学》，而 Dasgupta 和 Heal（1974）较早研究并指出可耗竭资源成为经济增长潜力的制约因素，而研究长期经济增长的人们往往忽视了这一点。Stiglitz（1974）比较详尽地指出有三种力量可以抵消自然资源对于经济增长的限制，即技术变革、资本替代自然资源和规模回报，并对稳态增长与最佳增长路径进行了详细探讨。Solow（1974a）发表的关于可耗竭资源的演讲，表明需要政策对其开发进行监管。Solow（1974b）在《代际公平与可耗竭资源》中探讨了可耗竭资源与最优经济增长之间的关系。Rashe 和 Tatom（1977）将能源利用引入生产函数，探讨能源利用与经济增长之间的关系。上述对于能源方面的探讨是基于新古典经济增长理论的框架，有其局限性，即技术是外生的，如果能源的增长速度慢于人口的增长速度，能源耗竭，经济不能可持续增长。而 Solow 等人认为技术进步条件下，只要人口呈正增长，即使能源有限，仍可实现人均消费正增长。

20 世纪 80 年代中期以来，内生经济增长理论为能源约束下的经济增长理论提供了非常好的研究框架。Rebelo（1991）在罗默的框架下考察跨国经济增长速度的巨大差异，指出能源消耗对经济增长的影响。Anderies（2003）将不可再生能源引入内生经济增长模型，考察了贴现率对消费路径变化的影响。Francisco 和 Pilar（2007）通过构建包含可再生能源在内的内生经济增长模型，探讨技术扩散对不同国家经济增长率的影响。

在国内学者中较早的研究者如蒲勇健（1997）、蒲勇健和杨秀苔（1999）运用罗默模型将技术进步内生化，在模型中加入不可再生能源的约束，在产业结构调整与经济可持续增长之间建立关联，分别在最终产品和产业之间建立横向的结构分析，之后又在中间产品中建立纵向的产业结构优化目标。赵丽霞和魏巍贤（1998）通过建立向量自回归模型，将能源作为新的变量引入柯布－道格拉斯生产函数，实证研究了能源利用与中国经济增长之间的关系。王海建（1999，2000）、马利民和王海建（2001）运用罗默的内生经济增长理论、R&D 模型以及卢卡斯的人力资本积累理论，将可耗竭资源纳入分析的框架，讨论了资源利用、人均消费与长期经济增长的相互关系以及模型的稳态增长解。他们对内生经济增长模型运用自如，为政策的提出提供了依据。彭水军和包群（2006a）、彭水军（2007）将不可再生能源引入生产函数，通过构建基于水平创新的四部门内生经济增长模型，探讨自然资源耗竭、人口增长、内生技术进步与长期经济增长的关系，并对平衡增长路径进行分析。许士春等（2008）构建了一个包含资源消耗、人力资本积累和内生技术进步的模型，探讨了实现可持续最优增长路径。通过对影响经济可持续增长的变量进行分析并进行模拟检验发现，消费跨期替代弹性、人力资本积累效率、物质产品部门的产出弹性和时间偏好率会对稳态下的经济增长率和资源消耗速度产生影响。何小钢（2015）提出在能源约束条件下，将绿色技术创新纳入内生经济增长模型的框架，可以实现企业的节能减排，有利于长期经济增长。崔百胜和朱麟（2016）通过引入使用可替代能源生产的中间产品，构建能源约束和碳排放约束下的内生经济增长模型，并运用全局向量自回归（GVAR）模型，实证分析了中国各省区市能源消费控制对经济增长和碳排放的动态影响。

2.3.2 环境约束下的经济可持续增长理论

经济增长在带来资源消耗的同时，也带来环境的污染和破坏。而解决环境污染问题又变成了经济学、生态学、生物学、社会学等多学科交叉的问题，从而变得极其复杂。从经济学的角度考虑，环境污染能否影响经济可持续增长变成焦点问题。Grossman 和 Krueger（1995）开创性地提出环境库兹涅茨曲线，阐明国家收入水平与环境质量之间存在倒 U 形的关系。Nordhaus（1993）构造了气候变化与经济增长的动态模型（DICE 模型），首先对气候恶化与经济增长之间的关系进行了研究。Bovenberg 和 Smulders（1995）在 Romer（1986）模型基础上将环境因素引入生产函数。Stokey（1998）引入了有利于产出但产生负效用的污染指数，验证了人均收入与环境质量之间倒 U 形关系的存在。Krugman（2009）也建立了一个简单的环境污染理论模型，验证了这种倒 U 形关系，并应用于研究长期经济增长，发现经济可持续增长取决于日益严格的环境监管并与恒定的资本回报率相适应。

国内学者对这方面的研究也越来越多。孙刚（2004b）通过引入环境保护投资，在给定污染标准和可变污染标准的条件下提出最优环境保护模型，分析环境污染与经济可持续增长的关系。彭水军和包群（2006b）将环境质量作为内生要素同时引入生产函数和效用函数，构建内生经济增长模型，得出结论：在环境约束下，人力资本投资与研发创新是长期经济可持续增长的动力和决定性因素。李仕兵和赵定涛（2008）将污染引入生产函数，将环境质量引入效用函数，基于罗默模型，构建了一个带有环境约束的内生经济增长模型。黄菁（2009）在内生经济增长模型的框架下考察了环境污染、人力资本对经济可持续增长的影响，实证分析大部分是围绕环境库兹涅茨曲线进行的检验。袁鹏和程施（2011）用环境效率来衡量环境质量，对比 OECD 成员国、印度和中国，表明环境效率与经济增长之间存在倒 U 形的关系，验证了环境库兹涅茨曲线的存在。牛海鹏等（2012）对形成环境库兹涅茨曲线的原因进行了分析，认为是经济结构造成的。另外由于选取的代表环境污染的指标不同，学者得到相反的结论。胡宗义等（2013）和张明志（2015）选取二氧化碳作为衡量环境质量的指标，研究表明环境库兹涅茨曲线并不存在。

2.3.3 能源与环境双重约束下的经济可持续增长理论

Schou（2000，2002）将不可再生能源和环境污染作为生产要素引入 Uzawa-Lucas 模型发现了能源的限制作用，但是并没有发现污染的限制作用，基于罗默模型构建了一个含有不可再生能源的四部门内生经济增长模型，并将环境污染视为不可再生能源消耗的产物，考察了环境污染对长期经济增长的影响。Grimaud 和 Rouge（2005，2014）将环境污染和有限的不可再生能源引入新熊彼特模型，考察了环境能源的限制对经济可持续增长的影响，后来研究减排技术对提高环境质量的作用，强调了碳税和补贴等政策增强减排技术的作用，从而弱化环境污染对经济增长的负向影响。

国内较早的研究者王海建（1999，2000）利用罗默模型以及卢卡斯的人力资本积累内生经济增长模型，将可耗竭资源纳入生产函数，考虑环境外在性对跨时效用的影响，讨论了人均消费与环境质量在长期经济增长过程中的相互关系以及模型的平衡增长解。于渤等（2006）基于 R&D 的内生经济增长模型，建立了可持续增长模型，并揭示了能源耗竭速率、污染治理的投入比例与经济增长之间应满足动态关系。张彬和左晖（2007）研究环保投资在环境保护和经济增长中的作用，分析我国环保投资和能源开发中存在的问题，提出在能源与环境的双重约束下，只有提高人力资本积累，提高环保投资效率及其对改善环境质量的贡献率，降低能源消耗强度并加大可再生能源开发，才能保持经济可持续增长。许士春等（2010）将可耗竭资源和环境污染纳入内生经济增长模型，通过对影响经济可持续增长的变量进行比较静态分析和模拟检验，发现消费跨期替代弹性、时间偏好率、人力资本积累效率、物质产品部门和研发部门的产出弹性、污染的产出和控制弹性对稳态下的经济增长率、污染排放增长率和资源消耗速度产生一定影响。杨万平（2011）构建了一个考虑能源持续利用与污染治理的五部门内生技术变化经济增长模型，将能源与环境同时引入生产函数及效用函数，揭示能源消耗速率、污染治理与经济可持续增长之间应该满足的动态关系。他利用超效率 SBM 模型，核算了中国 1981～2012 年的绿色全要素生产率，并研究了影响因素，对中国经济发展的可持续性进行了量化分析。邢新朋（2016）在理论框架下分别建立了一个包含四部门的人力资本内生经济增长模型和一个包含六部门的 R&D 内生经济增长模型，在社会计划条件下对能源、环境和经济增长的关系进行了动态均衡分析，并以 SBM 模型和 Malmquist 指数为理论基础，优化了经济增长效率评价方法，并测算了中国经济增长效率及其动态变化。牛晓耕（2016）提出在可持续的发展空间中，能源与环境不仅是经济发展的内生变量，而且是经济发展规模和速度的刚性约束，他测度了能源与环境双重约束下中国经济增长的贡献与变动趋势。白俊红和聂亮（2018）将环境变量纳入能源效率分析框架，采用EBM - DEA模型测算了中国各地区能源效率，并利用动态空间面板模型，实证考察了环境约束下的能源效率对中国经济发展方式转变的影响。

2.4 绿色金融发展与经济可持续增长的研究

Labatt和White（2002）深入研究了金融创新与产业结构的关系，并指出探索环境金融的目的就是将环境保护这一发展理念深入贯穿整个环保产业，并实现经济可持续增长。何建奎等（2006）从绿色金融影响行业间资金流动、企业决策和促进环保产业的发展等方面论述了绿色金融与经济可持续发展之间的关系。陈好孟（2010）主要论述绿色信贷制度与环境保护的关系。邓翔（2012）认为绿色金融可以定义为通过最优金融工具和金融产品组合来解决环境污染和气候变迁问题，从而实现经济、社会和环境可持续发展。宁伟和佘金花（2014）基于协整检验和向量误差修正模型，研究了绿色金融与宏观经济发展之间的关系。王修华和刘娜（2016）认为发展绿色金融是促进经济结构转型、推动经济可持续发展的必然选择。邱海洋（2017）利用空间面板模型对绿色金融的经济增长效应进行分析。曾冰（2018）对于省际绿色创新效率的影响因素及空间溢出效应进行研究。马骏（2015）认为绿色金融体系是通过贷款发放、保险投保、债券和股票发行、私募投资、碳排放权交易等金融服务将社会资金引入环保、节能、清洁能源、清洁交通等绿色产业的一系列政策、制度安排和相关基础设施建设。陈雨露（2017）提出从市场和政府两个方面构筑绿色金融体系。王小江（2017）从关系的角度为绿色金融的顶层设计提供新的分析方法。王钊和王良虎

（2019）运用了非期望产出的 DEA 与 DID 模型，分析了碳排放权交易制度下低碳经济的发展。方建国和林凡力（2019）构建绿色金融与经济可持续发展之间关系的理论分析框架，并利用中国 30 个省区市面板数据进行实证分析，结果发现绿色金融的发展通过促进中国经济的增长、产业结构的转型升级以及通过节能减排引导低碳经济，进而推动经济的可持续发展。

2.5　文献评述

在金融发展与经济增长理论的文献中，有许多经典的论述，形成了不同的派别，理论和实证的成果都非常丰富，但对于两者之间的关系始终没有达成共识。从数量关系看，金融发展到底是促进经济增长还是与经济增长不相关，都由于选取的变量不同、国家不同、发展阶段不同而难以得出确定的结论。金融发展在带来经济发展的同时，又带来能源的消耗和环境污染问题，经济是否可持续增长变成了焦点问题。学者们从理论和实证方面又进一步解释，也是面临不确定的问题。因此到底什么样的金融发展可以带来经济可持续增长，是当前需要急切解决的问题。

在经济可持续增长理论的描述中，要么考虑技术进步，要么考虑人力资本，因为在内生经济增长理论中，这两种理论的基石作用几乎不可动摇。但这恰恰忽视了资本中最重要的部分，即绿色金融资本，因为这部分资本可以投入新能源以及可再生能源的领域，从而缓解可耗竭资源的有限性和稀缺性，另外还可以投入治理污染的领域，从而减少污染和排放。绿色金融资本的重要作用在于缓解能源与环境污染的双重约束，应该大力发展绿色金融资本，实现经济可持续增长。

在绿色金融发展的理论文献中，对于绿色金融的定义都不够明确，因此对于绿色金融发展水平的测度也是模糊的，大部分不尽如人意，由于目前关于绿色金融的统计缺乏统一的标准，而且时间都比较短，很难用于实证分析。由于绿色信贷披露得不全面，因此很难通过绿色信贷的指标衡量绿色金融发展水平。从绿色金融发展产生的影响看，绿色金融发展与产业结构调整的关系的分析虽然成果比较丰富，无论理论还是实证，但仅局限于绿色信贷方面，并且没有深入分析这种产业结构的调整是否会对经济的可持续增长产生影响，在实证方面忽视了绿色金融制度推行的时间带来的政策效应。在研究影响绿色金融发展的因素方面，缺乏全面的考量，而且趋同性的分析较多。

绿色金融发展与经济可持续增长的关系论述中，包含金融发展与经济可持续增长的文献，主要是计算碳排放效率，但在研究绿色金融发展与经济可持续增长关系的文献中，没有文献研究经济可持续增长的度量方法，绿色金融的理论价值是如何将金融发展与绿色发展的关系阐述清楚的，但从现有的文献中很难发现。绿色金融理论对经济增长和可持续发展的作用机制与传导机制并没有被揭示。

综合以上文献中没有论述全面的问题，本书拟从以下三个方面进行补充和完善。

第一，在绿色金融发展的理论方面，通过绿色金融资本内生化经济增长模型的建立，构筑起绿色金融发展与经济可持续增长之间关系的理论框架，进一步深化了金融发展与经济增长之间关系的研究，由于基于内生经济增长模型进行拓展，因此也进一步丰富和完善了内生经济增长理论。

第二，对经济可持续增长的度量方法进行一定的补充和完善，运用定量分析的方法，对将碳排放效率和绿色全要素生产率作为衡量经济可持续增长的指标进行分析和说明，阐明在能源与环境双重约束下的经济可持续增长的衡量依据。

第三，在绿色金融发展与经济可持续增长的关系方面，着重补充绿色金融发展对经济可持续增长的作用机制、传导机制与效果评价机制。在绿色金融发展的制度效果方面，通过实证分析检验绿色金融制度实行的有效性，为中国绿色金融发展理论提供了现实依据，为进一步制定推动绿色金融发展的策略提供了一定的帮助。

3 理论基础与理论模型拓展

3.1 金融发展与经济增长理论

3.1.1 金融发展与经济增长理论分析

20世纪六七十年代以来，从金融发展与经济增长的关系的角度传统上可以从以下四个方面展开研究：一是金融结构论，以戈德史密斯为主要代表人物，他认为金融的规模和结构的差异是解释各国金融发展和经济绩效差异的重要因素；二是金融抑制论，以麦金农和肖的理论为代表，强调价格的重要性，应该运用市场的手段消除金融抑制，促进金融自由化发展；三是金融功能论，以默顿为代表，主张金融系统的功能，如动员储蓄、配置资源、促进公司治理、提高风险接受能力、为交易提供便利等，可以传导到资本积累与配置效率以及技术进步上，从而促进经济增长；四是金融制度论，以La Porta及Levine等为代表，强调法律制度对金融和经济增长的影响，指出无论是以银行为主还是以市场为主的结构，只有更好的金融制度才能促进经济增长。对于金融发展是促进还是阻碍经济增长的争论一直都在进行着，尤其是在能源与环境问题进入人们的视野后，这种争论变得更加激烈。随之研究金融发展与经济可持续增长以及绿色金融发展与经济可持续增长的理论可以被认为是对金融发展与经济增长理论的进一步推进，从数量关系的研究转为质量关系的研究，只有关注经济增长的质量，才能保持经济可持续增长。

3.1.2 AK 模型

Arrow（1962）最早假定技术进步是外生的，提出了“干中学”的思想，这种思想构成了 AK 模型的基础。AK 模型假定，当人们积累资本时，“干中学”带来的技术进步可以提高资本的边际生产率，因此抵消当技术不变时边际生产率递减的趋势，资本的边际生产率等于常数 A。AK 模型早期的形式就是哈罗德－多马模型。在哈罗德－多马模型中，假定在固定常数的技术之下，资本是一种限制性因素，产出的增长率随着储蓄率增加而增加，但主要缺陷是不能解释人均产出的可持续增长。第一个能够解释人均产出可持续增长的 AK 模型是由 Frankel（1962）提出的，他假定具有完全竞争的市场结构，采用柯布－道格拉斯生产函数，长期增长率依赖储蓄率。基于“干中学”的思想，个体企业在积累资本时就会积累技术知识，因此不需要固定常数，此时 A 表示总量的生产率，生产率依赖所有企业累积的资本总量。假定储蓄率不变，可以得到与哈罗德－多马模型一样的资本积累方程，但是由于知识的外溢可以抵消资本的报酬递减，学习的外部性足够强，也会使经济增长率不断上升，在生产函数中存在要素的替代，所以随着资本的增加，产出会成比例地增加，因为知识会自动地增加相应的数量。AK 模型与哈罗德－多马模型的不同之处在于，储蓄倾向的上升会永久性地提高增长率，表明了经济可以不依赖外生的力量实现可持续增长。

扩展的 AK 模型除继续沿用储蓄率 s（外生）、劳动供给 L 或人

口增长率 n（外生）、资本的折旧率为常数 δ（外生）、规模报酬不变等假设外，不再有要素边际报酬递减这一假设。设定的生产函数为：

$$Y = AK \tag{3-1}$$

A 为反映一定时期技术水平的常数，K 表征包含物质资本和人力资本的资本存量，显然资本的边际生产率 $MP_K = A$，要素边际报酬不变的规律得以保证。如果资本积累遵循新古典理论设定的方程，则资本的增长方程可写成：

$$\dot{K}(t) = \mathrm{d}K(t)/\mathrm{d}K = sY(t) - \delta K(t) \tag{3-2}$$

经济的动态增长路径可表示为：

$$\dot{K}(t) = sAk(t) - (n + \delta)k(t) \tag{3-3}$$

经济的动态增长率 $G(t)$ 或人均资本增长率 $yk(t)$ 可表示为：

$$G(t) = yk(t) = \frac{\dot{K}(t)}{k(t)} = sA - (n + \delta) \tag{3-4}$$

从 AK 模型可以看出，经济的增长率与储蓄率同方向变化，与人口增长率反方向变化，即使技术水平不变，只要 $sA >(n+\delta)$，资本累积速率就大于零，人均资本量 k 就不会收敛至某一稳态值，长期内的经济增长就能够内生实现。

Pagano（1993）进一步解释了金融发展能够提高储蓄转化为投资的份额，能够提高资本的边际生产率，影响私人的储蓄率，从而能够促进经济的增长。然而，AK 模型最大的缺点就是假设技术是外生的，并且没有区分物质资本和人力资本，而内生经济增长理论将技术和人力资本内生化，增强了解释力。但是人力资本与金融中的资本的含义相比发生了根本的变化，用来解释金融发展与经济增长的关系是缺乏说服力的。

3.2 内生经济增长理论及模型简介

3.2.1 内生经济增长理论

20 世纪 80 年代中期，内生经济增长理论兴起，为解决经济可持续增长的问题提供了极为有用的框架，推动了经济学的进一步发展。从研究理论所产生的影响的角度可以将相关文献分成三类：第一类是策略性互补和需求外溢模型，主要是讲政府的干预使需求增加，使得资本积累迅速加快，从而摆脱贫困，以罗森斯坦·罗丹、墨菲等的工业化和大推进理论为代表；第二类是边干边学模型与国际技术扩散模型，以阿罗的边干边学模型以及巴罗和萨拉－伊－马丁的国际技术扩散模型为主，主要应用在贸易与经济增长的理论中；第三类是指内生的技术进步与回报递增模型，这类模型的主要代表一是罗默的技术内生与知识的回报递增理论，二是卢卡斯的人力资本积累理论，三是 R&D 理论，主要包括格罗斯曼（Grossman）与赫尔普曼（Helpman）的横向创新理论以及阿吉翁（Aghion）与霍伊特（Howitt）的纵向创新理论。

这种内生经济增长理论是把传统的经济增长模型中被视为外生给定的生产率（技术）因素内生化，以专门的模型内生地说明生产率提高（技术进步）的速度如何决定。Solow（1956）将这个生产率称为技术，Solow 的新古典增长模型说明了人均产出的增长率取决于人口增长率和技术进步率，而技术进步率是外生给定的参数，生产率变化本身又是指经济增长，因此并不能解释长期经济增长的原因。而内生经济增长理论将带有规模报酬递增的知识、技术以及人力资本等因素引入增长模型，将生产率增长内生化，对不同国家不同发展阶段经济发展绩效的差异给出了符合现实的解释。

3.2.2 内生经济增长模型简介

1. 内生技术进步模型

在 Arrow（1962）的基础之上，Romer（1986）把技术进步引入增长模型，但这是基于完全竞争的假设条件，而 Romer（1990）的产品多样化模型是基于产品水平创新的模型，之后 Grossman 和 Helpman（1991）、Aghion 和 Howitt（1992）进一步做了开拓性工作，主要是分析垄断竞争条件下的横向与纵向创新模型，为技术进步内生化的进一步发展和完善做出贡献。

Romer（1990）的模型如下所示：

$$\max \int_0^\infty \frac{C^{1-\sigma}-1}{1-\sigma} e^{-\rho t} \mathrm{d}t$$

$$\text{s.t.} \quad Y(H_Y,L,x) = H_Y^\alpha L^\beta \int_0^A x(i)^{1-\alpha-\beta} \mathrm{d}i = \eta^{\alpha+\beta-1} A^{\alpha+\beta} H_Y^\alpha L^\beta K^{1-\alpha-\beta}$$

$$K = \eta \sum_{i=1}^{A} x(i) \tag{3-5}$$

$$\dot{K} = Y - C$$

$$\dot{A} = \delta H_A A$$

$$H_Y + H_A \leqslant H$$

在式（3-5）中，罗默构造了知识生产、中间产品和最终产品部门。A 代表中间产品或者中间产品的种类，作为研发活动的结果，A 的变动可以反映知识存量和国内技术水平；L 为物质劳动的投入；H_Y是投入最终产品生产的人力资本的数量；H_A是投入研发活动的人力资本，H_A越高，代表研发成果越多，生产的中间产品越多，研发部门的劳动生产率越高。因此罗默模型的核心表述就是知识的外部性会带来规模收益递增，这是经济可持续增长的主要原因。

模型的主要缺点是仅考虑了产品水平方向的创新，没有关注产品垂直方向的创新，即只重视了产品的种类创新而忽略了产品质量的改进。Aghion 和 Howitt（1992）弥补了这个缺陷，提出了垂直方向（纵向）创新的阿吉翁－霍伊特模型，此模型也被称为新熊彼特模型。Schumpeter（1942）提出所谓的“创造性破坏”的力量，主要是指通过发明新技术来驱动经济增长的创新。Aghion 和 Howitt（1992）认为成功的研究开发使得过去研究开发活动发明的技术变得无利可图，因此，源于成功创新的租金具有暂时性。在研究开发获得成功时，创新可以增加新的中间投入品，使得部门的生产率提高，创新成功者将享有当期中间产品的垄断权，从而获得超额利润，如果创新失败，垄断权力将会转移。而经济的长期平均增长率等于创新频率与创新规模的乘积，从而将创新内生于经济增长之中。Aghion 和 Howitt（1998）在 *Endogenous Growth Theory* 中将保护环境的问题加入熊彼特增长模型，研究带有可耗竭资源的最优熊彼特模型。

2. 内生人力资本模型

Lucas（1988）提出了人力资本模型，强调了人力资本对技术内生化及经济增长的作用。他提出的模型如下：

$$
\begin{aligned}
&\max \int_0^{\infty} \frac{C^{1-\sigma}-1}{1-\sigma} e^{-\rho t} \mathrm{d}t \\
&\text{s. t. } Y = AK^{\beta}(uNh)^{1-\beta} h_a^{\gamma} \\
&h_a = \frac{\int_0^{\infty} hN(h)\,\mathrm{d}h}{\int_0^{\infty} N(h)\,\mathrm{d}h} \qquad (3-6) \\
&\dot{K} = Y - N_C \\
&\dot{h} = h\delta(1-\mu)
\end{aligned}
$$

在式（3－6）中，有三个部门：最终产品生产部门、中间产品生产部门、人力资本生产部门。N 为人口增长率。该模型假定人力资本存在内部效应和外部效应，uNh 表示生产部门的劳动者的专业化人力资本，h_a^γ表示人力资本的外溢效应，人力资本投资不仅可以提高劳动者的人力资本水平，人力资本还可以在劳动者之间传递，提高了整体劳动者和物质资本的生产率，从而形成报酬递增效应。

在上述经典的内生经济增长模型的基础上，有许多的应用和拓展，如技术扩散内生化模型，典型如巴罗和萨拉-伊-马丁所建立的国际技术扩散模型，还有将人口变动内生化的 Becker-Murphy-Tamura 模型，将分工内生化的杨小凯-博兰模型，将政府作用内生化的托诺夫斯基模型、巴罗模型等。随着经济的发展，能源与环境问题变得更加突出，气候变化引起人们的重视，在能源与环境双重约束之下，研究经济可持续增长问题成为近 20 年人们最关注的问题。

3. 考虑不可再生能源与环境污染的内生经济增长模型

Stokey（1998）用 AK 模型来分析污染，Aghion 和 Howitt（1998）使用熊彼特的方法将能源、环境因素引入 R&D 模型，对不可再生能源条件下和环境污染条件下的经济稳定状态进行分析，得出经济可持续增长的各种条件：

$$
\begin{aligned}
&\max W = \max \int_0^\infty u(c,E)e^{-\rho t}dt \\
&\text{s.t. } Y = F(K,B,R,z) \\
&\dot{K} = Y - C \\
&\dot{B} = \sigma\eta n B = \sigma\eta n \int_0^1 B(i)di \\
&\dot{E} = -P(Y,z) - \theta E \\
&\dot{S} = -R \\
&E_{\min} \leqslant E(t) \leqslant 0; S \geqslant 0; K \geqslant 0; B \geqslant 0; \rho > 0
\end{aligned}
\tag{3-7}
$$

在式（3－7）中，E 代表环境质量，在这里被当作一种资本品，随着环境污染会耗尽，但也有再生能力。污染量 P 是污染强度 z 和产出水平 Y 的增函数，即 $P(Y, z)$。假定环境质量有一个上限值，用实际的环境质量与上限值的差来衡量 E，因此 E 是负值。另外由于讨论的是经济可持续增长，因此还应考虑不可再生能源的存量 S，使这种存量保持非负，其变化率是能源开采流量 R 的相反数。最新开采的能源流量可作为生产投入。同样污染强度可作为生产要素，因为放松环境标准就会使更多的生产技术被采用，这种技术可能是不清洁的技术。因此生产函数可以写为 $Y=F(K, B, R, z)$。最优增长路径就是通过对与环境污染和能源开采有关的成本及收益赋予价格来在当前与未来福利之间进行平衡，经济增长是否可持续的问题就变为最优增长路径问题，通过求均衡解，得到经济可持续增长的条件。

3.3 内生经济增长模型的拓展

国内外许多学者对 Aghion 和 Howitt（1998）建立的模型进行了扩展，但大都没有摆脱这个框架的约束。本书主要借鉴卢卡斯的内生人力资本的思想以及对 Aghion 和 Howitt（1998）建立的模型进行拓展，构建了三个加入绿色金融资本的内生经济增长模型（即绿色金融资本内生化经济增长模型），以期对经济可持续增长理论和绿色金融发展理论做出自己的思考和判断。

3.3.1 能源约束下的绿色金融资本内生化经济增长模型

建立本模型时区分了绿色金融资本 G 和非绿色金融资本 K，假定生产函数是柯布－道格拉斯生产函数，假定规模报酬不变，这里没有将人力资本和技术进步写入生产函数，是为了研究绿色金融资本的作用，因此也可以看作 A 中包含人力资本和技术进步的作用。R 是投入生产的不可再生能源的数量，N 是能源的存量。W_1 是投入可再生能源领域的绿色金融资本的比重，I_G 是绿色金融资本的投资，假定资本没有折旧。μ 是能源的自然增长率，但没有包括投入绿色金融资本带来的可再生能源的增长率，θ 是投入可再生能源的绿色金融资本的产出效率，主要是研发投入可再生能源的产出效率。假设模型中的变量是时间的连续函数，省略了角标 t，由于规模报酬不变，因此 $\alpha+\beta+\gamma=1$。

$$\begin{aligned} Y &= AK^{\alpha}G^{\beta}R^{\gamma} \\ \dot{K} &= Y - C - I_G \\ \dot{G} &= I_G - W_1 G \\ \dot{N} &= \mu N - R + (W_1 G)^{\theta} \end{aligned} \tag{3-8}$$

控制变量为 C、W_1、R，状态变量为 K、G、N。

消费者的效用函数为：

$$U(C) = \frac{C^{1-\sigma}-1}{1-\sigma} \tag{3-9}$$

σ 是边际效用弹性，它是商品之间的跨期替代弹性的倒数，有代表性的无限生命消费者效用函数定义为：$\int_0^{\infty} U(C)\mathrm{e}^{-\rho t}\mathrm{d}t = \int_0^{\infty} \frac{C^{1-\sigma}-1}{1-\sigma}\mathrm{e}^{-\rho t}\mathrm{d}t$。

ρ 代表消费者效用的贴现率，也是时间偏好率，ρ 越大，代表消费者相对缺乏耐心，对当前的消费偏好越大，不关心下一代的利益，对经济可持续增长不利。在能源约束下，实现消费者效用最大化是决策者的目标，使对控制变量求一阶导数为0，可以最大化消费者的效用 $\max\int_0^{\infty} \frac{C^{1-\sigma}-1}{1-\sigma}\mathrm{e}^{-\rho t}\mathrm{d}t$ 。

根据动态最优化理论，建立的汉密尔顿方程如下：

$$
\begin{aligned}
&H: U(C)+\lambda_1(Y-C-I_G)+\lambda_2(I_G-W_1G)+\lambda_3[\mu N-R+(W_1G)^{\theta}]\\
&\frac{\partial H}{\partial C}=0\Rightarrow\lambda_1=C^{-\sigma}\\
&\frac{\partial H}{\partial W_1}=0\Rightarrow\lambda_2=\theta(W_1G)^{\theta-1}\lambda_3\\
&\frac{\partial H}{\partial R}=0\Rightarrow\lambda_3=\frac{\gamma Y}{R}\lambda_1
\end{aligned}
\tag{3-10}
$$

其中 λ_1、λ_2、λ_3分别代表 K、G、N 的影子价格，根据一阶导数为0，得到最优条件的方程如式（3－10）所示。

三个状态变量的欧拉方程为：

$$
\begin{aligned}
&\dot{\lambda}_1=-\frac{\partial H}{\partial K}+\rho\lambda_1=\lambda_1\left(\rho-\alpha\frac{Y}{K}\right)\\
&\dot{\lambda}_2=-\frac{\partial H}{\partial G}+\rho\lambda_2=(\rho+W_1)\lambda_2-\lambda_1\frac{\beta}{G}Y-\lambda_3W_1^{\theta}\theta G^{\theta-1}\\
&\dot{\lambda}_3=-\frac{\partial H}{\partial N}+\rho\lambda_3=(\rho-\mu)\lambda_3
\end{aligned}
\tag{3-11}
$$

进一步得到：

$$
\begin{aligned}
&\frac{\dot{\lambda}_1}{\lambda_1}=\rho-\alpha\frac{Y}{K}\\
&\frac{\dot{\lambda}_2}{\lambda_2}=\rho-\frac{\theta W_1\beta C^{-\sigma}G^{\theta-2}}{R\gamma}\\
&\frac{\dot{\lambda}_3}{\lambda_3}=\rho-\mu
\end{aligned}
\tag{3-12}
$$

横截性条件为：

$$
\lim_{t\to\infty}\lambda_1Ke^{-\rho t}=0,\ \lim_{t\to\infty}\lambda_2Ge^{-\rho t}=0,\ \lim_{t\to\infty}\lambda_3Ne^{-\rho t}=0 \tag{3-13}
$$

假设经济处于平衡增长路径上，则变量 Y、C、K、G 以同一固定不变的速率增长。

令 g 为各个变量的增长率，则有 $g_C=\frac{\dot{C}}{C}$，$g_K=\frac{\dot{K}}{K}$，$g_G=\frac{\dot{G}}{G}$，$g_Y=\frac{\dot{Y}}{Y}$，$g_{\lambda_1}=\frac{\dot{\lambda}_1}{\lambda_1}$等，以此类推，由于在稳态中各个变量的增长率均为常量，有如下关系式成立：

$$
\begin{aligned}
&g_Y=g_C=g_K=g_G\\
&g_{\lambda_1}=-\sigma g_C\\
&g_{\lambda_2}=(\theta-1)g_G+\rho-\mu\\
&g_{\lambda_3}=g_Y-g_R+g_{\lambda_1}=\rho-\mu\\
&g_{\lambda_1}+g_K=g_{\lambda_2}+g_G=g_{\lambda_3}+g_N\\
&g_R=(\theta-\sigma-2)g_G
\end{aligned}
\tag{3-14}
$$

求解方程，得到：

$$
\begin{aligned}
&g_G=\frac{\rho-\mu}{2-\sigma-\theta}\\
&g_R=\frac{(\rho-\mu)(\theta-\sigma-2)}{2-\sigma-\theta}\\
&g_N=\theta
\end{aligned}
\tag{3-15}
$$

若 $g_G>0$，则经济可持续增长。

如果要经济可持续增长，除了绿色金融资本的增长率应该大于0之外，能源存量的增长率也应该大于0，即 $g_N>0$，那么 θ 的值也应该大于0，也就是说，绿色金融资本只有投资到可再生能源中的投资效率大于0，才能保持经济可持续增长。

同时，应满足的条件还包括能源存量大于能源的消耗量，经济才可以持续增长，即 $g_N>g_R$，即$\frac{(\rho-\mu)\ (\theta-\sigma-2)}{2-\sigma-\theta}<\theta$，满足这个条件，需要较大的能源自然增长率 μ，而绿色金融资本正好可以投资到新能源和可再生能源中，满足需求 $g_G>g_R$，即$\frac{1}{\theta-\sigma-2}>1$，则

$\sigma > \theta - 3$，所以在一定的约束条件下探讨模型才有意义。能源的利用需要遵循的原则是：社会使用可再生能源的速度不能超过其更新的速度，社会使用不可再生能源的速度不得超过其作为替代品的可再生能源的开发速度。但我国的能源结构以煤炭和石油为主，这样的可耗竭资源如何有效利用是当前的重要问题，而且这样的能源结构又会带来环境污染问题，因此将绿色金融资本投入可再生能源的研发，可以减少可耗竭资源的消耗，这种投入产出效率大于0是保证经济可持续增长的必要条件。绿色金融资本的增长率大于不可再生能源的增长率，也可以保证经济可持续增长。

3.3.2 环境约束下的绿色金融资本内生化经济增长模型

仍然假定生产函数是柯布-道格拉斯生产函数，假定规模报酬不变，没有考虑人力资本和技术进步，主要是为了研究绿色金融资本在治理环境污染中所起的作用，因此也可以看作 A 中包含人力资本和技术进步的作用。I_G 是绿色金融资本的投资，假定资本没有折旧，W_2代表投入污染治理的绿色金融资本的比重，Z 代表污染排放密度，η 代表环境的自净能力，γ 代表绿色金融资本投入污染治理后对减少污染的产出弹性，β 代表污染排放强度，β 越大，代表给定技术水平条件下的实际污染排放量越小，P 代表污染存量，也就是污染增加污染物存量的程度。同时模型中的变量是时间的连续函数，省略了角标 t。在 Aghion 和 Howitt（1998）的模型中，假设环境质量存在一个上限值，实际环境质量与上限值之差恒为负值，因此把环境质量引入效用函数时，效用为负。也假设环境质量存在一个下限值，环境质量会高于这个下限值。因为加入了绿色金融资本，对环境污染进行治理有可能使污染排放密度降低，假设绿色金融资本随着产出的增加而增加，减少了污染的存量，因此建立如下模型：

$$
\begin{aligned}
Y &= AK^{\alpha}G^{1-\alpha}Z \\
\dot{K} &= Y - C - I_G \\
\dot{G} &= I_G - W_2G \\
\dot{P} &= -(W_2G)^{-\gamma}YZ^{\beta-1} - \eta P
\end{aligned}
\tag{3-16}
$$

$\dot{P}$ 为环境质量的运动方程，P 代表污染物的存量，效用函数变为 U（C，P）：

$$
\begin{aligned}
U(C,P) &= \frac{C^{1-\sigma}-1}{1-\sigma} - \frac{P^{1+\phi}-1}{1+\phi} \\
\int_0^{\infty} U(C,P)\mathrm{e}^{-\rho t}\mathrm{d}t &= \int_0^{\infty}\left(\frac{C^{1-\sigma}-1}{1-\sigma} - \frac{P^{1+\phi}-1}{1+\phi}\right)\mathrm{e}^{-\rho t}\mathrm{d}t
\end{aligned}
\tag{3-17}
$$

ϕ 是消费者对环境质量的偏好率，也称为环境意识参数。

根据模型建立的汉密尔顿方程如下：

$$
H: U(C,P) + \lambda_1(Y - C - I_G) + \lambda_2(I_G - W_2G) - \lambda_3[(W_2G)^{-\gamma}YZ^{\beta-1} + \eta P]
$$

$$
\begin{aligned}
&\frac{\partial H}{\partial C} = 0 \Rightarrow \lambda_1 = C^{-\sigma} \\
&\frac{\partial H}{\partial W_2} = 0 \Rightarrow \lambda_2 = \gamma\frac{W_2^{-\gamma-1}Y}{G^{\gamma+1}}Z^{\beta-1}\lambda_3 \\
&\frac{\partial H}{\partial Z} = 0 \Rightarrow \lambda_1 = (W_2G)^{-\gamma}\beta Z^{\beta-1}\lambda_3
\end{aligned}
\tag{3-18}
$$

其中 λ_1、λ_2、λ_3分别代表 K、G、P 的影子价格，根据一阶导数为0，得到最优条件的方程如式（3-18）所示。

三个状态变量的欧拉方程为：

$$
\begin{aligned}
\dot{\lambda}_1 &= -\frac{\partial H}{\partial K} + \rho\lambda_1 = \lambda_1\left(\rho - \alpha\frac{Y}{K}\right) + \lambda_3\alpha\frac{Y}{K}(W_2G)^{-\gamma}Z^{\beta-1} \\
\dot{\lambda}_2 &= -\frac{\partial H}{\partial G} + \rho\lambda_2 = (\rho + W_2)\lambda_2 - \lambda_1\frac{1-\alpha}{G}Y + \lambda_3W_2^{-\gamma}AK^{\alpha}G^{-\alpha-\gamma}Z^{\beta}(1-\alpha-\gamma) \\
\dot{\lambda}_3 &= -\frac{\partial H}{\partial P} + \rho\lambda_3 = (\rho + \eta)\lambda_3 + P^{\phi}
\end{aligned}
\tag{3-19}
$$

进一步得到：

$$\frac{\dot{\lambda}_1}{\lambda_1}=\rho-\alpha\frac{Y}{K}-\frac{\lambda_3}{\lambda_1}\alpha\frac{Y}{K}(W_2G)^{-\gamma}Z^{\beta-1}=\rho-\alpha\frac{Y}{K}\left(1-\frac{1}{\beta}\right)$$

$$\frac{\dot{\lambda}_2}{\lambda_2}=(\rho+W_2)-\frac{\lambda_1}{\lambda_2}\left(\frac{1-\alpha}{G}Y\right)+\frac{W_2(1-\alpha-\gamma)}{\gamma} \tag{3-20}$$

$$\frac{\dot{\lambda}_3}{\lambda_3}=\rho+\eta+\frac{P^{\phi}}{\lambda_3}$$

横截性条件为：

$$\lim_{t\to\infty}\lambda_1Ke^{-\rho t}=0,\ \lim_{t\to\infty}\lambda_2Ge^{-\rho t}=0,\ \lim_{t\to\infty}\lambda_3Pe^{-\rho t}=0 \tag{3-21}$$

假设经济处于平衡增长路径上，则变量 Y、C、K、G 以同一固定不变的速率增长。

令 g 为各个变量的增长率，则有 $g_C=\frac{\dot{C}}{C}$，$g_K=\frac{\dot{K}}{K}$，$g_G=\frac{\dot{G}}{G}$，$g_Y=\frac{\dot{Y}}{Y}$，$g_{\lambda_1}=\frac{\dot{\lambda}_1}{\lambda_1}$等，以此类推，由于在稳态中各个变量的增长率均为常量，有如下关系式成立：

$$\begin{aligned}
&g_Y=g_C=g_K=g_G\\
&g_{\lambda_1}=-\sigma g_C\\
&g_{\lambda_2}=g_{\lambda_1}\\
&g_{\lambda_3}=\phi g_P\\
&g_{\lambda_1}+g_K=g_{\lambda_2}+g_G=g_{\lambda_3}+g_P\\
&g_Y=\alpha g_K+(1-\alpha)g_G+g_Z
\end{aligned} \tag{3-22}$$

由此推出：

$$g_Z=0$$

$$g_Y = \frac{\phi + 1}{1 - \sigma} g_P \tag{3-23}$$

若 $g_P < 0$，则 $1 - \sigma < 0$，即 $\sigma > 1$，$g_Y > 0$。

如果经济处于平衡增长路径上，则 $g_Y = g_C = g_K = g_G$，可以推出 $g_Z = 0$，这表明当绿色金融资本的增长率与经济增长率相同时，可以使污染排放密度的增长率为零。而由 $g_Y = \frac{\phi + 1}{1 - \sigma} g_P$ 推出的 $\sigma > 1$ 表明，其倒数跨期替代弹性小于1，是环境改善的必要条件，而 ϕ 变大，意味着消费者的环保意识增强，稳态的增长率会提高。

3.3.3 能源与环境双重约束下的绿色金融资本内生化经济增长模型

继续假定生产函数是柯布－道格拉斯生产函数，假定规模报酬不变，约束条件是把能源和环境因素都考虑进去，考察绿色金融资本的加入会对稳态的经济增长起到什么作用。变量的代表字母发生变化，但主要的含义并没有发生变化。绿色金融资本变成了三个部分：I_G 是绿色金融资本的投资，假定资本没有折旧；W_1 是投入可再生能源领域的绿色金融资本的比重；W_2 代表投入污染治理的绿色金融资本的比重。R 是投入生产的不可再生能源的数量，N 是能源的存量，μ 是能源的自然增长率，θ 是投入可再生能源的绿色金融资本的产出效率，Z 代表污染排放密度，η 代表环境的自净能力，γ 代表绿色金融资本投入污染治理后对减少污染的产出弹性，π 代表污染排放强度，P 代表污染存量，也就是污染增加污染物存量的程度。同时模型中的变量是时间的连续函数，省略了角标 t。本节建立如下生产函数和各变量的运动方程：

$$Y = AK^{\alpha} G^{\beta} R^{1-\alpha-\beta} Z$$

$$\dot{K} = Y - C - I_G$$

$$
\begin{aligned}
\dot{G} &= I_G - W_1 G - W_2 G \\
\dot{N} &= \mu N - R + (W_1 G)^{\theta} \\
\dot{P} &= -(W_2 G)^{-\gamma} Y Z^{\pi-1} - \eta P
\end{aligned}
\tag{3-24}
$$

在效用函数中，虽然考虑了能源的约束，但是无法加入效用函数的方程，因为人们消费的效用最大化与消费能源的关系不大。因此效用函数的方程与上节相同。ρ 代表消费者的主观时间偏好率，这个值越大，表明消费者越倾向于当期消费。

$$
\begin{aligned}
U(C,P) &= \frac{C^{1-\sigma}-1}{1-\sigma} - \frac{P^{1+\phi}-1}{1+\phi} \\
\int_0^{\infty} U(C,P)\mathrm{e}^{-\rho t}\mathrm{d}t &= \int_0^{\infty}\left(\frac{C^{1-\sigma}-1}{1-\sigma} - \frac{P^{1+\phi}-1}{1+\phi}\right)\mathrm{e}^{-\rho t}\mathrm{d}t
\end{aligned}
\tag{3-25}
$$

根据模型建立的汉密尔顿方程如下：

$$
\begin{aligned}
& H: U(C,P) + \lambda_1(Y - C - I_G) + \lambda_2(I_G - W_1 G - W_2 G) + \\
& \lambda_3[\mu N - R + (W_1 G)^{\theta}] - \lambda_4[(W_2 G)^{-\gamma} Y Z^{\pi-1} + \eta P] \\
& \frac{\partial H}{\partial C} = 0 \Rightarrow \lambda_1 = C^{-\sigma} \\
& \frac{\partial H}{\partial W_1} = 0 \Rightarrow \lambda_2 = \theta(W_1 G)^{\theta-1}\lambda_3 \\
& \frac{\partial H}{\partial W_2} = 0 \Rightarrow \lambda_2 = \gamma(W_2 G)^{-\gamma-1} Y Z^{\pi-1}\lambda_4 \\
& \frac{\partial H}{\partial R} = 0 \Rightarrow \lambda_3 = \lambda_4(1-\alpha-\beta)\frac{Y}{R}(\pi-1)(W_2 G)^{-\gamma} Z^{\pi-1} \\
& \frac{\partial H}{\partial Z} = 0 \Rightarrow \lambda_1 = \lambda_4 \pi Z^{\pi-1}(W_2 G)^{-\gamma}
\end{aligned}
\tag{3-26}
$$

其中 λ_1、λ_2、λ_3、λ_4分别代表 K、G、N、P 的影子价格，根据一阶导数为0，得到最优条件的方程如式（3-26）所示。

四个状态变量的欧拉方程为：

$$\dot{\lambda}_1 = -\frac{\partial H}{\partial K} + \rho\lambda_1 = \lambda_1\left(\rho - \alpha\frac{Y}{K}\right) + \lambda_4\alpha\frac{Y}{K}(W_2G)^{-\gamma}Z^{\pi-1}$$

$$\dot{\lambda}_2 = -\frac{\partial H}{\partial G} + \rho\lambda_2 = (\rho + W_1 + W_2)\lambda_2 - \lambda_1\frac{\beta}{G}Y - \lambda_3 W_1^{\theta}\theta G^{\theta-1} +$$

$$\lambda_4 W_2^{-\gamma}(\beta - \gamma)G^{\beta-\gamma-1}AK^{\alpha}R^{1-\alpha-\beta}Z^{\pi} \tag{3-27}$$

$$\dot{\lambda}_3 = -\frac{\partial H}{\partial N} + \rho\lambda_3 = (\rho - \mu)\lambda_3$$

$$\dot{\lambda}_4 = -\frac{\partial H}{\partial P} + \rho\lambda_4 = (\rho + \eta)\lambda_4 + P^{\phi}$$

进一步得到：

$$\frac{\dot{\lambda}_1}{\lambda_1} = \rho - \alpha\frac{Y}{K} + \frac{\lambda_4}{\lambda_1}\alpha\frac{Y}{K}(W_2G)^{-\gamma}Z^{\pi-1} = \rho + \alpha\frac{Y}{K}\left(\frac{1}{\pi} - 1\right)$$

$$\frac{\dot{\lambda}_2}{\lambda_2} = \rho + \frac{\beta - \pi}{\gamma}W_2 \tag{3-28}$$

$$\frac{\dot{\lambda}_3}{\lambda_3} = \rho - \mu$$

$$\frac{\dot{\lambda}_4}{\lambda_4} = \rho + \eta + \frac{P^{\phi}}{\lambda_4}$$

横截性条件为：

$$\lim_{t\to\infty}\lambda_1 K e^{-\rho t} = 0,\ \lim_{t\to\infty}\lambda_2 G e^{-\rho t} = 0,\ \lim_{t\to\infty}\lambda_3 N e^{-\rho t} = 0,\ \lim_{t\to\infty}\lambda_4 P e^{-\rho t} = 0 \tag{3-29}$$

由于在稳态中各个变量的增长率均为常量，有如下关系式成立：

$$g_Y = g_C = g_K = g_G$$

$$g_{\lambda_1} = -\sigma g_C$$

$$g_{\lambda_2} = \rho + \frac{\beta - \pi}{\gamma}W_2 \tag{3-30}$$

$$g_{\lambda_3} = \rho - \mu$$

$$g_{\lambda_4} = \phi g_P$$

$$g_{\lambda_1} + g_K = g_{\lambda_2} + g_G = g_{\lambda_3} + g_N = g_{\lambda_4} + g_P$$

$$g_Y = \alpha g_K + \beta g_G + (1-\alpha-\beta) g_R + g_Z$$

$$g_P = g_Y - \gamma g_G + (\pi - 1) g_Z$$

由上面这些关系式可以推出：

$$
\begin{aligned}
g_Y &= g_C = g_K = g_G = \frac{(\pi-\beta)W_2 - \rho\gamma}{\sigma\gamma} \\
g_N &= (1-\sigma)g_G - \rho + \mu \\
g_Z &= \frac{1-\sigma-(1-\gamma)(\phi+1)}{(\pi-1)(\phi+1)} g_G \\
g_R &= -\frac{\alpha+\beta}{1-\alpha-\beta} g_Z \\
g_P &= \frac{1-\sigma}{\phi+1} g_G
\end{aligned}
\qquad (3-31)
$$

若 $g_Y > 0$，则 $W_2 > \frac{\rho\gamma}{\pi-\beta}$。

由于环境的约束,要求 $g_P < 0, g_Z < 0$。$g_P = \left(\frac{1-\sigma}{\phi+1}\right)\frac{(\pi-\beta)W_2-\rho\gamma}{\sigma\gamma}$，若 $g_P < 0$，则 $\left(\frac{1-\sigma}{\phi+1}\right)\frac{(\pi-\beta)W_2-\rho\gamma}{\sigma\gamma} < 0$。由于经济可持续增长的条件为 $g_Y = \frac{(\pi-\beta)\ W_2-\rho\gamma}{\sigma\gamma} > 0$，因此，$1-\sigma < 0$，$\sigma > 1$，也可得出 $W_2 > \frac{\rho\gamma}{\pi-\beta}$。若 $W_2 > 0$，则 $\pi > \beta$。

若 $g_Z = \frac{1-\sigma-\ (1-\gamma)\ (\phi+1)}{(\pi-1)\ (\phi+1)} g_G < 0$，$\pi - 1 < 0$，则 $1-\sigma > (1-\gamma)\ (\phi+1)$，则 $\gamma > 1$。这说明如果想要降低污染排放密度，减少环境污染的存量，提高环境质量，绿色金融资本投入污染治理后对污染减少的产出弹性应该大于 1。

由于能源的约束，要求 $g_N > g_R$，$g_N = (1-\sigma)\ g_G - \rho + \mu$，$g_G = \frac{(1-\alpha-\beta)(\pi-1)(1+\phi)}{-(\alpha+\beta)[1-\sigma-(1-\gamma)(\phi+1)]} g_R$，设 $\frac{(1-\alpha-\beta)(\pi-1)(1+\phi)(1-\sigma)}{-(\alpha+\beta)[1-\sigma-(1-\gamma)(\phi+1)]} =$

B，则 $g_N = Bg_R - \rho + \mu$，$\frac{g_N}{g_R} = B + \frac{\mu - \rho}{g_R} > 1$，则 $g_R < \frac{\mu - \rho}{1 - B}$。

因此，如果经济保持可持续增长，在能源与环境的双重约束下，消费的跨期替代弹性必须小于1。对消费偏好的限制对于治理污染的影响是非常重要的，当然也可以倡导绿色消费，从而也可能减少污染。这会有利于经济可持续增长。投入污染治理的绿色金融资本的比重应该大于时间偏好率与绿色金融资本投入污染治理后对减少污染的产出弹性之积与 $\pi - \beta$ 之比，即 $W_2 > \frac{\rho\gamma}{\pi - \beta}$。治理污染在绿色金融资本中占的比重越大，表明污染排放强度的增长率小于0，治理污染的效果越好。没有考虑人力资本和技术进步可能是本模型的缺陷，但是这样更有利于考察绿色金融资本的作用，绿色金融资本投资到新能源等项目以及治理污染的项目，本身就会含有技术创新的因素，同时环保知识的宣传和利用也让更多的消费者树立环保意识，在一定程度上又会推动环保事业的进一步发展。

3.4 本书的理论框架

在金融发展与经济增长以及内生经济增长理论的基础之上，本书将绿色金融资本内生化，分别在能源约束、环境约束以及能源与环境双重约束的条件下，建立起绿色金融发展对经济可持续增长的作用机制；在绿色金融资本投入新能源的过程中，研发投入和技术创新起到了重要的传导作用，绿色金融资本在投入污染治理和改善环境质量的过程中，对产业结构的调整会产生积极的影响，引导更多的资金投入环保产业，抑制污染企业的投资，由此建立起绿色金融发展与经济可持续增长之间的内在传导机制的框架；同时在影响绿色金融发展的因素中，绿色金融制度在解决绿色金融的外部性和产权问题方面发挥了重要的作用，因此建立绿色金融发展的效果评价机制是衡量绿色金融发展与经济可持续增长的关系的重要方面。

1. 作用机制

根据内生经济增长理论，Lucas（1988）将人力资本内生化，Romer（1990）将知识积累和技术进步内生化，Aghion 和 Howitt（1998）使用熊彼特的方法将能源、环境因素引入 R&D 模型，对不可再生能源条件下和环境污染条件下的经济稳定状态进行分析，得出经济可持续增长的各种条件。本书在借鉴上述理论的基础之上，提出将绿色金融资本内生化，建立了在能源与环境约束条件下的内生经济增长模型，探讨在能源与环境双重约束下如何达到经济可持续增长的条件，分析绿色金融资本对经济可持续增长的影响，提出了一种新的理论框架。

2. 传导机制

根据内生经济增长理论，人力资本和 R&D 活动是技术创新的重要源泉，绿色金融资本无论是投入新能源还是投入污染治理方面，都离不开研发的投入和技术的创新。根据绿色金融发展理论，绿色金融资本对环保产业的投入加大力度，对污染企业进行限制，也会给产业结构的调整带来影响，从而给经济可持续增长带来影响。因此建立起绿色金融发展的传导机制，有利于更进一步研究两者的关系。

3. 效果评价机制

绿色金融发展的理论是建立在经济学家们对自然能源与环境资源刚性稀缺认识的基础上的，因此需要金融系统实现全面绿色化，才能最有效地配置和使用能源与环境的容量，同时金融在公共物品的供给中发挥着越来越重要的作用。绿色金融面临的最大挑战就是如何有效地内生化环境的外部性，通过界定“绿色”与“非绿色”的项目，使投资者、企业和金融机构识别绿色投资的机会或者标的，这要求政府能够对环境权益进行有效界定，尤其是产权的界定，通过各种绿色金融制度提供激励措施，保证项目的长期投资收益，摆脱期限错配导致的融资约束，内生化环境的外部性，引导金融机构进行环境风险管理，加强环境的信息披露，解决信息不对称的问题，完善对绿色金融活动及其影响的测度，给出清晰的环境和经济政策的信号。如果能够解决这些问题，环境质量会得到改善，对经济可持续增长可能会起到推动作用，因为经济可持续增长是在经济增长的同时环境质量得到改善，是考虑了能源与环境约束的增长。

3.5 本章小结

本章基于金融发展与经济增长理论、内生经济增长理论，对内生经济增长模型进行拓展。通过以上建立的模型分析，可以看出，在能源约束的环境下，经济可持续增长的条件是 $g_G=\frac{\rho-\mu}{2-\sigma-\theta}$，$g_R=\frac{(\rho-\mu)(\theta-\sigma-2)}{2-\sigma-\theta}$，$g_N=\theta$，$g_G>0$。

绿色金融资本投入可再生能源的产出效率 θ 是很重要的减少能源约束的手段。按上面得出的结论，若 $\rho>\mu$，则 $2-\sigma-\theta>0$，即 $\sigma+\theta<2$。ρ 代表时间偏好率，表明当代人对后代人利益的关心程度，ρ 越大，表明当代人越不关心后代人的利益。如果 $\rho<\mu$，即时间偏好率小于能源的自然增长率，则 $2-\sigma-\theta<0$，即 $\sigma+\theta>2$。如果要经济可持续增长，除了绿色金融资本的增长率应该大于 0 之外，能源存量的增长率也应该大于 0，即 $g_N>0$，那么 θ 的值也应该大于 0，也就是说，绿色金融资本只有投资到可再生能源中的投资效率大于 0，才能保持经济可持续增长。

在环境约束下，经济可持续增长的条件是 $g_Z=0$，$g_Y=\frac{\phi+1}{1-\sigma}g_P$，若 $g_P<0$，则 $1-\sigma<0$，即 $\sigma>1$，$g_Y>0$。这表明当绿色金融资本的

增长率与经济增长率相同时，可以使污染排放密度的增长率为零。

在能源与环境的双重约束下，经济可持续增长的条件出现更为复杂的变化，此时经济可持续增长的条件为 $g_Y = \frac{(\pi - \beta)W_2 - \rho\gamma}{\sigma\gamma}$。若 $g_Y > 0$ 则 $W_2 > \frac{\rho\gamma}{\pi - \beta}$，即投入污染治理的绿色金融资本的比重大于时间偏好率与绿色金融资本投入污染治理后对减少污染的产出弹性之积与 $\pi - \beta$ 之比。治理污染在绿色金融资本中占的比重越大，表明污染排放强度的增长率小于0，治理污染的效果越好。

由于环境的约束，要求 $g_P < 0$，$g_Z < 0$，又因为 $g_P = \frac{1 - \sigma}{\phi + 1} g_Y$，则 $1 - \sigma < 0$，$\sigma > 1$，边际效用弹性大于1，跨期替代弹性小于1。

由于能源的约束，要求 $g_N > g_R$，$g_N = Bg_R - \rho + \mu$，$\frac{g_N}{g_R} = B + \frac{\mu - \rho}{g_R} > 1$，则 $g_R < \frac{\mu - \rho}{1 - B}$，表明 g_R 受到一定的条件约束，而绿色金融资本投入新能源中转化为可再生能源的部分可以增加自然能源的存量，突破能源的约束限制。

本书通过将绿色金融资本内生化，将能源与环境因素纳入传统的经济学与金融学的框架之下，建立了绿色金融发展与经济可持续增长的理论框架，构筑起作用机制、传导机制以及效果评价机制，从理论上探讨绿色金融发展能够实现经济可持续增长的条件。而在现实生活中，实践者会从能源与环境约束的角度，通过投入产出法来计算出效率，从而代表经济可持续增长。对于投入的绿色金融资本是否可以促进经济可持续增长，还需要通过实证检验。如果绿色金融资本对经济可持续增长有作用，还需要考察是通过怎样的传导机制起作用，作用的效果如何，后文用实证研究来进行检验。我们先关注一下国内外绿色金融发展的状况，从中发现对研究有帮助的问题。

4 国内外绿色金融发展的状况

4.1 国外绿色金融发展的现状分析

4.1.1 高收入国家绿色金融发展的状况

1. 美国的绿色金融发展

从美国的情况看，美国为了规范政府、企业与金融机构的行为，在20世纪80年代就出台了促进绿色金融发展的法律法规，如1980年出台的《超级基金法》，全称为《综合环境响应、赔偿和责任法案》，根据该法案，银行必须对客户造成的环境污染负责，并支付修复成本。美国的法律制度日益完善，涉及环境保护的就有30多部，其中以1990年修订的《清洁空气法修正案》和1992年制定的《能源政策法》为代表，前者对排污权交易制度做出了规定，结果使得二氧化硫的排放量大量减少。20世纪90年代末，美国首次提出"绿色金融"概念，将环境因素融入金融创新，信贷银行必须对信贷资金的使用承担相应的环境责任。在2003年"赤道原则"公布实施时，美国花旗银行是最早签署履行"赤道原则"的银行之一。2009年《美国清洁能源与安全法案》的公布和实施，促使美国经济向低碳经济转型。然而美国政府对清洁能源投资的重视程度并不一致，特朗普上台后，推翻了奥巴马政府的“清洁能源计划”，并退出了《巴黎协定》，影响了金融市场的一致预期，也影响了对清洁能源融资的各种投入。而且美国的主流机构投资者拥有稳定的长期资金来源，但并不愿意投资清洁能源项目的主要原因是，这类机构享受很多免税待遇，对于清洁能源投资享受的税收优惠政策并不在意。美国绿色市政债券的投资者主要是个人、相互基金、财产基金等短期资金提供者，而清洁能源项目投资回报期长，不能满足投资者对高流动性的需求，因此尽管美国拥有发达的资本市场，对清洁能源的融资却远远不够。

中美部分年份清洁能源投资额的对比情况如表 4－1 所示。从表中可以看出美国的清洁能源年投资额在 500 亿美元左右，中国在 2012 年首次超过美国之后，一直以超过美国较大的幅度增长，2015 年几乎是美国的 2 倍。

表 4－1　2011～2016 年中美清洁能源投资额的对比情况

单位：亿美元

年份	美国投资额	中国投资额
2011	559	474
2012	530	638
2013	484	613
2014	518	895
2015	560	1105
2016	586	878

资料来源：彭博新能源财经发布的《全球清洁能源投资报告》。

2. 英国的绿色金融发展

从英国的情况看，2000 年以来，英国政府试图打造“最绿色政府”，鼓励投资绿色低碳经济。2001 年英国碳排放权交易体系（UK ETS）成立；2008 年英国《气候变化法案》颁布；2009 年英国发布

《低碳转型计划》和《可再生能源战略》两个国家战略文件，世界银行在伦敦证券交易所发布首只绿色债券；2011年英国设立38.7亿英镑的国际气候基金；2012年英国绿色投资银行（GIB）设立；2015年气候相关财务信息披露小组（TCFD）成立；2016年中英绿色金融工作组成立；2017年英国成立绿色金融工作小组并发布清洁增长战略；2018年英国举办首届“绿色英国周”活动并以绿色金融作为主题；2019年英国政府设定2050年温室气体零排放的目标。2019年7月英国政府提出了《英国绿色金融战略》，该战略包含两大长远目标以及三大核心要素。该战略两大目标分别是：在政府部门的支持下，私人部门/企业的现金流向更加清洁、可持续增长的方向；加强英国金融业的竞争力。该战略的三大核心要素包括：“金融绿色化”“投资绿色化”“紧握机遇”。如“金融绿色化”，该战略认为要实现英国2050年温室气体零排放的目标，必须从根本上彻底改变金融系统，使之更加绿色化，且有四个关键因素：一是要有共同的认识和愿景，即认同气候和环境因素导致的金融风险和机遇，并且积极采取措施应对此风险；二是明确各部门的职责；三是增加透明度，披露气候相关金融信息并建立长效机制；四是建立清晰和统一的绿色金融体系/标准。金融绿色化的主体不仅包括金融机构，也需要政府及企业的积极参与；不仅要推动英国金融体系的绿色化发展，也要助推全球金融体系的绿色化发展。

英国最新发布的《英国绿色金融战略》在总结自身现有绿色金融政策和工作的基础上，制定了详细的政策建议，助力实现温室气体零排放目标，并且助力英国在世界绿色金融舞台上发挥引领作用。过去30年，英国在实现了降低40%碳排放的同时，经济增长了2/3，在七国集团（G7）经济体中遥遥领先。自2010年以来，英国已经投入超过920亿英镑用于清洁能源，英国政府积极致力于与私人部门的资本合作，例如，英国政府与私人部门共同设立了绿色风投基金，用来支持英国的绿色清洁技术发展，该绿色风投基金由英国商业、能源和产业战略部出资2000万英镑成立，并且撬动相应的私人资本加入。另一例投资，如英国森林合作伙伴项目在全球大宗商品市场上的第一个项目成功撬动了684万英镑的私人资本。另外，英国也致力于国际合作，2018年英国商业、能源和产业战略部在中国、墨西哥和哥伦比亚开展了第一批英国气候加速转型项目（UK PACT）。该项目在中国专注于绿色金融的能力建设和交流合作，支持伦敦金融城与中国金融学会绿色金融专业委员会共同成立了“中英绿色金融中心”，与北京市政府合作在通州设立绿色金融科技通道等。

3. 德国的绿色金融发展

从德国的情况看，1974年，联邦德国成立了世界上第一家政策性环保银行。德国一直在环境保护方面做得很好，德国复兴信贷银行（KFW）功不可没。20世纪70年代以后，KFW将项目扩展到能源节约和能源创新方面，之后投入新能源领域，是当前世界上最大的环境投融资机构。其资本由联邦政府和各州政府参股构成，联邦政府为其业务提供补贴和担保，因此在环保领域发挥积极的作用。其融资由德国政府进行贴息处理，并以绿色信贷产品的形式进行业务办理，主要是以期限长、利息低的金融产品形式卖给商业银行，商业银行再以优惠的利息为最终贷款企业提供绿色信贷产品和服务。KFW也通过发行绿色债券的方式来吸引新的投资者。2014年以来，KFW发行的绿色债券总额为92亿欧元，占市场的份额在7%左右；2016年，绿色债券发行总计28亿欧元，每100欧元的绿色债券投资大概会减少800万吨温室气体排放。2019年10月，德国联邦政府内阁通过了气候保护一揽子计划，包括《气候保护计划2030》和《联邦气候保护法》，将2030年温室气体相比1990年减排55%纳入法律，设立气候问题专家委员会，通过为各部门制定碳排放预算、为二氧化碳定价、鼓励建筑节能改造等措施实现碳中和。《气候保护计划 2030》的核心内容包括三部分：一是从 2021 年起将二氧化碳排放定价从欧盟碳交易市场框架下的现有能源行业和高耗能行业扩展到运输和建筑供热领域；二是制订推广计划，包括减免实施建筑节能改造的税收，为将燃料加热设备替换为环保设备提供补贴；三是减轻居民负担，降低电价和公共交通的价格。由于经济增长、移民压力等因素，德国 2020 年温室气体较 1990 年减排 40% 的原计划无法达成，此次发布的 2030 年一揽子计划对于缩小减排差距具有重要导向作用，在新的政策节点下，有助于为应对气候变化带来机遇。

4. 日本的绿色金融发展

从日本的情况看，日本曾是污染最为严重的国家之一，从 20 世纪 70 年代开始重视治理污染，开展环境保护，日本的绿色金融政策从设计到法律保障都形成了比较完备的体系。1993 年日本政府颁布了《环境基本法》，在此基础上还颁布了《推进形成循环型社会基本法》《资源有效利用促进法》《固体废弃物管理和公共清洁法》等法律，这些都是绿色金融发展的基本法律保障。2003 年日本环境省发布《环境报告书指导方针》，强调企业的环境保护责任。2004 年日本政策投资银行（DBJ）开发的评级系统是全球第一个基于环保评级的融资服务系统，对贷款企业进行环保评级，确定贷款的利率水平。2007 年日本环境省专门成立了由金融机构参加的环境类融资贷款贴息部门，在国家层面组织绿色信贷工作。2011 年制定并实施的《21 世纪金融行动原则》，提出金融业对日本转变为可持续社会应该做出的贡献。2013 年公益财团法人日本环境协会建立环保补助基金，促进金融机构对环保型企业的投资。2014 年日本创建了环境管理制度证书和注册机制，对企业的环保项目进行评估，从而建立起金融、企业与社会责任之间的关系。除此之外，日本环境省推出对家庭和企业环保事业的补贴，主要是对使用可再生能源设备、低碳化设备补贴租金总额的 3% ~5%，2015 年补贴总预算达到 18 亿日元。日本政府还实行绿色汽车减税制度、绿色住宅生态返点制度、太阳能发电剩余电力回购制度、垃圾分类制度等鼓励和促进环保的制度，对在这些方面提供的贷款利率实行税收优惠。

日本的商业银行积极参与绿色金融，2003 年日本瑞穗实业银行宣布加入“赤道原则”，是亚洲的第一家赤道银行，其制定符合“赤道原则”的工作流程和指标体系，积累了环境管理经验，获得了更多的收益。三井住友银行将环境、社会和治理（ESG）原则作为金融投资的核心，把环境治理问题融入贷款决策过程，同时建立环境社会风险评估体系，基于环保评级的结果设立融资条件，对环保型住宅贷款实行优惠政策。

从以上高收入国家的绿色金融实践中可以发现：高收入国家的经济发展到一定阶段时，绿色金融发展也比较成熟，环境、能源方面的融资方式和渠道也就多样化，尤其是绿色金融发展的法律体系完备，商业银行的积极参与，使得高收入国家的绿色金融发展取得成效。首先，绿色金融发展不能只依靠市场机制，政府的重视与参与是极其重要的，制定明确的目标，政府的推行才有针对性；其次，法律法规的健全和完善是重要的基石和保障，无论美日还是英德都是在完备的环保法律的框架下，绿色金融发展才能有法可依、有章可循；再次，商业银行的积极参与，制订出符合环保评级标准的绿色项目贴息计划，对绿色信贷进行风险评价，与政府部门合作，积极引导社会资源流向节能环保产业；最后，信息透明，能够披露环境信息，将 ESG 原则作为投资的核心是高收入国家绿色金融发展可以遵循的规律。

4.1.2 中高收入国家绿色金融发展的状况

1. 巴西的绿色金融发展

巴西是较早探索利用环境连带责任促进环境保护的国家之一，

规定金融机构对客户造成的环境污染事件有无限连带责任。自 2008 年以来，巴西央行主要集中于缓解风险、统一金融体系与公共政策、提高行业效率。2010 年在农村信贷方面，巴西建立减少温室气体排放的清单。2011 年针对应对和适应气候变化项目融资的规定，巴西央行继 2014 年公布《社会和环境责任政策》后，在 2017 年初再次要求将社会环境风险纳入金融机构风险管理框架，为社会和环境风险的分类、评估、监测、减缓和控制提供系统性的框架，使金融机构对新产品和新服务的社会环境风险进行评估。巴西要求所有上市公司必须发布可持续报告，如不披露报告，必须做出解释。巴西联合银行推出了一种对绿色贷款和信贷融资进行系统化追踪并报告的方法和工具。

2. 南非的绿色金融发展

南非依赖其矿产资源，达到中高收入的水平，但面临较为严重的环境问题，是世界上碳排放强度最大的国家之一，经济的绿色转型需要绿色金融发展。南非的绿色金融发展主要在可持续的框架下进行，涉及 ESG 问题。南非投资行业主要将 ESG 目标纳入投资决策。2014 年的调查报告显示，1115 只基金中有 71% 的投资涉及与 ESG 相关的策略（张承惠、谢孟哲，2015）。南非政府为绿色发展基础设施融资，曾启动一项可再生能源独立发电采购项目，通过竞价选出投资人和购买人签订电力购买协议，其同时获得政府的担保，这样大大提高了项目的融资可能性。2013 ~ 2016 年已有 8270 亿南非兰特投入能源、水资源和环保的基础设施建设中。

南非的绿色金融政策体系和治理规则有三项重大变化，首先，《国王准则Ⅲ》中出现绿色金融政策，要求上市公司在年报中披露可持续发展的问题以及如何消除对环境和社会的不利影响；其次，《社保基金法案》将 ESG 风险因素考虑进去，拓展了金融审慎监管的定义，要求基金受托人必须对影响基金资产的可持续因素予以重视；

最后，《投资责任准则》主要是针对机构投资者的自愿性原则，通过信息披露实现市场的自我监督。南非的绿色金融改革与中国不同，中国的模式是自上而下的改革，南非是自上而下与自下而上相结合，其在法律和监管方面推行的政策值得我们借鉴。

4.1.3　中低收入国家绿色金融发展的状况

1. 印度的绿色金融发展

印度工业发展银行率先在印度银行业开展环保银行业务，特别是为涉足清洁发展机制及自愿减排机构提供安全咨询业务。印度国家银行为可再生能源项目提供资金支持，并支持环保居住项目，同时在碳金融领域提供资金支持和咨询服务。印度工业信贷投资银行帮助多个组织开展清洁能源、生物质热电联产、废热回收等项目，还资助减少温室气体排放的项目和清洁技术。而印度小产业发展银行为采用绿色节能技术的中小微企业提供贷款，这成为印度绿色金融发展的一个很鲜明的特色，其为2000多家中小微企业的清洁生产与节能投资提供帮助，总金额超过80亿卢比。由于班加罗尔工业区电子垃圾较多，因而设置了电子垃圾回收设施，建立污水处理厂，在孟买实行出租车融资计划，资助出租车司机购买新车等。针对中小微企业进行融资发展项目，印度小产业发展银行联合中小微企业评级机构，引进“绿色评级”，鼓励中小微企业采用新技术和新工艺，停止导致环境恶化的产业活动。

印度的绿色债券市场发展非常迅速，2015年印度发行首笔绿色债券，到2017年4月绿色债券发行规模达到32亿美元，在全球排第8位，印度发行的贴标绿色债券中，68%投入可再生能源领域。

2. 孟加拉国的绿色金融发展

孟加拉国虽然收入水平较低，但对绿色金融发展的重视程度较高。孟加拉国的央行要求所有银行对新融资项目进行环境风险评级，以规范信贷，截至2016年，孟加拉国发放了5030亿塔卡绿色信贷，占信贷总额的7.5%。

孟加拉国银行在2008年和2011年先后出台了《关于“将企业社会责任纳入孟加拉国银行和金融机构”的通知》《绿色银行政策指南》《环境风险管理指南》，以有利于金融机构分析项目的环境风险。2015~2017年孟加拉国又出台了许多绿色金融方面的制度，如《强制性绿色金融信贷目标》和《金融机构综合风险管理准则》等，将环境风险纳入信用风险评价体系，引入绿色营销，建立绿色战略规划，创建气候风险基金，建立绿色分支机构，改善内部环境管理规范，采取环境友好型举措，推出创新产品。

中高和中低收入发展中国家积极参与绿色金融，根据可持续银行网络（SBN）发布的《可持续银行网络全球进展报告2019》，SBN在2012年成立时仅有10个成员国，其中只有孟加拉国和中国正式启动了可持续金融政策，发展至2020年，SBN已拥有38个成员国，代表了38个发展中国家的43万亿美元银行资产，而发展中国家可持续金融正加速扩张，38个成员国中22个国家已经实施可持续金融政策。该报告显示，按照SBN的评估框架，自2018年以来，SBN的38个成员国中，16个国家处于绿色金融发展准备阶段（包括承诺阶段和制定阶段），20个国家处于绿色金融发展实施阶段（包括发展阶段和完善阶段），2个国家处于绿色金融发展成熟阶段（包括先行者和主流行为变化阶段）。中国和印度尼西亚成为进入绿色金融发展成熟阶段的领先国家（见表4-2）。

印度尼西亚金融服务监管局（OJK）制定了全面的可持续金融路线图，明确了未来十年绿色金融发展路径。该路线图涵盖银行、资本市场以及非银行金融服务业，通过提供监管支持和激励措施，实施目标贷款和担保计划，建立绿色贷款、绿色债券和绿色指数模型，为企业及项目提供可持续融资。在OJK的指导和监督下，印度尼西亚的8家主要银行已经率先实施绿色金融政策。

表4-2 发展中国家绿色金融发展的阶段

阶段		国家
成熟阶段		中国、印度尼西亚
实施阶段	完善阶段	孟加拉国、巴西、哥伦比亚、肯尼亚、墨西哥、蒙古国、摩洛哥、尼日利亚、南非、越南
	发展阶段	柬埔寨、厄瓜多尔、格鲁吉亚、尼泊尔、巴基斯坦、巴拿马、巴拉圭、秘鲁、斯里兰卡、土耳其
准备阶段	制定阶段	埃及、斐济、加纳、印度、菲律宾、泰国
	承诺阶段	阿根廷、智利、哥斯达黎加、多米尼加、洪都拉斯、伊拉克、约旦、吉尔吉斯斯坦、老挝、萨摩亚

资料来源：《可持续银行网络全球进展报告2019》。

总之，中高收入和中低收入国家由于处于不同的经济发展阶段，绿色金融发展的政策应该有所区别，尤其是中低收入国家，应将资金投向清洁技术和能够带来可持续发展的项目，采用ESG原则进行投资，可以规避环境或者气候变化带来的金融风险，保证经济可持续增长。这些国家制定的绿色金融制度，明确的未来发展路径，也是值得借鉴的地方。

4.1.4 全球绿色金融制度的变化

1. "赤道原则"的修订与完善

"赤道原则"是世界银行下设的国际金融公司（IFC）在2003年6月提出的，是金融行业自愿性绿色信贷准则，最早接受此原则的金融机构包括花旗银行、巴克莱银行等来自7个国家的10家银行，项目金额达到1000万美元。截至2017年5月，来自37个国家和地区的90家金融机构宣布采纳此原则。第四版经过两年讨论、更新与修订，于2019年11月底完成发布。其重点关注五个主题：社会和人权，气候变化，“赤道原则”指定国家和应用标准，“赤道原则”的适用范围，以及生物多样性保护。越来越多的发展中国家的金融机构也采用了“赤道原则”，表明绿色金融发展越来越成为普遍的共识。截至 2019 年 11 月底，全球共有 38 个国家的 101 家金融机构宣布采用“赤道原则”，包括荷兰银行、巴克莱银行、花旗银行、汇丰银行等国际银行以及兴业银行、江苏银行和湖州银行 3 家中国商业银行。其中兴业银行是中国首家赤道银行，在国内首推能效融资项目，发行首只境外绿色金融债券，在绿色金融发展方面一直走在国内的前列。

2006 年联合国责任投资原则（Principles for Responsible Investment，PRI）诞生后，全球可持续投资规模快速增长，2018 年初，全球可持续投资的五大主要市场的规模达 30.7 万亿美元，在过去两年间增长了 34%；PRI 的签署机构也从最初的 100 多家增加至 2600 多家，ESG 相关规范和监管措施推动可持续投资增长加速。[①] 与其他发达国家相比，我国可持续投资仍处于起步阶段，但近年来可持续投资理念日益深入，公募绿色基金设立数量快速增长，绿色指数及相关产品也日趋丰富，随着《绿色投资指引（试行）》的出台以及 ESG 相关信息披露机制的不断完善，我国可持续投资日渐兴起。2018 年 11 月，中英共同发布《“一带一路”绿色投资原则》（GIP），将低碳可持续理念融入“一带一路”投资，以降低潜在的环境和社会风险。其主要的原则是将可持续性纳入公司治理、充分披露环境信息、充分了解 ESG 风险、采用绿色供应链管理、通过多方合作进行能力建设等。截至 2019 年 4 月底，有 27 家机构签署了这一原则，反响比较热烈。其他发展中国家如马来西亚证券委员会 2014 年发布《马来西亚机构投资者准则》，明确要求将公司治理与环境信息披露

① 参见《2020 年中国绿色金融发展趋势展望》。

及可持续发展纳入机构投资决策程序；巴西中央银行2014年4月出台新的监督办法，要求商业银行必须制定ESG战略，即包含环境管理和社会风险管理的战略行动和治理框架。

2. 碳交易制度的变化

2015年12月，巴黎气候变化大会通过了《巴黎协定》，确定了一种“自下而上”自主开展温室气体减排的新模式，主要是为2020年后全球应对气候变化行动做出安排，目标是将21世纪全球平均气温上升幅度控制在2摄氏度以内。2017年9月，美国政府宣布退出这一协定。2018年12月，在波兰卡托维兹联合国气候变化大会上，成功完成《巴黎协定》实施细则的谈判，对各方为减缓和适应气候的变化在资金、技术、能力建设方面做出安排，维护了多边主义的有效性，大会提振了国际社会合作应对气候变化的信心。全球碳交易市场自2005年欧盟碳排放权交易体系（EU ETS）实施以来发展非常迅猛，2018年已有45个国家及25个地区开展或计划开展碳定价活动。这些区域的GDP占比超过50%，人口总数接近世界人口的1/3。全球碳交易市场整体运行平稳，欧盟碳交易市场的碳价较前两年有明显提升，最高达到25欧元。原因主要是配额的持续收紧，再有市场稳定储备（Market Stability Reserve，MSR）制度的建立。这种制度是指在市场供给超过8.33亿吨时，将从过量的配额中抽取12%纳入储备；当供给小于4吨时，将从储备中取出1亿吨投放市场，由此碳价变得趋于稳定。

3. G20关于绿色金融探讨机制的形成

2016年绿色金融议题被写入G20领导人公报，2017年担任G20主席国的德国决定仍然讨论绿色金融的议题，主要研究以下两个领域：一是环境风险分析在金融业的运用，二是运用公共环境数据开展金融风险分析和影响决策。2018年在阿根廷举行的G20峰会延续绿色金融议题，但纳入了增加就业和减贫的可持续发展因素，因此将"绿色金融研究小组"改为"可持续金融研究小组"，主要的议题一是为资本市场创造可持续资产，二是发展可持续私募股权和风险投资，三是探索数字科技在可持续金融中的作用。之后发布了《二十国集团领导人布宜诺斯艾利斯峰会宣言》和《布宜诺斯艾利斯行动计划》，这是绿色金融议题第三次被写入领导人峰会成果文件。

4. 可持续金融的标准分类

2015 年，全球多国政府通过的《巴黎协定》和联合国《2030 年可持续发展议程》，旨在探索世界经济可持续发展道路。为支持和落实《2030 年可持续发展议程》，欧盟委员会基于可持续金融高级专家组（HLEG）对可持续发展融资的建议，于 2018 年 3 月发布了《可持续发展融资行动计划》，详细说明了欧盟委员会将采取的十项行动计划以及实施时间表。在此基础上，2019 年 6 月，欧盟委员会技术专家组连续发布《欧盟可持续金融分类方案》、《欧盟绿色债券标准》以及《自愿性低碳基准》三份报告，明确具有环境可持续性的经济活动类型，为政策制定者、行业和投资者提供实用性工具，使投资者和银行等更容易识别可持续金融市场投资机会，成为其《可持续发展融资行动计划》的重要组成部分。《欧盟可持续金融分类方案》为制造业、农业、交通运输、建筑等领域的 67 项能有效减缓气候变化的经济活动设立了技术筛查标准，以分类清单的方式识别和构建七项环境目标，包括气候变化减缓、气候变化适应、海洋与水资源可持续利用和保护、循环经济、废弃物防治及再回收、污染防治、保护健康的生态系统；而环境目标的实现基于"实质性贡献"和"无重大损害"两大原则，即被纳入分类方案的经济活动必须对至少一个环境目标做出实质性贡献，并且对其他六个目标没有重大损害。任何类型的机构都可以使用这个分类方案来明确哪些活动为可持续金融支持的经济活动。同期欧盟委员会发布的《气候基准及环境、社会和治理（ESG）披露》中期报告大约为 6000 家欧洲上市公司、银行和保险公司提供指导，以确保私人资本在促进气候适应型经济转型和弥补资金缺口方面发挥关键作用。

2019 年 12 月 6 日，欧洲银行管理局（EBA）发布的《可持续金融行动计划》（以下简称《行动计划》）概述了 EBA 将针对 ESG 因素以及与之相关风险所展开的任务内容与具体时间表，并重点介绍了有关可持续金融的关键政策信息。《行动计划》旨在传达 EBA 的政策方向，为金融机构的未来实践与经济行为提供指引，以期支持欧盟的可持续金融发展稳步推进。

可持续金融要求相关金融机构在满足直接或间接支持可持续发展目标框架的同时，能够实现稳健、可持续、平衡的经济增长。可持续金融同时要求金融机构投资决策适当考虑环境和社会因素对长期可持续投资活动所产生的影响。“环境因素”是指气候变化风险，以及更广泛的环境风险及其相关风险（例如自然灾害）；“社会因素”则涉及员工平等、包容性、劳资关系、人力资本与社区投资等问题。基于此，ESG 因素与金融市场的联系逐渐紧密，金融机构必须能够衡量并监控 ESG 风险，从而实现及时应对物理风险与转型风险的目的。可持续金融的任务主要是指将 ESG 标准整合到金融服务中，有效支持经济可持续增长。同时，其任务旨在提升金融机构对治理 ESG 风险的必要性认知水平，强调应重点关注 ESG 风险的长期性以及估值和定价的不确定性。《行动计划》更加明确了欧盟应对气候变化问题的积极态度。应对气候变化问题离不开将金融作为必要的支持手段和工具。在对气候变化的减缓行动和适应行动中，投融资需求巨大。《行动计划》为欧洲未来 5 年内的可持续金融发展提供了明确的政策方向和行动指引，引导金融机构在战略和风险管理、信息披露、情景分析和压力测试三个维度开展具体的行动，进而逐步完善欧洲 ESG 标准。

中国积极通过与他国合作来推进全球绿色金融发展。中英绿色金融工作组启动了金融机构环境信息披露试点等合作。中欧还积极开展推动绿色债券标准一致化的合作研究，2017 年 11 月在波恩举行的联合国气候大会上发布了《探寻绿色金融的共同语言》白皮书。中国央行同英法德等 7 国央行共同加入了央行绿色金融网络，深度参与全球合作，深圳加入了“全球金融中心城市绿色金融联盟”。绿色债券作为各国积极推动绿色金融发展的重要领域，2019 年发行规模再创新高，发行增速大幅回升。根据气候债券倡议组织（CBI）发布的数据，截至 2019 年 12 月 18 日，全球合计发行 2312 亿美元的绿色债券，2019 年的绿色债券发行量再创年度发行规模最高纪录。

全球绿色金融发展状况也可以通过全球绿色金融指数来进行度量。

4.1.5 全球绿色金融指数

2018 年，新的全球绿色金融指数（Global Green Finance Index，GGFI）由英国智库 Z/Yen 集团与非营利性组织“金融观察”（Finance Watch）于布鲁塞尔举行的活动上推出。GGFI 根据外界对全球金融中心所提供的绿色金融服务的质量和深度的评价，对这些金融中心进行排名。GGFI 将会持续开展调查，在每年的 3 月和 9 月更新排名。根据世界银行对收入的划分方法，本节选取代表性的高收入国家有美国、英国、德国、日本、法国、瑞典、荷兰、韩国、新加坡，中高收入国家有巴西、墨西哥、泰国和中国，中低收入国家有印度、摩洛哥（见表 4－3）。

表 4－3 代表性国家的城市全球绿色金融指数

国家	城市	GGFI1	GGFI2	GGFI3	GGFI4	均值
美国	波士顿	695	768	771	799	758.25
美国	芝加哥	681	752	732	772	734.25
美国	洛杉矶	721	807	784	813	781.25

续表

国家	城市	GGFI1	GGFI2	GGFI3	GGFI4	均值
美国	纽约	688	770	775	797	757.50
美国	旧金山	734	835	831	859	814.75
美国	华盛顿	727	782	786	812	776.75
英国	爱丁堡	718	788	817	839	790.50
英国	格恩西	681	717	749	759	726.50
英国	泽西	713	779	798	819	777.25
英国	伦敦	839	913	933	944	907.25
德国	法兰克福	720	806	807	826	789.75
德国	汉堡	751	841	883	916	847.75
德国	慕尼黑	717	830	848	880	818.75
荷兰	阿姆斯特丹	769	876	922	950	879.25
法国	巴黎	760	877	897	917	862.75
韩国	首尔	705	776	776	801	764.50
新加坡	新加坡	727	802	812	836	794.25
瑞典	斯德哥尔摩	757	863	895	918	858.25
日本	东京	717	790	786	818	777.75
中国	北京	732	820	824	833	802.25
中国	广州	730	751	791	816	772.00
中国	香港	707	757	770	791	756.25
中国	上海	739	843	835	839	814.00
中国	深圳	742	803	815	825	796.25
巴西	里约热内卢	0	0	683	711	348.50
巴西	圣保罗	0	737	735	764	559.00
泰国	曼谷	662	667	669	680	669.50
墨西哥	墨西哥城	670	724	685	700	694.75
印度	孟买	664	676	638	683	665.25
印度	新德里	673	636	650	667	656.50
摩洛哥	卡萨布兰卡	0	807	839	852	624.50

注：GGFI1、GGFI2 分别为 2018 年 3 月、9 月的全球绿色金融指数，GGFI3、GGFI4 分别为 2019 年 3 月、9 月的全球绿色金融指数。

资料来源：GGFI 报告。

从表 4-3 可以看出，总体而言收入较高国家的全球绿色金融指数也相对较高。英国伦敦的均值达到 907.25，中国上海的均值达到 814.00，印度孟买的均值是 665.25，巴西和摩洛哥因为有个别时期没有进行度量，因此没有可比性。对收入相近的国家进行横向对比，有助于我们比较不同国家的差异。根据 GGFI 报告提供的数据，先对比美英发达国家的情况（见图 4-1）。

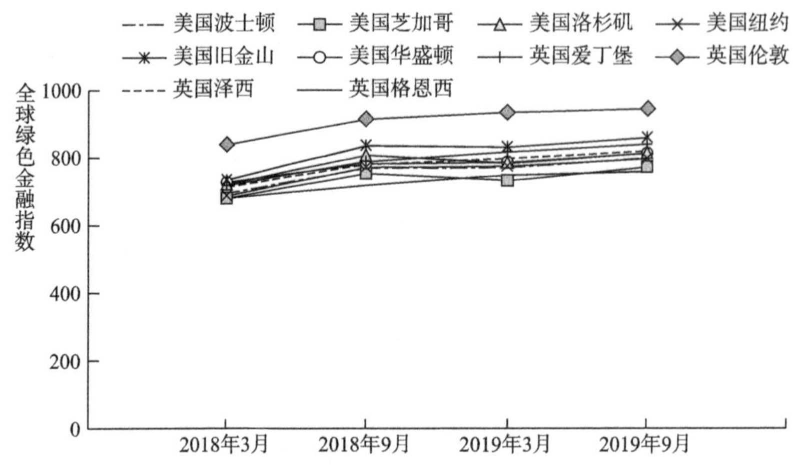

图 4-1　美英城市的全球绿色金融指数对比

从图 4-1 可以看出，英国伦敦的全球绿色金融指数最高，而美国芝加哥的全球绿色金融指数较低，这与英国积极推动绿色金融的政策直接相关。伦敦曾经被称为“雾都”，工业污染比较严重，而 2012 年英国政府全资成立了英国绿色投资银行（GIB），体现了英国政府的环保承诺，这一创举使英国发展成为低碳经济的世界领导者。GIB 的业务领域严格限定为：离岸海上风电、废物处理和生物能源、能效产业和在岸可再生能源。英国根据其市场特性采用了自下而上的发展绿色金融的模式，金融机构在市场需求的带动下积极发展绿色金融，拓展绿色金融业务，进行绿色金融产品创新，建立了相对完整的绿色金融体系。而 2003 年成立的芝加哥气候交易所是自愿但有法律约束力的碳减排承诺的交易所，但美国选择退出《京都议定书》，退出《巴黎协定》，因此美国的绿色金融发展进程受到了阻碍。英国与中国的合作越来越紧密，中国积极推行绿色金融制度，已经成为全球的典范。中国有代表性的城市处在收入较高的地区，在全球绿色金融指数里相当于高收入国家的水平。中国 5 个城市的全球绿色金融指数横向比较见图 4 - 2。

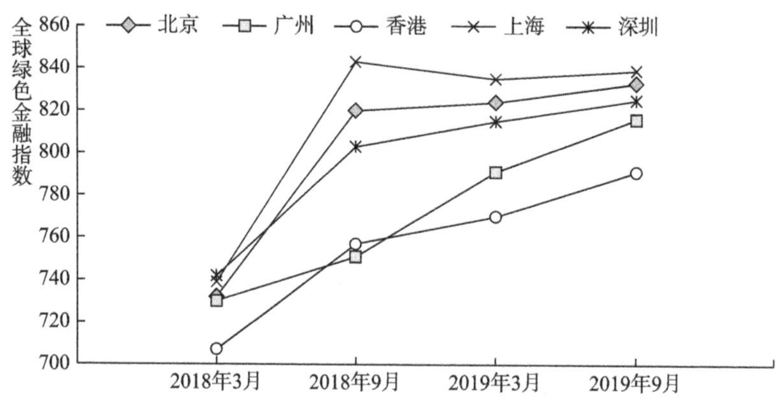

图 4 - 2　中国 5 个城市的全球绿色金融指数对比

从图 4 - 2 可以看出，中国这 5 个城市中，总体而言上海的全球绿色金融指数最高，其次是北京，最后是香港。上海作为金融中心，将其污染严重的产业进行剥离，制造业主要转移至长江经济带的其他城市，如宁波等；北京作为文化中心，将其工业转移至河北等地，目前正在筹划建立国际绿色金融中心。在 2019 年 9 月，各城市的全球绿色金融指数都呈上升的趋势，表明各城市在推动绿色金融发展方面所采取的行动产生了积极的结果，具体在中国绿色金融发展的现状中有更为详尽的论述。

中国作为最大的发展中国家，绿色金融发展水平已位居国际第一方阵。绿色金融市场规模持续扩大，绿色债券发行量位居世界前列，绿色保险、绿色基金、绿色信托、绿色 PPP 等新产品不断涌现，拓宽了绿色项目的融资渠道。随着绿色金融标准、评估认证、信息披露等基础性制度安排逐步完善，地方绿色金融改革创新不断推进，对其他国家会形成有意义的推广经验。

4.2 中国绿色金融发展的历程及现状分析

4.2.1 中国绿色金融发展的历程

如果将1995年国家环境保护局发布的《关于运用信贷政策促进环境保护工作的通知》算作我国绿色信贷制度的开端，到2019年已经25年了，绿色金融发展在我国经历了初始阶段、逐步成熟阶段、全面推进阶段（见表4-4）。

表4-4 中国绿色金融发展的阶段

阶段	时间	主体	事件	备注
初始阶段（1995~2007年）	1995年	国家环境保护局	发布了《关于运用信贷政策促进环境保护工作的通知》	绿色信贷制度的开端
	2004年	财政部	设立了中央环境保护专项资金	改善区域环境质量
	2007年	国家环境保护总局等	联合发布了《关于落实环保政策法规防范信贷风险的意见》	我国绿色金融制度的正式形成
逐步成熟阶段（2008~2015年）	2010年	金融界高管与经济学家们	达成了《绿色金融松苑共识》*	推动绿色金融发展
	2011年	国家发展改革委	印发了《关于开展碳排放权交易试点工作的通知》	开展碳排放权交易试点
	2012年	银监会	发布了《绿色信贷指引》《绿色信贷统计制度》《绿色信贷考核评价体系》	绿色信贷制度逐渐完善
	2015年	中共中央、国务院	首次提出要推广绿色信贷、排污权抵押等融资方式，开展环境污染责任保险的试点。成立中国金融学会绿色金融专业委员会，发布《生态文明体制改革总体方案》	首次提出建立绿色金融体系

续表

阶段	时间	主体	事件	备注
全面推进阶段（2016~2019年）	2016年	全国人大	我国“十三五”规划提出“建立绿色金融体系，发展绿色信贷、绿色债券，设立绿色发展基金”	构建绿色金融制度已经上升为国家战略
		中国人民银行、财政部等七部委	联合发布了《关于构建绿色金融体系的指导意见》	标志着绿色金融制度在我国已经进入实施阶段
	2017年	证监会	发布了《关于支持绿色债券发展的指导意见》	绿色债券市场发展迅速
		一行三会、国家标准委	联合发布了《金融业标准化体系建设发展规划（2016—2020年）》，提出建立绿色金融标准体系	推动绿色金融标准化
		国务院	在浙江、江西、广东、贵州、新疆五省区进行绿色金融改革实验区的建设	试验区推动绿色产业转型升级
	2018年	各省区人民政府	发布各省区的建设绿色金融的实施方案	进入全面推进阶段
	2019年	国家发展改革委、工信部、自然资源部、生态环境部等七部委	公布了《绿色产业指导目录（2019年版）》	建设绿色金融标准工作中的又一重大突破
		中国人民银行	《关于支持绿色金融改革创新试验区发行绿色债务融资工具的通知》	对试验区绿色债务融资工具募集资金用途进行了扩展

注：* 第六届中国吉林东北亚投资贸易博览会长春国际金融高级别会议在长春市松苑宾馆成功举行。中国人民银行、中国农业发展银行等13家金融机构的负责人出席会议并发表演讲。与会全体代表就“绿色金融”达成了“松苑共识”，建议构建市场与政府共同促进绿色发展的新机制。发挥金融市场资源配置的基础作用和政府的调控作用，积极促进“绿色金融”模式和“绿色金融”业态的形成和发展，着力推动绿色信贷、绿色债券、绿色股票和绿色保险创新。

资料来源：作者根据资料整理而成。

25年的发展历程，绿色金融从初始阶段的绿色信贷制度的形成到逐步成熟阶段提出的建立绿色金融体系，绿色金融标准工作的有序推进、绿色金融试验区的重要改革以及绿色债券市场的迅速发展都表明我国的绿色金融发展已经进入全面推进阶段。

4.2.2 中国绿色金融发展的现状分析

1. 从需求端看

目前我国的绿色投融资总量需求总体上升，生物质能、工商业场地修复、地下水修复等方面的绿色投融资总量呈逐年上升的趋势，表明绿色金融的投融资需求很大。进一步发展绿色金融，满足这些需求，对于经济可持续增长非常重要，中国绿色投融资总量见表 4－5。

表 4－5 中国绿色投融资总量

单位：亿元

领域	类别	2015 年	2016 年	2017 年	2018 年
可持续能源	清洁和可再生能源（电力）	4215	4913	8738	5976
	生物质能（非电力）	560	600	700	1000
工业污染治理	工业废水治理	184	108	76.40	137
	工业废气治理	1866	1860	604	1686.70
	工业固体废物治理	16	39	12.70	17.60
基础设施建设（环境保护）	城市供水	1237	1149	242	1189
	城市排水	450	377	806.40	814.70
	城市生活垃圾处理	34	118	16.38	180.18
	城市轨道交通	3683	4080	5045.20	4226.30
环境修复	工商业场地修复	17	23	50	70
	耕地土壤修复	2	3	536	335
	地下水修复	3	20	564.90	634.20
能源与资源节约	节能	2332	1986	1517	1652
	节水	1433	1582	1476.13	1477.82
绿色产品	绿色建筑	227	420	315.86	326.64
	新能源汽车	320	277	908.75	4662.40
合计		16579	17555	21609.72	24385.54

资料来源：马中等（2018a，2018b，2019）。

如表 4－5 所示，清洁和可再生能源（电力）的投融资总量需求是最大的，2017 年达到 8738 亿元；其次是城市轨道交通的投融资总量需求，2015～2018 年的年均投融资总量需求为 4259 亿元；对节能和节水的投融资总量需求也比较大，节能成为当前经济可持续增长的重要部分，年均为 1872 亿元；新能源汽车在 2017～2018 年的投融资总量需求急剧膨胀，主要是由于我国推行对新能源汽车免征车辆购置税。

2. 从供给端看

从 2013 年国家统计绿色信贷开始，我国绿色信贷呈上升态势，虽然 2018 年稍有波动，但是根据中国银保监会于 2019 年 10 月 21 日在国务院新闻办公室新闻发布会上公布的数据，截至 2019 年上半年，我国 21 家主要银行绿色信贷余额达 10.6 万亿元，占 21 家银行各项贷款的比重为 9.6%。根据中国银保监会披露的数据，21 家主要银行绿色信贷余额从 2013 年 6 月末的 4.85 万亿元增长至 2019 年 6 月末的 10.6 万亿元，我国绿色信贷规模的年均增长率达到 13.92%，如图 4－3 所示。

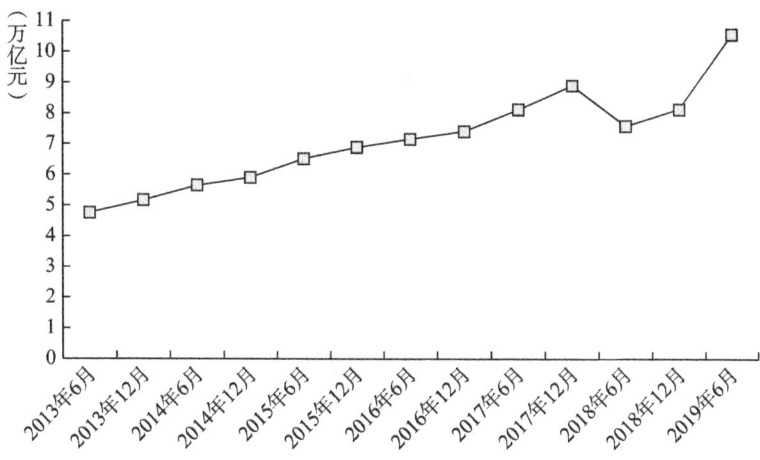

图 4－3　我国绿色信贷规模

如图 4－3 所示，从 2013 年国家统计绿色信贷算起，绿色信贷规模整体呈现增长态势，2018 年 6 月略有下降的原因是，2017 年中国银行业协会公布的《中国银行业绿色银行评价实施方案（试行）》实施，涉及 300 多个细分指标，另外中国人民银行发布的《关于建立绿色贷款专项统计制度的通知》于 2018 年 3 月实施，可能由于统计标准的变化，因此在数据上出现偏差。目前对绿色信贷的激励政策正在逐渐落地。央行已明确将优先接受符合标准的绿色金融资产作为再贷款、常备借贷便利（SLF）、中期借贷便利（MLF）等货币政策工具的合格抵押品，在宏观审慎评估工作中将绿色信贷纳入指标考核范畴，为银行业借助绿色贷款获得低成本的资金开辟渠道。绿色贷款主要投向了绿色交通运输项目和可再生能源及清洁能源项目。而在绿色金融市场上，绿色债券无疑是成绩显著的品种，见图 4－4。

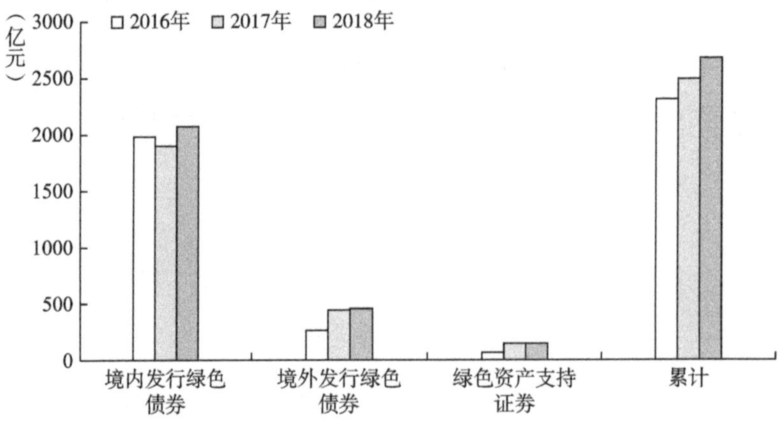

图 4－4　2016～2018 年中国绿色债券发行情况

如图 4－4 所示，从总体上看，绿色债券累计每年稳定增长，只是境外发行所占的比重与境内相比悬殊，主要是绿色债券的标准不一致，境外发行仍然有较多的障碍。2019 年上半年，中国发行的绿色债券总额达到 1439 亿元（约合 218 亿美元），同比增长 62%，主要由银行和企业的发行而驱动。中国 2019 年前三季度累计发行绿色债券 363 亿美元（约合 2482 亿元），比 2018 年同期（215.2 亿美元，约合 1433 亿元）增长 73.2%。2019 年我国绿色债券发行规模增速回升主要来自非金融绿色债券的贡献，在 2018 年之前，我国绿色债券市场均以绿色金融债券为主，其年度发行规模占比均超过了 50%，直至 2019 年 12 月 17 日，非金融绿色债券发行占比首次超过了绿色金融债券，绿色金融债券发行规模只占到了 28%。另外，2019 年 4 月，江苏金融租赁发行 10 亿元（约合 1.489 亿美元）的认证气候债券，是第一只为浮动太阳能发电站提供融资的认证气候债券。

绿色基金是促进绿色投资、加快绿色资金周转的重要工具，截至 2019 年 11 月末，全国公募发行的绿色基金共 133 只，公募绿色基金总规模约为 687.1 亿元。2019 年以来我国公募绿色基金发行数量及规模都有较快的增长，截至 2019 年 11 月公募绿色基金的发行数量已经是 2018 年全年发行数量的 1.8 倍，同时公募绿色基金总规模也比 2018 年末增长了 65.8%。

在绿色保险方面，截至 2019 年 7 月，我国环境污染责任保险试点省区市共计 31 个，试点涉及重金属、石化、危险化学品、危险废物处置、电力、医药、印染等 20 余个高环境风险行业。2017 年，中国环境污染责任保险年度保费收入突破 3 亿元。2018 年，我国环境污染责任保险实现保费收入 3.09 亿元，提供风险保障 326.58 万亿元。截至 2018 年 4 月底，保险资金以债权形式进行绿色投资的总体注册规模达 6854.25 亿元，包括投资到新能源的 666 亿元、环保的 52.7 亿元、水利的 506.44 亿元等。①

在碳金融方面，2018 年末，北京、天津、上海、广东、深圳、重庆、湖北试点碳交易市场的配额交易运行平稳，二级市场累计成交量 2.63 亿吨，累计成交额近 54 亿元，其中北京累计成交量 2907 万吨，累计成交额超过 10 亿元，分别占全国总量的 11.05% 与

① 参见《2020 年中国绿色金融发展趋势展望》。

18.52%。配额累计成交量最高的是广东，供给 7661 万吨，占全国总量的 29.13%；配额累计成交额最多的是湖北，供给 12.40 亿元，占全国总额的 23.05%（马中等，2019）。据《中国应对气候变化的政策与行动 2019 年度报告》，2018 年我国单位 GDP 二氧化碳排放下降 4%，比 2005 年累计下降 45.8%，已经提前完成 2020 年碳减排国际承诺。截至 2019 年 7 月，七省市配额现货累计成交量约为 3.3 亿吨二氧化碳，累计成交额为 71.1 亿元。

3. 我国区域绿色金融发展状况

中央财经大学绿色金融国际研究院构建了地方绿色金融发展指数，并确定了具体指标的构成。一级指标是政府政策推动措施和市场效果形成情况。二级指标中，基于政府政策推动措施的指标包括省级整体性政策推动、市县级政策推动、实质性激励约束政策、提供便利措施、推动能力建设；基于市场效果形成情况的指标包括银行、证券、基金、保险、环境权益及其他相关领域的市场效果。三级指标的选取考虑其与二级指标的相关性以及自身数据的可得性。对 31 个省区市各指标给出标准化打分，将打分加权汇总得出其绿色金融发展指数。根据当前公布的数据，从 2016 年 6 月至 2017 年 6 月是第一期，以此类推，目前已经公布了三期指数，如表 4－6 所示。2018 年的指标体系在政府政策推动措施中增加了政府投资，包括治理环境污染投资占比、环保设施投资占比等，还有风险预警与应对情况；在市场效果形成情况中加入了合作交流。指标的设计更加科学、合理和完善。

表 4－6　2016～2018 年 31 个省区市的绿色金融发展指数

省区市	2016 年	2017 年	2018 年	均值
广东	36.38	54.70	73.11	54.73
北京	31.07	42.33	56.71	43.37

续表

省区市	2016 年	2017 年	2018 年	均值
浙江	23.22	57.00	68.37	49.53
上海	20.34	25.95	29.13	25.14
江苏	17.53	32.36	54.97	34.95
天津	9.43	13.04	21.47	14.65
福建	21.55	31.34	46.39	33.09
内蒙古	19.03	22.05	30.21	23.76
青海	17.46	20.05	23.75	20.42
湖北	15.60	17.15	33.42	22.06
河北	15.26	20.04	37.58	24.29
山东	14.88	17.10	30.74	20.91
新疆	14.79	36.75	44.69	32.08
湖南	14.02	20.19	32.24	22.15
河南	13.05	14.43	23.21	16.90
陕西	11.60	11.96	19.02	14.19
重庆	11.16	16.66	38.44	22.09
黑龙江	10.11	8.63	17.29	12.01
辽宁	9.32	9.30	16.08	11.57
宁夏	6.66	11.21	17.70	11.86
吉林	5.17	4.36	10.00	6.51
海南	5.01	11.77	22.23	13.00
贵州	19.78	28.62	40.37	29.59
江西	13.28	41.54	48.92	34.58
四川	10.85	28.73	58.94	32.84
山西	10.60	12.07	25.80	16.16
安徽	8.69	15.51	35.71	19.97
广西	7.09	15.01	19.54	13.88
甘肃	6.85	25.24	27.72	19.94
云南	5.89	7.19	17.35	10.14
西藏	4.42	5.44	5.41	5.09

资料来源：王遥和潘冬阳（2019）、王遥和马庆华（2019）。

在表4-6中，不同收入的省区市，其经济发展水平和发展阶段各不相同，必然带有结构性的特点，可以依据各省区市人均GDP来进行分类。计算各省区市的人均GDP（经过单位的变换），大致将之分成三类：均值大于等于4.5，为发达省区市；均值小于等于2.5，为欠发达省区市；其他为中等省区市。按照这种分类标准，我国的发达省市有6个，即北京、天津、上海、江苏、浙江和广东；欠发达省区有9个，即甘肃、云南、贵州、山西、安徽、江西、广西、四川和西藏；其他为中等省区市。对三种分类的省区市的均值再进行平均，得出发达省市的绿色金融发展指数的均值是37.06，中等省区市是19.18，欠发达省区是20.24。因为中等省区市中大部分属于工业化地区，所以绿色金融的措施和政策效果不如欠发达省区。2017年，国家在五省区八市（州、区）进行绿色金融改革创新试验区的建设，取得了非常显著的成绩。由表4-6可以看出试验区的五省区，即广东、浙江、新疆、贵州和江西的绿色金融发展指数都提高得很快。从均值来看，广东的绿色金融发展指数在全国居首位，浙江排在全国第二位，而在欠发达省区中贵州和江西也是排在前面，新疆在中等省区市中排在第二位。由此可见实行绿色金融试点，对于绿色金融发展的推动作用是非常明显的。2019年，我国首个绿色金融改革创新试验区湖州市发布了区域性绿色金融发展指数，以“定基比较法”对各项指标实行无量纲化处理和加权处理，形成综合指数，较为科学、客观地反映了区域绿色金融发展总体情况。湖州银行成为境内第三家赤道银行，在全国范围内率先建立了绿色银行评价规范、绿色融资企业评价规范以及环境污染责任保险风险评估技术规范等6项创新性制度和标准。2018年，湖州银行绿色信贷余额达到829.52亿元，占全部贷款的21.35%，全市“两高一剩”行业贷款比年初下降13.51%。2018年，浙商银行绿色信贷余额增加至225.58亿元，比2017年大幅增长522.12%（马中等，2019）。

试验区绿色债务融资工具制度创新突破。2019 年 5 月 13 日，中国人民银行发布《关于支持绿色金融改革创新试验区发行绿色债务融资工具的通知》（以下简称《通知》），此次《通知》对于试验区绿色债务融资工具发展最重要的突破即募集资金用途的扩展，此前包括绿色债务融资工具在内的各类绿色金融产品，如绿色信贷、绿色企业债、绿色公司债的募集资金用途均需严格对应绿色项目。此次《通知》对试验区绿色债务融资工具募集资金用途进行了扩展，并进一步丰富了我国绿色金融市场。

4. 我国银行等金融机构推行绿色金融发展的状况

长期以来，中国工商银行积极践行国家绿色发展理念和可持续发展战略，认真落实中共中央、国务院关于打好污染防治攻坚战的部署和要求，全面推进绿色金融建设。2007 年，中国工商银行率先提出“绿色信贷”发展理念并大力推进绿色信贷建设。2015 年，中国工商银行董事会印发了《中国工商银行绿色信贷发展战略》，明确了绿色信贷发展目标、组织管理及绿色信贷体系建设等内容，在全行绿色信贷工作中持续发挥引领作用。2018 年，根据国家生态文明建设的新要求，中国工商银行印发了《关于全面加强绿色金融建设的意见》，进一步明确未来一段时期全行绿色金融建设的基本原则、工作主线及具体措施，全面提升绿色金融工作质效。截至 2019 年 12 月末，中国工商银行绿色信贷余额 13508.4 亿元，较 2019 年初增加 1130.8 亿元，资产质量优良。中国工商银行绿色信贷规模居国内商业银行第一位。贷款支持的节能环保项目带来的节能减排效益相当于节约 4627 万吨标准煤、减排 8986 万吨二氧化碳当量、节约 5904 万吨水。同时，中国工商银行积极支持绿色债券发展。近年来，中国工商银行承销发行了境内首单绿色金融债券、首单绿色企业债，在银行间市场主承销了首单绿色企业永续票据等。中国工商银行持续推进绿色债券发行工作，2017 年以来分别通过卢森堡分行、伦敦分行、工银亚洲、新加坡分行及中国香港分行发行 5 笔绿色债券，累计发行金额约 98.3 亿美元。

中国工商银行全面践行绿色信贷一票否决制，将绿色信贷要求嵌入尽职调查、项目评估、评级授信、审查审批、合同签订、资金拨付以及贷（投）后管理等各环节，加强对环境与社会风险的监测、识别、缓释与控制。2019 年，中国工商银行印发《绿色信贷审查要点》《一般法人客户信贷业务尽职调查管理办法》，强化关键环节要求。持续加强环境敏感领域风险防控，2019 年中国工商银行印发《关于加强环境敏感领域投融资风险管理的通知》，对环保问责重点事项提出有针对性的投融资风险防控要求。

兴业银行在绿色金融发展方面也处于领先地位。截至 2019 年 11 月底，全球共有 38 个国家的 101 家金融机构宣布采用“赤道原则”，包括花旗银行、巴克莱银行、荷兰银行、汇丰银行等国际银行以及兴业银行、江苏银行和湖州银行 3 家中国商业银行。2019 年 9 月 22 日，联合国正式发布《负责任银行原则》，包括中国工商银行、兴业银行、华夏银行 3 家中资银行在内的全球 130 家银行共同签署了该原则，首批签署行总资产超过 47 万亿美元，约占全球银行业资产总规模的 1/3，这将推动银行业在绿色金融领域加强实践。

4.2.3 中国绿色金融发展的不足

自 1995 年以来，中国以绿色金融推动绿色发展，成为我国经济转型升级、调结构、促增长的重要方式。自从“十三五”规划把构建绿色金融体系上升为国家战略，提出要“发展绿色金融”以来，我国已经初步建立比较完整的绿色金融体系的政策框架，绿色金融在中国的试点颇有成效。各地方也纷纷制定绿色金融改革发展方案，但是与高收入国家和一些中高收入国家相比，中国还有许多不完善的地方。

1. 法律制度不够完善

无论是美国的《超级基金法》还是日本比较完备的环保方面的法律，高收入国家的绿色金融发展都是建立在立法完备的基础之上，我国 1989 年出台了《中华人民共和国环境保护法》，这是环境保护方面的主要法律依据，但范围比较广泛。《中华人民共和国可再生能源法》2005 年颁布，并没有针对绿色金融领域的详细的法律条文。《绿色信贷指引》是银行业发展绿色信贷的纲领性文件。《绿色信贷统计制度》是约束金融机构的行为规则，但灵活性较大。到目前为止，并没有绿色金融发展方面的法规颁布，因此相关绿色金融制度执行起来的约束力不强。而法律规范是支持绿色金融制度实行和绿色项目发展的基本保障，因此政府应加快完善我国绿色金融发展的立法体系，并修改环保方面的法律，使其能够与金融体系对接，为金融支持环保提供法律依据。

2. 产品制度缺乏标准

虽然各国在绿色金融产品的分类方面没有全球公认的统一标准，但是高收入国家的做法值得借鉴。日本在 2011 年形成的《21 世纪金融行动准则》，并在 2014 年创建的环境管理制度证书与注册机制，对企业的环保项目进行评估，对我国有着重要的借鉴意义。绿色金融产品包括绿色信贷、绿色证券以及绿色保险等，但目前缺乏统一的执行标准，因此金融机构在界定绿色信贷的投放对象时有盲目性，同时那些真正需要资金开展环保项目的企业又可能无法融资。我国除了绿色信贷有《绿色信贷指引》，绿色债券有比较详细的标准，有《绿色债券支持项目目录》和《绿色债券发行指引》并且经过认证，具有实际的可操作性之外，其他的绿色股票制度、绿色保险制度都缺乏在操作层面的明确规定。而且绿色债券与国际标准有着一定的差异，如何认定还需要继续深入研究，并取得共识。同时支持可持续资产证券化也非常需要标准化的产品，包括碳交易市场的衍生品等都需要有标准化的合约。目前我国统一的碳交易市场也只是针对电力等行业，还需要继续扩大行业范围，统一标准。虽然目前我国公布的《绿色产业指导目录（2019 年版）》是绿色金融标准建设工作的重大突破，但是针对绿色金融产品的标准还需进一步统一和完善。

3. 政策支持体系滞后

从事绿色金融业务风险较大，项目回报周期长，因此政策上的支持尤其重要。日本环境省专门成立由金融机构参加的环境类融资贷款贴息部门，从政府层面组织绿色信贷工作。而从目前我国的情况看，财政上仅限于税收的减免和优惠，以及贴息贷款，货币政策上仅限于采取不同的优惠利率以及不同的准备金率，包括央行的绿色再贷款等，但这些还远远不够，政策上缺乏激励机制和产业引导，会使政府失灵。政府发挥的所有者、监管者、行业促进者的职能相互重合和冲突，从而产生市场扭曲，因此明确并转变政府的职能更为重要，政府的政策支持体系不是行政上的代替。

4. 中介服务体系落后

与日本的商业银行积极参与绿色金融不同，我国商业银行参与度不高，一个主要原因在于缺乏银行的环境评级系统。由于绿色信贷项目技术高、专业性强，需要第三方中介机构的技术评估与鉴定，绿色债券的发行也急需第三方认证的介入，但目前的中介服务体系落后，风险评估能力有限，不能够与全球的标准相一致，在推进跨境绿色债券投资方面存在瓶颈。信用评级机构和资产评估机构在碳信用和碳资产的管理方面也缺乏经验，涉及碳排放权的交易受到很大阻碍。

5. 信息沟通机制不顺畅

南非绿色金融治理规则中的《国王准则Ⅲ》对于信息披露非常重视，《投资责任准则》通过信息披露实现市场监督，这些做法都值得我们借鉴。2017 年 6 月，环保部和证监会签署《关于共同开展上市公司环境信息披露工作的合作协议》，督促上市公司履行信息披露义务，成为将绿色金融资金运用引入社会监督和第三方评估的突破口，但这还远远不够。信息的共享机制是单项的，目前没有要求金融监管机构与环保部门共享污染企业的信贷信息，环保部门并不了解相关企业在银行的融资信息，这不利于环保部门加强监督。虽然我国统一的碳交易市场在 2017 年 12 月正式宣告运行，但是在许多方面还需要进一步完善。信息披露为资产有效定价以及投资者识别投资风险和机会提供依据。为使企业避免不公平的竞争，应该对上市公司和发债企业的环境信息进行强制披露，使得信息沟通顺畅。目前上市公司只有 20% 左右披露环境信息，城市商业银行绿色信贷数据披露的完整度只有 20% ~50%。

4.3 本章小结

通过对国内外绿色金融发展阶段与发展现状的分析，我们可以看到世界上收入水平不同的经济体的绿色金融发展水平有显著的差异，而且不同国家采取不同的政策，也决定了绿色金融发展的水平并不相同。同时列出了世界绿色金融制度的发展变化，包括“赤道原则”的修订与完善、碳交易制度的变化、G20 沟通机制的变化以及可持续金融标准的分类，从中能够看出世界目前绿色金融发展的趋势和方向。比较了全球绿色金融指数所列入的国家和城市，简单分析了影响指数高低的原因。中国绿色金融发展水平处于世界较为前列的位置，绿色信贷、绿色债券、绿色基金、碳金融以及绿色保险都取得了一些成绩，尤其开展绿色金融区域试点以来，绿色金融成为金融业与地方绿色经济最关注的问题。中国的绿色金融发展模式与其他国家不同，是典型的自上而下由政府推动的模式，金融机构在执行过程中有可能按照自身的利益，而无法平衡盈利性和公益性，因此制度上的约束和激励是非常重要的手段。与其他国家相比较，我国的各种绿色金融制度也存在不足，如法律制度不够完善、产品制度缺乏标准、政策支持体系滞后、中介服务体系落后、信息沟通机制不顺畅等，有待今后在制度等方面进行完善。

目前地方政府从追求 GDP 增长的政绩观转变为对环境保护的重视，而以保护环境与协同经济发展为己任的绿色金融首先受到地方政府的关注。绿色金融发展是否能够带来经济可持续增长的问题，对于政府的决策意义重大，因此考察绿色金融发展是否作用于经济可持续增长，应该是首要的问题。

5　绿色金融发展与经济可持续增长关系的实证检验

5.1　理论分析

中国绿色金融发展非常迅速，从前面的现状分析中我们已经了解了中国绿色金融发展的历程，但其与经济可持续增长的关系还需要实证检验。在能源和环境的约束下，前文基于内生经济增长模型，已经建立起绿色金融发展与经济可持续增长的理论分析框架。在金融发展与经济增长的理论探讨中经历了三个发展阶段：一是金融发展与经济增长的数量之间的关系；二是随着环境问题的出现，金融发展与经济可持续增长之间的关系；三是绿色金融发展与经济可持续增长之间的关系。

Goldsmith（1969）认为基于经济增长理论目前的状况，以及目前对金融发展缺乏足够透彻的历史研究，我们不可能在这一领域得到明确的答案。经过半个多世纪的争论，金融发展与经济增长的关系仍无法得出一致的结论，主要原因在于考察金融发展与经济增长的数量之间的关系时，由于不同国家在不同时期经济增长与金融发展水平不同，因此会得出不同的结论。随着环境问题的出现，增长极限论使得人们关注经济增长的极限问题，1987 年联合国世界环境与发展委员会提出“可持续发展”的理念，2003 年公布实施的“赤道原则”成为金融机构应对环境污染的重要准则，Brock 和 Taylor（2004）提出经济可持续增长主要是指经济增长的同时环境质量改善。金融发展一方面可能使能源消费增加从而导致环境恶化，阻碍经济可持续增长；另一方面可能引进清洁技术，提高环境质量，促进经济可持续增长，金融发展与经济可持续增长的关系仍然是不确定的。

绿色金融又被称为环境金融、可持续金融，是金融机构围绕环境改善与应对气候变化展开的金融活动，也被定义为为了促进经济、社会与环境协调可持续发展而提供的信贷、证券、保险、基金等金融服务，可见，绿色金融与可持续的概念是紧密相连的。根据前文建立的绿色金融资本内生化经济增长模型，将绿色金融发展与经济可持续增长关联起来，主要是考虑到将绿色金融资本投入新能源可以缓解能源约束，将绿色金融资本投入污染治理可以缓解环境约束，从而可以实现经济可持续增长。绿色金融发展首先强调环境保护，通过对新能源、节能环保、污染治理等方面的投资，实现金融资源的绿色配置，实现经济与环境效益的最大化；其次通过对环境风险的识别和评估，达到管理金融风险的目标；最后引导企业与社会的行为，引导企业加强社会责任，注重环境治理，引导消费者形成绿色消费意识与环境意识。何建奎等（2006）从发展绿色金融的必要性出发，区分了经济发展与经济增长，并分析了绿色金融与经济可持续发展之间的关系。邱海洋（2017）认为绿色金融是促进生态环境可持续发展的制度安排，并采用空间面板计量的方法，实证分析了绿色金融对经济增长的影响，得出前者对后者具有显著的促进作用。王钊和王良虎（2019）利用非期望产出的 DEA 方法测算了低碳经济全要素生产率，并运用 DID 模型分析了碳排放交易制度对低碳经济发展的影响。方建国和林凡力（2019）通过构建绿色金融发展指数，利用中国 30 个省际面板数据实证分析了绿色金融对经济可持续发展的经济增长效应、产业结构转型效应和节能减排效应，并进一步揭示了绿色金融是通过配置资源、控制风险、引导企业和社会行为的功能实现经济增长效应的。上述学者们主要从产业结构转型、节能减排效应方面对可持续发展进行研究，经济增长效应基本还是用经济规模，即人均 GDP 来衡量，而本书考察的是经济可持续增长，首先需要对经济可持续增长进行度量，这是一个复杂而又棘手的问题。

5.2　经济可持续增长的度量方法

根据前文论述的内生经济增长模型得知，经济可持续增长是考虑了能源与环境的约束的增长。孙刚（2004b）探讨了环保投入维持可持续发展的必要条件，通过促进环保技术的进步，采取污染较少的技术，可以提高生产率水平，实现可持续发展。陈诗一（2009）通过工业行业的投入产出数据，利用超越对数生产函数分行业估算了中国工业行业的全要素生产率变化并进行绿色增长核算，提出提高节能减排技术，可以实现中国工业行业的可持续发展。杨万平（2011）提出经济可持续增长的必要条件：经济增长速度为正值；可持续增长要求在稳态增长中污染物的增长率为负值；能源存量能满足能源需求，能源消耗的增长速度不能超过能源存量的增长速度。

与全球环境保护意识相伴随，生产和社会活动的非期望产出（例如温室气体和危险排放废物）逐渐被视为是有危险的、不理想的。因此，以很少的非期望产出实现技术进步是每一个生产领域重要的关注点。数据包络分析（DEA）理论通常认为，以较少的投入资源获得更多的产出是一种效率准则。然而，在有非理想产出的情形下，以较少的投入资源获得更多的期望产出（好产出）和更少的非期望产出（坏产出）的技术，应该被认为是有效率的。随着 DEA 模型的运用，Ramanathan（2006）运用 DEA 模型对经济增长、能源消耗与碳排放效率之间的关系进行了分析，Bian 和 Yang（2010）运用 DEA 模型建立了一个综合效率指标来评估中国各省份的资源和环境效率，Shi 等（2010）考虑到非期望产出和最小化能量消耗的问题，衡量了中国工业能源效率的问题，因此采用 DEA 模型将不可再生的一次能源作为投入因素，考虑其他传统的劳动力、资本的投入，产出里包含的期望产出，通常就是 GDP 的部分，非期望产出就是环境污染的部分，这样计算出来的效率值代表了经济可持续增长的根本含义。根据非期望产出的不同选取，度量的角度有所区别，一种是以二氧化碳排放量作为非期望产出，这样计算出来的是碳排放效率；另一种是以环境中的多种污染物的排放作为非期望产出，这样计算出来的是绿色全要素生产率。下面分别以这两种效率来度量经济可持续增长。

5.2.1 能源与环境约束下的碳排放效率

1. 变量的选取与数据来源

考虑到不同收入的地区，金融发展水平不同，环境问题的解决方式也不同，并且考虑到样本数据的可得性，最后本书选择了 1990～2016 年 30 个国家作为样本。根据世界银行的划分方法，高收入国家有美国、英国、德国、日本、法国、希腊、瑞典、芬兰、荷兰、挪威、新西兰、韩国、新加坡、智利、阿根廷和沙特；中高收入国家有巴西、马来西亚、墨西哥、伊朗、泰国、南非和中国；中低收入国家有印度、巴基斯坦、孟加拉国、斯里兰卡、埃及、摩洛哥和菲律宾。

在已有的能源、环境投入产出的研究中，通常把期望产出和非期望产出包含在生产可能性的集合当中，考虑低碳经济的生产函数，投入的变量除了资本和劳动力之外，还包含一次能源的投入，期望产出是 GDP，非期望产出是二氧化碳排放量。二氧化碳排放量和能源投入的数据来源于《BP 世界能源统计年鉴 2019》，其他数据来源于世界银行。由于我国没有官方公布的二氧化碳排放量数据，大部分学者采用联合国政府间气候变化专门委员会（IPCC）推荐的方法进行估算。但数据来源不同、质量不一，因此得到的结果也不相同，而采用国际上统一标准的数据，可靠性更高一些。

在投入指标中，资本包含国内资本和外国直接投资的净流入。资本形成总额由新增固定资产加上库存的净值构成。外国直接投资是指投资者在另一经济体中所做的投资的净流入，数据按现价美元计。劳动力包括所有年满 15 周岁、为货物和服务的生产提供劳力的人员，既包括就业者，也包括失业者。不可再生能源包括煤炭、石油、天然气、化学能、核燃料等。一次能源包括可再生能源和不可再生能源，其中不可再生能源是碳排放的主要来源。

在产出指标中，GDP 是一个经济体内所有居民生产者创造的增加值的总和加上任何产品税并减去补贴，计算时未扣除资产折旧，以购买者价格进行计算，数据按现价美元计。GDP 的美元数据采用单一年份官方汇率从各国货币换算得出，数据来源于世界银行国民经济核算数据，以及经济合作与发展组织国民经济核算数据的文件。二氧化碳排放量是化石燃料燃烧和水泥生产过程中产生的碳排放。

计算碳排放效率是在生产技术函数的基础上，通过方向距离函数计算每一个决策单元到最优生产前沿面的距离，根据非期望产出的 DEA - SBM 超效率模型，期望产出是各国的 GDP，非期望产出是二氧化碳排放量。使用 MATLAB 软件计算出样本国家在 1990 ~ 2016 年的碳排放效率，它既代表了全球经济发展的效率，也代表了经济可持续增长。

2. 非期望产出的 DEA－SBM 超效率模型的构建

假设有 n 个决策单元（DMU），每个 DMU 都有三种指标，即投入、好产出和坏产出，分别以三个向量 $\boldsymbol{x} \in \boldsymbol{R}^m$、$\boldsymbol{y}^g \in \boldsymbol{R}^{s_1}$ 和 $\boldsymbol{y}^b \in \boldsymbol{R}^{s_2}$ 表示，其中 m、s_1 和 s_2 分别为投入指标个数、好产出指标个数和坏产出指标个数。另外，设待决策单元为 DMU_0。根据 Tone（2001），非期望产出的 SBM 模型为：

$$
\begin{aligned}
&[\text{SBM}-\text{Undesirable}]\ \rho_0^* = \min \frac{1-\dfrac{1}{m}\sum_{i=1}^{m}\dfrac{s_i^-}{x_{i0}}}{1+\dfrac{1}{s_1+s_2}\left(\sum_{r=1}^{s_1}\dfrac{s_r^g}{y_{r0}^g}+\sum_{r=1}^{s_1}\dfrac{s_r^b}{y_{r0}^b}\right)} \\
&\text{s. t. } \boldsymbol{x}_0 = \sum_{j=1}^{n}\lambda_j x_j + \boldsymbol{s}^- \\
&\boldsymbol{y}_0^g = \sum_{j=1}^{n}\lambda_j y_j^g - \boldsymbol{s}^g \qquad (5-1) \\
&\boldsymbol{y}_0^b = \sum_{j=1}^{n}\lambda_j y_j^b + \boldsymbol{s}^b \\
&d\sum_{j=1}^{n}\lambda_j = d \\
&\boldsymbol{s}^- \geqslant \boldsymbol{0}, \boldsymbol{s}^g \geqslant \boldsymbol{0}, \boldsymbol{s}^b \geqslant \boldsymbol{0}, \boldsymbol{\lambda} \geqslant \boldsymbol{0}
\end{aligned}
$$

如式（5－1）所示，向量 $\boldsymbol{s}^- \in R^m$ 和 $\boldsymbol{s}^b \in R^{s_2}$ 分别对应于投入冗余和坏产出不足，$\boldsymbol{s}^g \in R^{s_1}$ 表示好产出不足。目标函数关于 s_i^-（$\forall i$）、s_r^g（$\forall r$）和 s_r^b（$\forall r$）严格递减，且目标值满足 $0<\rho^* \leqslant 1$。设上述问题的最优解为（$\boldsymbol{\lambda}^*$，$\boldsymbol{s}^{-*}$，$\boldsymbol{s}^{g*}$，$\boldsymbol{s}^{b*}$）。于是，当且仅当 $\rho^*=1$，及 $\boldsymbol{s}^{-*}=\boldsymbol{0}$，$\boldsymbol{s}^{g*}=\boldsymbol{0}$ 和 $\boldsymbol{s}^{b*}=\boldsymbol{0}$，DMU 在非期望产出情形下有效。$d=0$ 和 $d=1$ 时分别为规模报酬不变和规模报酬可变的情形。

由于模型［SBM－Undesirable］的所有有效 DMU 的效率都是 1，无法解决这些 DMU 的效率排序与比较问题。鉴于此，Tone（2002）、Huang 等（2014）进一步提出了非期望产出的 DEA－SBM 超效率模型：

$$[\text{Super - SBM - Undesirable}]\ \rho_0^* = \min \frac{1 + \frac{1}{m}\sum_{i=1}^{m}\frac{s_i^-}{x_{i0}}}{1 - \frac{1}{s_1 + s_2}\left(\sum_{r=1}^{s_1}\frac{s_r^g}{y_{r0}^g} + \sum_{r=1}^{s_1}\frac{s_r^b}{y_{r0}^b}\right)}$$

$$\begin{aligned} \text{s.t. } & \boldsymbol{x}_0 \geqslant \sum_{j=1,\neq 0}^{n} \lambda_j x_j - \boldsymbol{s}^- \\ & \boldsymbol{y}_0^g \leqslant \sum_{j=1,\neq 0}^{n} \lambda_j y_j^g - \boldsymbol{s}^g \\ & \boldsymbol{y}_0^b \geqslant \sum_{j=1,\neq 0}^{n} \lambda_j y_j^b + \boldsymbol{s}^b \\ & d\sum_{j=1,\neq 0}^{n} \lambda_j = d \\ & \boldsymbol{s}^- \geqslant \boldsymbol{0}, \boldsymbol{s}^g \geqslant \boldsymbol{0}, \boldsymbol{s}^b \geqslant \boldsymbol{0}, \boldsymbol{\lambda} \geqslant \boldsymbol{0} \\ & 1 - \frac{1}{s_1 + s_2}\left(\sum_{r=1}^{s_1}\frac{s_r^g}{y_{r0}^g} + \sum_{r=1}^{s_1}\frac{s_r^b}{y_{r0}^b}\right) \geqslant \varepsilon \end{aligned} \tag{5-2}$$

如式（5－2）所示，所有在［SBM－Undesirable］模型中效率为1的DMU在［Super－SBM－Undesirable］模型中将大于或等于1。

运用非期望产出的DEA－SBM超效率模型，在变量的选择上把劳动力、资本、外国直接投资净流入、一次能源消耗作为投入的变量，把各国的GDP作为好产出，二氧化碳排放量作为坏产出，运用MATLAB软件进行碳排放效率的运算，部分结果详见附录表A－1。

3. 不同收入国家的碳排放效率均值的比较

对高收入国家、中高收入国家和中低收入国家在1990～2016年的碳排放效率均值以及中国在此期间的碳排放效率进行比较，如图5－1所示。

图5－1表明，中低收入国家由于工业化程度较低，碳排放效率均值也比较低，高收入国家自20世纪90年代以来，碳排放效率均值高于其他国家，主要是因为环境库兹涅茨曲线呈倒U形，大部分高收入国家已经经过了工业化的阶段，金融发展程度较高，能够支

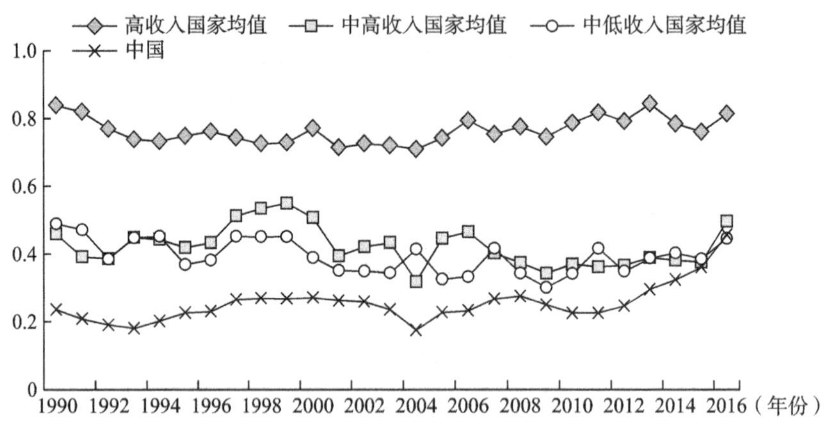

图 5-1 1990~2016 年不同收入国家的碳排放效率均值的比较

持环保投资，减少碳排放，提高碳排放效率。随着《联合国气候变化框架公约》以及《京都议定书》等关注温室气体排放的国际公约的实行，高收入国家需要承担更多的减排责任，因此 2000 年高收入国家的碳排放效率均值达到一个高点，2004 年以后一直比较稳定，2011 年以来进一步提高，这表明高收入国家的减排取得了一定的效果，提高了碳排放效率均值。中高收入国家的碳排放效率均值在 20 世纪 90 年代初低于中低收入国家，主要是由工业化的发展阶段决定的，90 年代中期之后，由于对环保的重视，而且有能力治理污染，中高收入国家的碳排放效率均值不断提高，在 2007 年金融危机爆发，各国都采取措施刺激经济，导致碳排放效率一度下降，之后发展比较平稳，2015 年之后中高收入国家的碳排放效率均值超过中低收入国家。中国是最大的发展中国家，发展速度快，工业化进程使得碳排放效率不但低于中高收入国家而且低于中低收入国家，但 2011 年之后，中国推出碳排放权交易制度，进一步重视金融支持环保投入以及节能减排的措施，在国际社会做出碳减排的承诺，碳排放效率逐年提高，尤其是 2016 年超过了中低收入国家的碳排放效率均值 0.4463，达到了 0.4561，在向中高收入国家的碳排放效率均值

0.4957 靠近，与高收入国家的碳排放效率均值 0.8139 还有一定的差距。

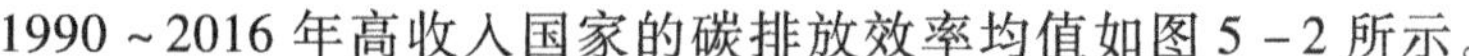

1990～2016 年高收入国家的碳排放效率均值如图 5－2 所示。

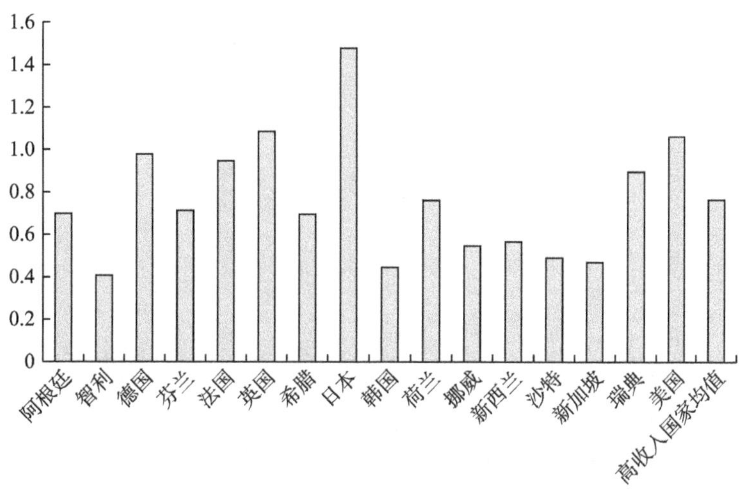

图 5－2　1990～2016 年高收入国家的碳排放效率均值

由图 5－2 可见，日本、美国、英国、德国、法国以及瑞典的碳排放效率均值都超过了高收入国家均值。以 2010 年为例，高收入国家的碳排放效率均值是 0.7866，而日本达到了 1.6674，远远高于均值，美国达到了 1.0513，英国达到了 1.0854，阿根廷、瑞典等国家在环保方面也都做得好，表明高收入国家经济实力强大，碳排放效率水平高。经济实力越强大的国家，越有能力采用更先进的技术，进行新能源开发，节能减排的清洁技术的采用等都可以提高碳排放效率，有利于经济可持续增长。

1990～2016 年中高收入国家的碳排放效率均值如图 5－3 所示。图 5－3 表明，巴西、墨西哥、南非的碳排放效率均值高于中高收入国家均值。以 2010 年为例，中高收入国家的均值为 0.3702，巴西达到了 0.5271，主要是因为巴西的自然环境较好，大部分是热带雨林，即使经济高速发展，也没有对其环境造成太大的破坏。而马来西亚、伊朗等中高收入国家对资源的依赖性比较大，一次能源的消耗也比较大，因此它们的碳排放效率均值低于中高收入国家均值。

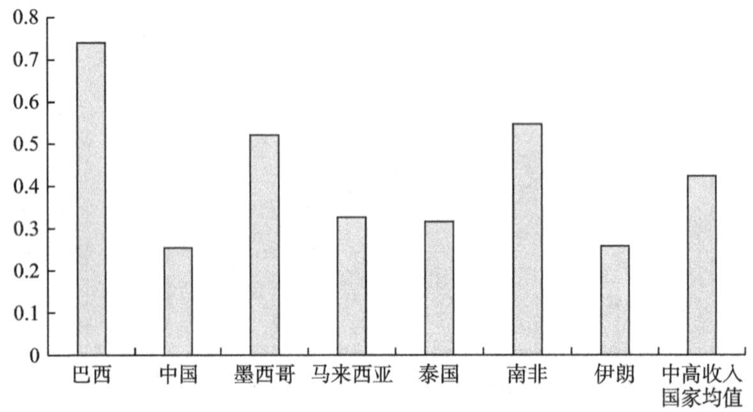

图 5－3　1990～2016 年中高收入国家的碳排放效率均值

1990～2016 年中低收入国家的碳排放效率均值如图 5－4 所示。图 5－4 表明，中低收入国家目前处于工业化的初期阶段，碳排放较少，GDP 也不高，因此碳排放效率均值也比较低。孟加拉国在这些国家中碳排放效率均值高的原因主要是其工业经济落后，人口多，

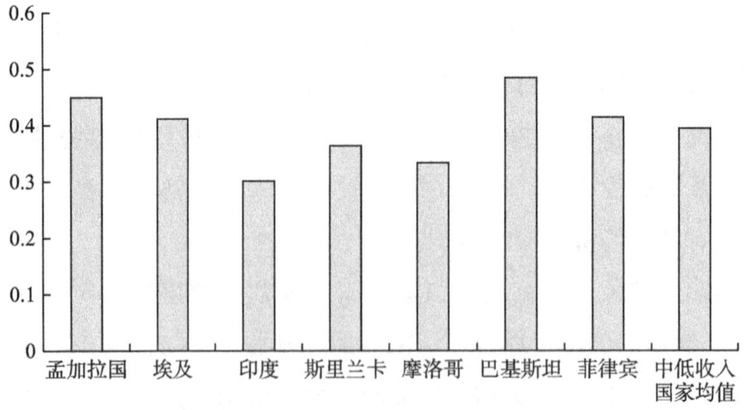

图 5－4　1990～2016 年中低收入国家的碳排放效率均值

需要援助，由于投入少，碳排放相对也少，因此是其经济的落后使碳排放效率均值相对较高。但最近 10 年，孟加拉国的碳排放效率均值已低于中低收入国家均值，2010 年孟加拉国的碳排放效率是 0.3096，低于中低收入国家均值 0.3417；2015 年孟加拉国的碳排放效率是 0.2998，低于中低收入国家均值 0.3855。可能的原因是发达国家将污染严重的产业转移到孟加拉国，孟加拉国发展经济的代价是牺牲环境。但这是由其发展阶段决定的，如果孟加拉国能够注重绿色金融发展，就可以在发展经济的同时，保护好环境。

通过比较不同收入国家的碳排放效率均值，我们看到高收入国家的碳排放效率均值偏高，主要的原因是这些国家的研发投入高，技术创新多，有能力治理污染，减少碳排放，打破能源与环境的约束，发展经济，因此其经济可持续增长的能力也比较强。

5.2.2 能源与环境约束下的绿色全要素生产率

绿色全要素生产率，也可以称为环境全要素生产率。陈诗一（2010）考虑了能源与环境的约束，衡量经济增长时，将能源消费作为投入，将 GDP 作为期望产出，而将环境污染物作为非期望产出，用以衡量经济是否可持续增长。杨万平等（2015）、李玲和陶锋（2012）都对绿色全要素生产率的测度提出具体的做法。本书借鉴杨万平等（2015）的做法，设定生产中的投入量是物质资本存量、劳动力、能源消费量，产出量包括期望产出——GDP，非期望产出包括各种污染物，主要是工业的“三废”，即工业废水、废气（包括二氧化碳）、固体废弃物。

1. 指标的选取与数据来源

本书衡量绿色全要素生产率的主要指标如下。

物质资本存量：本书借鉴张军等（2004）的永续盘存法，每年新增固定资产投资是以 2000 年为不变价利用固定资产形成额根据当年固定资产投资价格指数折算得到的，折旧率为 9.6%，基期资本存量采用 2000 年为基期的可比价固定资产净值，以此作为 2005 年的起始资本存量。

劳动力：各省区市年末就业人口的数量。

能源消费量：能源的消耗是影响经济可持续增长的重要因素，对于我国来说，煤炭和石油所占的比重较大，也是污染的主要来源。

期望产出：以 2000 年为基期的各省区市的实际 GDP。

非期望产出：主要包括工业废水、废气、固体废弃物的排放量。工业"三废"的数据来源于 Wind 资讯，其他数据来源于《中国统计年鉴》和《中国环境统计年鉴》，本书选取 2005 ~ 2015 年各省区市（不含港澳台和西藏）的数据。

Charnes 等（1978）提出使用 DEA 不需要对生产函数进行设定也不需要考虑误差项，Tone（2001）的非期望产出的 SBM 模型与 Tone（2002）、Huang（2014）的非期望产出的 DEA - SBM 超效率模型相同，均用 MATLAB 软件来计算效率值，与上节只考虑碳排放的非期望产出不同，本节增加了工业生产的主要污染物排放量，因此用绿色全要素生产率衡量经济可持续增长更为全面。

经过计算的 2005 ~ 2015 年全国 30 个省区市的绿色全要素生产率详见附录表 A - 2。

2. 不同省区市的绿色全要素生产率均值的比较

不同收入的省区市，其经济发展水平和发展阶段各不相同，必然带有结构性的特点；可以依据各省区市人均 GDP 来进行分类。根据 2005 ~ 2015 年各省区市的人均 GDP（经过单位的转换），大致将之分成三类：均值大于等于 4.5，为发达省区市；均值小于等于 2.5，为欠发达省区市；其他为中等省区市。按照这种分类标准，我国的发达省市有 6 个，即北京、天津、上海、江苏、浙江和广东；欠发达省区有 8 个，即甘肃、云南、贵州、山西、安徽、江西、广西和四川；其他为中等省区市。

2005～2015年不同发达程度省区市的绿色全要素生产率均值的比较如图5－5所示。这样可以比较明显地看出，发达省市在2008年之前的绿色全要素生产率均值远高于其他省区市，以2005年为例，发达省市的绿色全要素生产率均值是0.9715，而欠发达省区是0.7079，中等省区市是0.7366。2008～2012年各省区市的绿色全要素生产率均值趋同，主要原因是受金融危机的影响，各地方纷纷采取刺激经济的措施。发达省市由于经济增长过快，受制于能源与环境的约束，绿色全要素生产率均值在下降，但在2013年之后又开始上升，在很大程度上可能是由于环保措施在起作用，绿色金融制度实施的效果逐渐显现，用于污染治理、节能减排的资金越来越多，因此绿色全要素生产率均值在上升。以2012年和2014年为例，2012年发达省市的绿色全要素生产率均值是0.6548，低于欠发达省区的0.7313；2014年发达省市的绿色全要素生产率均值是0.7059，而欠发达省区是0.6778。欠发达省区由于经济发展原本落后，而在近10年的经济刺激政策之下，GDP也迅速增长，同时注重环保投资和污染治理，使经济发展步入良性循环，因此其绿色全要素生产率均值

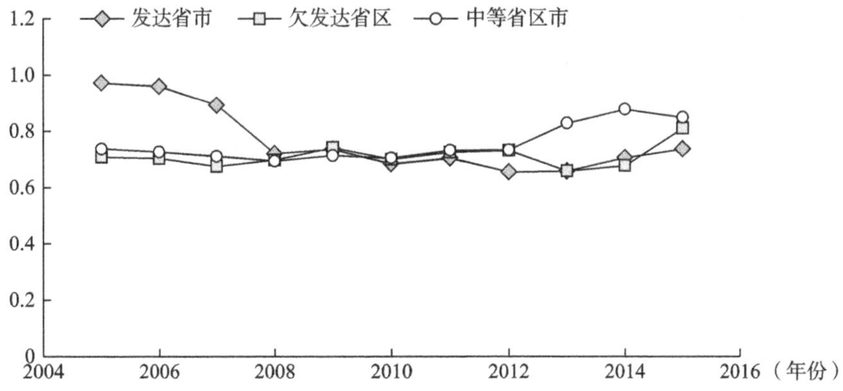

图5－5　2005～2015年不同发达程度省区市的绿色全要素生产率均值的比较

也在提升。中等省区市的发展状况类似于2008年之前的发达省市，在高速发展的阶段环保措施得利，因此其绿色全要素生产率均值很高，但是由于排放的污染物也多，因此其绿色全要素生产率均值有下降的趋势，从2013年的0.8275下降到2015年的0.8481。下降的趋势比较明显，因为当时中等省区市主要集中了第二产业，即制造业的生产，所以工业污染会比较严重，治理污染的投入也远远不够，要保持经济可持续增长，中等省区市应该加大绿色金融资本的投入力度。

另外在同等收入的省区市中绿色全要素生产率均值也存在差异，这是由各省区市的异质性引起的。

图5-6比较清晰地展示了发达省市的绿色全要素生产率均值的比较。天津的绿色全要素生产率总体远高于其他发达省市，主要的原因在于原来天津发展速度很快，污染也非常严重，近年来天津注重污染治理和环保等政策的大力推行，使得其绿色全要素生产率提高并保持在高位，近10年的绿色全要素生产率均值达到1.0660，远高于其他发达省市的均值。而上海是由于金融危机的影响，而且它并非工业化城市，产业转移也进行得缓慢，虽然金融发达，但绿

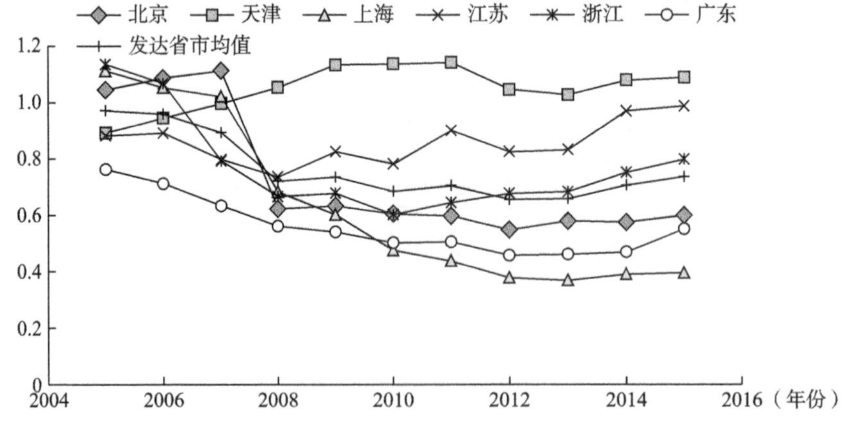

图5-6　2005~2015年发达省市绿色全要素生产率均值的比较

色金融方面做得还远远不够，因此其绿色全要素生产率在低值。2005～2015年上海的绿色全要素生产率均值是0.6284，在发达省市中，仅高于广东的0.5597。上海原来是化工比较发达的城市，目前要将高耗能、高污染、高耗水的一般性制造业进行产业转移，提出产业结构调整的负面清单，比如电力、化工、电子、钢铁、有色、建材、医药、机械等不符合上海的城市定位与核心发展的产业，都可以由长三角的其他工业化城市来承接，如宁波等城市。

从总体情况来看，这些发达省市的绿色全要素生产率都经历了先下降后上升的趋势，尤其是2008～2012年下降，2013～2015年上升，下降的主要原因是金融危机的影响，而2011年碳排放权交易制度的提出，尤其在大部分发达省市进行试点，从而使绿色全要素生产率明显提升。

在欠发达省区中，安徽和江西的绿色全要素生产率较高（见图5－7），2005～2015年的均值分别为1.1682和1.0255，由于它们是农业大省，因此工业化的环境污染问题没有那么严重，尤其是2013年以来国家绿色环保政策的推进，它们仍然可以保持较高的绿色全要素生产率。贵州的绿色全要素生产率在2013年以前比较低是因为

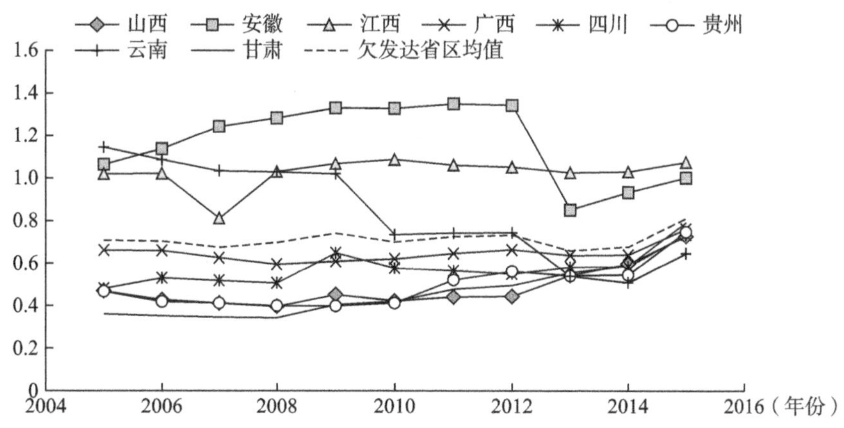

图5－7 2005～2015年欠发达省区绿色全要素生产率均值的比较

经济落后，而在 2013 年以后其以大数据产业（即低碳化产业）作为主要推动产业，因此产值提高，污染并不严重，绿色全要素生产率显著提升，从 2013 年的 0.5403 提高到 2015 年的 0.7473。

从欠发达省区的总体情况来看，2009～2010 年有一个比较明显的下降趋势，原因可能是 2008 年金融危机之后，国家的四万亿元投资计划，尤其是投入拉动经济的基础设施建设中，当时对环保问题并没有足够的重视，因此带来污染排放的增加，绿色全要素生产率下降。2015 年以来，国家提出生态文明建设的总体方案，包括建立绿色金融体系等，越来越重视对环境的保护和治理，因此绿色全要素生产率呈现整体上升的趋势。

由图 5－8 可以看出，青海、海南、福建在 2005～2015 年的绿色全要素生产率均值分别是 0.8291、0.9236、0.8355，比较高的原因是青海的工业化程度低，工业污染并不严重；而海南注重旅游业的发展，也是低碳产业，是热带经济作物的主要产区；福建的旅游资源丰富、森林覆盖率也高，因此其绿色全要素生产率保持在较高水平。辽宁在所有中等省区市中绿色全要素生产率均值最高，达到

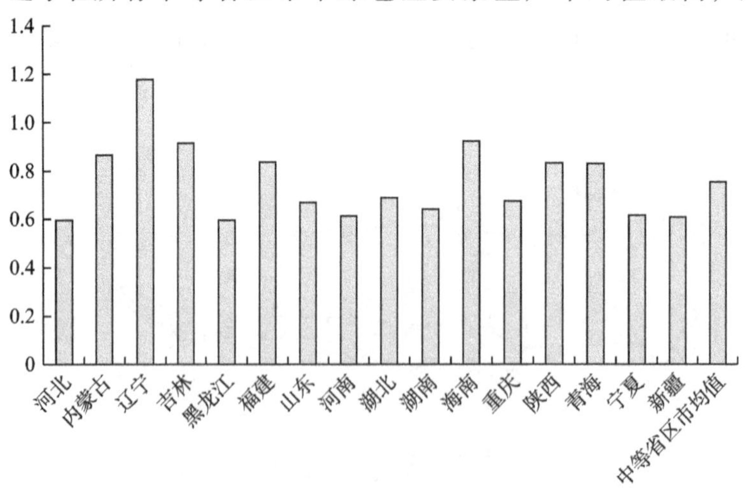

图 5－8　2005～2015 年中等省区市绿色全要素生产率均值的比较

1.1773，可能是由于数据的真实性问题，因此并不能代表真实的水平，尤其是其均值在2014~2015年下降非常明显，2014年是1.0081，2015年是0.6459，GDP大幅缩水，而老工业基地的污染问题仍然没有从根本上得到解决。

5.3 绿色金融发展的度量方法

对于绿色金融发展的度量，不同的学者采用不同的方法，大致分成三类。第一类是采用绿色金融的各种工具来构建指数度量，比较典型的如李晓西等（2014）从绿色信贷、绿色证券、绿色保险和碳金融等层面出发度量，许多学者借鉴了这种方法，但是由于我国绿色信贷的数据是从2013年才开始统计的，而且也只公布了21家商业银行的数据，很难代表全国各省区市的具体情况。中央财经大学绿色金融国际研究院按照绿色金融的政策推动和市场效果评价得分来构筑地方绿色金融发展指数，有一定的借鉴意义，但由于数据周期太短，只有三年的数据，所以无法采纳。第二类是基于经济发展阶段，在不同的发展阶段，根据不同的地区来度量绿色金融发展水平。周腾和田发（2019）按照经济高速发展和新常态发展阶段以及东部、中部、西部进行分类比较，但在指标的设定上仍然存在缺陷，如用高耗能企业利息支出占比来代表绿色信贷，以环保企业A股市值占比来代表绿色证券，这两个指标是基于企业的视角，而其他三个指标却不是基于企业的视角来衡量，这种度量方法带有局限性。第三类是根据微观企业的数据来进行测度。张莉莉等（2018）基于1040家公众公司的微观数据，将绿色信贷、绿色证券、绿色投资等作为投入指标，将绿色GDP作为产出指标，利用熵值法和DEA-Malmquist指数法分别测算了中国绿色金融发展水平和效率，有一定的借鉴意义，但如果是分析宏观绿色金融发展问题，用微观企业数据度量也不太合适。考虑以上种种情况，以及数据的可获得性，本书采用治理环境污染投资总额与分项指标，如城市环境基础设施建设、工业污染源治理和环保三同时[①]以及治理环境污染投资总额占GDP的比重等来代表绿色金融发展。随着经济步入新常态，我国治理环境污染投资总额逐年增加，其中财政支出占到15%左右，其他应该是市场融资，而且主要考察与经济可持续增长的关系，需要时间的连续性和比较明确的数据清晰度，而对于目前的绿色信贷和绿色债券而言，还有标准不够清晰、明确等弊端，因此没有采用。

5.4 实证结果分析

5.4.1 指标的选取与数据来源

被解释变量：经过计算的绿色全要素生产率（*geffval*），代表经济可持续增长的能力，这个值越高，意味着经济可持续增长的能力越强。由于2016年国家已经停止对各省区市工业废气的统计报告，改用其他指标衡量，会与前面的数据不一致，工业废水也只是公布了各城市的数据，因此在计算绿色全要素生产率时只在非期望产出里加入工业固体废弃物和二氧化碳排放量，计算出了2016~2017年的绿色全要素生产率。2016年以前的值已经在前文计算出来了。

核心解释变量：治理环境污染投资总额，代表绿色金融发展（*ginv*），也把它占GDP的比重（*ginvgdp*）来作为衡量指标，分项指标有三个，包括城市环境基础设施建设（*basic*）、工业污染源治理

---

① 三同时主要是指生产经营单位新建、扩建项目的安全设施和防治污染设施，必须与主体工程同时设计、同时施工、同时投入生产和使用。防治污染的设施应当符合经批准的环境影响评价文件的要求，不得擅自拆除或者闲置。

（*indu*）和环保三同时（*three*）的投资。

控制变量主要包括以下6个。

（1）劳动力（*labor*）。各省区市劳动力就业人数根据当年年末及上一年年末就业人数的平均值计算得到。

（2）研发投入（*randd*）。通过研发投入，可以帮助污染严重的企业节能减排，减少对能源的消耗，减少碳排放。前面的模型中这个部分是假定不变的，但是由于技术进步对经济可持续增长的影响是非常重要的，因此将之选定为控制变量。

（3）财政支出（*fisexp*）。财政支出包括对节能环保的补贴与污染治理的投入。在环境污染治理投入的总额中，财政部分占的比重有10%左右，因此控制这部分的变量也很重要。

（4）产业结构（*instru*）。这里用第三产业增加值占GDP的比重表示，产业结构对经济的影响很大，如果第三产业增加值占GDP的比重较大，对能源的消耗以及造成的环境污染会比较少，因此它对于经济可持续增长来说是正向指标。

（5）资本存量（*inv*）。本书采用永续盘存法计算资本存量，计算方法与前一节相同。

（6）对外开放度（*open*）。用进出口额/GDP来表示，其中进出口额的单位是亿美元，按照当年汇率折算成人民币，用其与GDP的比值来衡量。某一地区的对外开放度可以衡量该地区与外部经济的联系，这会对本地经济可持续增长产生深远影响。

根据以上变量，本章的样本数据设定为2005~2017年，数据来源于《中国劳动统计年鉴》《中国统计年鉴》《中国区域经济统计年鉴》《中国环境统计年鉴》，以上除*geffval*、*ginvgdp*和*open*之外的变量都取对数，以避免异方差，保证数据的平稳性。主要变量的描述性统计如表5-1所示。

表 5－1 主要变量的描述性统计

变量名称	符号	均值	标准差	最小值	最大值	样本数量
绿色全要素生产率	*geffval*	0.748	0.251	0.207	1.777	390
绿色金融发展	ln*ginv*	4.922	1.001	1.668	7.256	390
治理环境污染投资总额占 GDP 的比重	*ginvgdp*	1.354	0.672	0.300	4.240	390
产业结构	ln*instru*	3.727	0.187	3.353	4.389	390
劳动力	ln*labor*	7.583	0.853	4.440	8.820	390
资本存量	ln*inv*	9.157	1.390	5.739	11.932	390
对外开放度	*open*	0.306	0.350	0.012	1.711	390
研发投入	ln*randd*	4.871	1.453	0.467	7.759	390
财政支出	ln*fisexp*	7.726	0.853	5.019	9.618	390
城市环境基础设施建设	ln*basic*	6.629	1.121	2.708	9.444	390
工业污染源治理	ln*indu*	4.916	0.987	1.281	7.256	390
环保三同时	ln*three*	5.885	1.107	1.609	8.385	390

5.4.2 实证模型的构建

如果以绿色全要素生产率作为被解释变量，模型可以写为：

$$geffval_{it} = \alpha_0 + \alpha_1 \ln ginv_{it} + \alpha_2 \ln basic_{it} + \alpha_3 \ln indu_{it} + \alpha_4 \ln three_{it} + \alpha_5 X_{it} + \nu_i + \varphi_t + \varepsilon_{it}$$

其中，$geffval_{it}$表示绿色全要素生产率，ln*ginv* 代表绿色金融发展，*basic*、*indu*、*three* 分别代表城市环境基础设施建设、工业污染源治理和环保三同时等环境污染治理所需要的投资。为了避免异方差，对治理环境污染所需投资的变量分别取对数。

5.4.3 固定效应模型的实证结果分析

首先需要判定使用固定效应模型还是随机效应模型进行检验。

经过 Hausman 检验，得到 $prob > chi^2$ 的值是 0.000，因此适合用固定效应模型进行分析，表 5－2 是固定效应模型的估计结果。

表 5-2 固定效应模型的估计结果

变量	(1)	(2)	(3)	(4)
ln*ginv*	0.057 ** (2.29)			
ln*basic*		0.047 ** (2.34)		
ln*indu*			-0.019 (-1.25)	
ln*three*				0.041 *** (3.41)
ln*instru*	0.299 ** (2.24)	0.306 ** (2.27)	0.279 ** (2.07)	0.253 ** (1.98)
ln*randd*	0.113 * (1.93)	0.118 ** (2.00)	0.122 ** (2.14)	0.113 ** (2.03)
ln*labor*	-0.778 *** (-12.55)	-0.776 *** (-12.24)	-0.781 *** (-12.15)	-0.778 *** (-12.67)
ln*inv*	-0.174 *** (-5.25)	-0.175 *** (-5.29)	-0.168 *** (-5.21)	-0.177 *** (-5.63)
open	0.016 (0.19)	0.021 (0.25)	0.051 (0.63)	0.004 (0.05)
ln*fisexp*	0.915 *** (8.08)	0.909 *** (7.94)	0.973 *** (8.30)	0.950 *** (8.29)
_cons	0.220 (0.20)	0.177 (0.16)	0.159 (0.14)	0.224 (0.21)
时间效应	YES	YES	YES	YES
个体效应	YES	YES	YES	YES
N	390	390	390	390
Adj. R^2	0.770	0.770	0.767	0.773

注：括号内数值为 t 统计量，*、** 和 *** 分别表示 10%、5% 和 1% 的显著性水平。

从表 5-2 的估计结果可以看到，在控制了时间效应和个体效应之后，绿色金融发展对绿色全要素生产率的影响，无论是整体还是分项回归，基本在 5% 的水平下显著为正。这表明城市环境基础设施建设和环保三同时是可以显著提高绿色全要素生产率的，是有利于经济可持续增长的。工业污染源治理与绿色全要素生产率负相关，但是不显著，可能的原因是投入不足。控制变量中，产业结构、研发投入和财政支出都变得显著，表明这些因素可以对经济可持续增长起到显著的促进作用。而无论是治理环境污染还是开发新能源的技术都需要大量投资，表明财政支出对绿色全要素生产率的提高作用是很明显的。无论是政府补贴，还是政府减税的政策，都可以通过鼓励可再生能源的生产和使用以及增加治理环境污染等方面的投资，提高绿色全要素生产率，从而促进经济可持续增长。其他控制变量如劳动力和资本存量均在1%的水平下是显著为负的，表明单纯靠传统的要素投入，不能保证经济可持续增长。因此绿色金融资本的投入，可以改善能源与环境的约束，推动经济可持续增长。

5.4.4 稳健性检验

1. 核心解释变量用治理环境污染投资总额占 GDP 的比重来进行检验

对核心解释变量 *ginvgdp* 进行双向固定效应的检验，对分项变量进行固定效应的检验，得到的结果如表 5－3 所示。

表 5－3 稳健性检验的结果（1）

变量	(1)	(2)	(3)	(4)
ginvgdp	0.029* (1.78)			
ln*basic*		0.036* (1.69)		
ln*indu*			0.027 (1.64)	
ln*three*				0.007 (0.49)

续表

变量	(1)	(2)	(3)	(4)
ln*instru*	0.281 ** (2.07)	0.232 ** (2.07)	0.222 ** (2.00)	0.204 * (1.84)
ln*randd*	0.117 ** (2.01)	0.030 (0.48)	0.022 (0.36)	0.029 (0.48)
ln*labor*	-0.783 *** (-12.33)	-0.793 *** (-12.14)	-0.785 *** (-11.99)	-0.794 *** (-12.11)
ln*inv*	-0.171 *** (-5.24)	-0.049 *** (-2.75)	-0.056 *** (-3.05)	-0.049 *** (-2.73)
open	0.036 (0.43)	0.180 ** (2.02)	0.205 ** (2.33)	0.197 ** (2.20)
ln*fisexp*	0.947 *** (8.15)	0.089 (1.33)	0.134 ** (2.11)	0.121 * (1.86)
时间效应	YES	YES	YES	YES
个体效应	YES	YES	YES	YES
_cons	0.267 (0.24)	5.219 *** (8.15)	5.052 *** (7.74)	5.275 *** (8.20)
N	390	390	390	390
Adj. R^2	0.768	0.285	0.285	0.280

注：括号内数值为 t 统计量，*、** 和 *** 分别表示 10%、5% 和 1% 的显著性水平。

从表 5-3 的结果可以看出，工业污染源治理对绿色全要素生产率的影响变成了正向，但并不显著，其他结果与前面得到的结论基本是一致的。

2. 改变样本时期进行稳健性的检验

改变样本时期，由于 2008 年受到金融危机的影响，样本期变为 2009~2017 年来进行检验，得到的结果如表 5-4 所示。

表 5-4 稳健性检验的结果（2）

变量	(1)	(2)	(3)	(4)
ln*ginv*	0.076 *** (2.88)			

续表

变量	(1)	(2)	(3)	(4)
ln*basic*		0.050 ** (2.36)		
ln*indu*			-0.012 (-0.62)	
ln*three*				0.034 *** (2.74)
ln*labor*	-0.881 *** (-12.03)	-0.878 *** (-11.46)	-0.891 *** (-11.28)	-0.888 *** (-11.80)
ln*inv*	-0.232 *** (-6.09)	-0.233 *** (-6.11)	-0.230 *** (-6.16)	-0.231 *** (-6.33)
open	0.260 ** (2.32)	0.261 ** (2.23)	0.300 ** (2.47)	0.287 ** (2.49)
ln*fisexp*	0.934 *** (5.02)	0.933 *** (4.81)	1.002 *** (4.92)	1.000 *** (5.12)
时间效应	YES	YES	YES	YES
个体效应	YES	YES	YES	YES
_cons	0.259 (0.15)	0.188 (0.11)	0.401 (0.21)	0.358 (0.20)
N	270	270	270	270
Adj. R^2	0.813	0.811	0.806	0.811

注：括号内数值为 t 统计量，*、** 和 *** 分别表示 10%、5% 和 1% 的显著性水平。

从表 5-4 的结果可以看出，绿色金融发展在 1% 的水平下显著为正，其他分项指标与固定效应模型的估计结果一致，说明绿色金融发展对绿色全要素生产率的影响是比较明显的。

5.5 本章小结

本章利用非期望产出的 DEA-SBM 超效率模型，计算了碳排放效率和绿色全要素增长率，将其作为衡量经济可持续增长的指标。

这是基于能源与环境的约束，考虑把能源作为投入变量，把碳排放量和其他污染物排放量作为非期望产出，如果效率值高，代表能源投入少，期望产出多，或者是期望产出增加，非期望产出减少。总之，如果想打破能源和环境的约束，应该提高效率值，减少污染，这样在经济增长的同时，环境质量提高，即实现经济可持续增长。同时本章对各国的碳排放效率值进行比较，发现高收入国家的碳排放效率高，符合环境库兹涅茨曲线，我国的碳排放效率在 2011 年以后逐渐提高，这是我国实行节能减排政策和绿色金融制度的结果。把碳排放效率的非期望产出扩展到包含其他污染物，代表绿色全要素生产率，用来度量经济可持续增长。通过利用我国省际面板数据计算出各省区市的绿色全要素生产率，进行比较发现，注重污染治理的发达省市该值显著提高，部分欠发达省区的工业化程度低，污染并不严重，该值也会比较高。

基于 2005 ~ 2017 年的省际面板数据，以治理环境污染投资总额作为绿色金融发展的代理变量，研究绿色金融发展对经济可持续增长的影响，利用双向固定效应模型进行了实证检验。本章对分项指标城市环境基础设施建设、工业污染源治理和环保三同时进行了检验，得出的结论是除了工业污染源治理指标之外，其他两个指标都显著，可能的原因是工业污染源治理需要大量的投资，而现实中的投资是不足的，并且工业污染源治理需要技术进步支持，因此研发投入是必要的。通过稳健性检验发现，以治理环境污染投资总额占 GDP 的比重作为核心解释变量，以及改变样本时期所得结论也是稳健的，说明绿色金融发展对经济可持续增长的影响是显著的。

6 绿色金融发展对经济可持续增长传导机制的实证检验

6.1 绿色金融发展对经济可持续增长的传导机制

如前文理论模型所揭示的，绿色金融资本投入能源领域，主要是在节能以及开发新能源方面可以增加可再生能源的使用，而这需要大量的资本投入研发部门，有可能进行技术改造与技术创新，突破能源约束，促进经济可持续增长。另外绿色金融资本可以通过鼓励和扶持绿色产业的发展、限制重污染企业的发展实现产业结构的调整，进而促进减排治污，突破环境的约束，促进经济可持续增长。

6.1.1 绿色金融发展通过研发投入与技术创新的传导路径

从本质上看，研发投入是一种投资行为，需要资金的支持。绿色信贷通过资金的形成和传导、信息的传递以及政策的激励等方式可以作用于研发。研发投入的特点往往是投入资金量巨大、周期长、风险高，因此依靠企业内源融资比较困难，获取外源融资是企业研发投入的关键。一方面，绿色金融资本通过较低利率的绿色信贷，或者通过绿色债券、绿色股票等方式可以筹集到较长期限的资金，用于研发投入、知识积累，进行技术创新或者技术改造，获得技术进步，从而促进经济可持续增长。从资金的传导途径看，绿色金融资本流向获得扶持的环保企业，这类企业的研发投入相应地会增加，同时企业的融资环境得到改善；企业有着更为广泛的渠道向社会传递信息，使得社会投资者降低投资风险，从而为企业的进一步融资提供帮助。另一方面，政府的政策，主要是环境规制方面的政策越来越严格，使得企业不得不考虑采用更为清洁的技术，尤其是在能源领域技术的研发投入带来的节能减排效应，在新能源领域的技术示范效应，以及在治理环境污染方面的治污技术，这些方面都需要投入巨额的资金，有国家政策的鼓励和扶持，可以大大降低企业进行研发投入的风险。

技术创新是研发投入的结果，也就是说研发投入可能带来技术创新，比如专利的获得，但还有很大一部分可能存在风险，就是并没有取得成果，也未获得专利，这样的研发投入是企业不愿承担的，需要国家有风险的补偿，才能鼓励创新。由于国家的环境保护政策越来越严格，企业治理污染的成本显著增加，因此企业只有开展技术创新，开发绿色技术，才能将环境规制的成本内在化，产生波特所说的“创新补偿效应”。

6.1.2 绿色金融发展通过产业结构的传导路径

Salazar（1998）提出金融机构可以运用绿色信贷、绿色债券、绿色保险等绿色金融工具，引导货币市场的资金向环保产业流转，从而使产业结构得到优化升级。

徐扬（2014）从理论层面分析了绿色信贷调整产业结构的必要性和作用机制。Anderson（2016）指出，与传统的融资方式不同，环境金融通过创造绿色金融工具，引导替代能源的发展，控制环境污染项目的推进，从而实现产业结构优化升级。从实证方面，大部分学者通过绿色金融与产业结构之间的灰色关联度的实证研究，得出绿色金融促进产业结构优化升级的结论。本书认为绿色金融对产业结构的影响主要有以下方面。

1. 信贷资金导向

绿色金融关注环保产业，鼓励企业承担社会责任，包括金融企业的社会责任，因此其会引导社会信贷资金的流向，绿色产业会比较容易得到资金供给。当社会的分散资金凝聚成资本并转化为投资时，绿色金融可以约束金融企业的投资流向，绿色信贷导向对于产业结构的调整和优化起到非常重要的作用。

2. 资本市场引导

绿色金融不仅包括绿色信贷，还包括绿色证券、绿色保险、绿色基金、绿色信托等。资本市场进行绿色融资是目前企业能够成功转型的重要渠道。大力发展绿色金融市场，是解决银行的盈利性与承担社会责任的矛盾的有效渠道。绿色金融制度保证了绿色金融资本市场的良性循环和运转，使产业结构绿色转型所需要的资金与并购调整所需要的资金得到充足的保障。

3. 信息共享导向

绿色金融能够有效地执行是建立在资源和信息共享的基础之上的，对于企业的环保评估、碳排放权的界定、碳资产以及其他绿色金融产品及其衍生品的定价，都需要信息的开放与共享。降低信息成本，改善资本配置效率，提高绿色金融市场的效率，是产业结构调整的必要前提。如果信息是不完全的，市场价格机制就可能失灵，无法正确引导资金的流向，也无法对政府的产业政策做出正确判断。

4. 交易成本降低

制度最主要的功能是降低交易成本，提供激励机制。绿色金融制度在产业结构调整中最主要的作用也是对符合比较优势的企业提供激励。按照新结构经济学家林毅夫（2012）的观点，产业结构的形成依赖要素禀赋结构，但企业根据自己的禀赋结构选择产业时会受到国家产业政策的影响，绿色金融制度保障了产业政策的方向，并对外部性给予补偿，起到优化产业结构的作用。

6.2 实证模型的构建与变量的选取

6.2.1 中介效应模型的构建

本书利用面板数据的递归模型来估计绿色金融发展对经济可持续增长的传导机制，首先需要检验研发投入的中介效应以及产业结构的调节效应是否存在。对于中介效应，本书借鉴温忠麟等（2004）提出的方法以及李江涛等（2015）的研究方法。根据前面论述的传导机制的理论分析，本章建立的中介效应模型如下：

$$geffval_{it} = \alpha_0 + \alpha_1 \ln ginv_{it} + \alpha_2 control_{it} + \eta_i + \mu_t + \varepsilon_{it} \quad (6-1)$$

$$\ln randd_{it} = \beta_0 + \beta_1 \ln ginv_{it} + \beta_2 control_{it} + \eta_i + \mu_t + \omega_{it} \quad (6-2)$$

$$geffval_{it} = \gamma_0 + \gamma_1 \ln ginv_{it} + \gamma_2 \ln randd_{it} + \gamma_3 control_{it} + \eta_i + \mu_t + v_{it} \quad (6-3)$$

以上模型中，i 表示省区市；t 表示年份；$geffval_{it}$表示绿色全要素生产率；$ginv_{it}$表示当期绿色金融发展；$randd_{it}$是中介变量，表示当期的研发投入；$control_{it}$表示控制变量，主要包括劳动力（*labor*）、资本存量（*inv*）、财政支出（*fisexp*）、对外开放度（*open*）。为消除异方差的影响，除 *geffval* 和 *open* 之外的变量都取自然对数。对模型（6-1）进行检验，如果 α_1 显著，说明绿色金融发展能够影响绿色全要素生产率，需要对模型（6-2）和模型（6-3）进行检验，在 β_1 和 γ_2 都显著时，若 γ_1 也显著，且 γ_1 的绝对值比 α_1 的绝对值小，则认为研发投入存在部分中介效应；若 γ_1 不显著，则认为研发投入存在完全中介效应。如果 β_1 和 γ_2 其中有一个不显著，需要进行 Bootstrap 检验，温忠麟和叶宝娟（2014）认为，如果检验结果显著，则中介效应显著，否则就认为中介效应不显著。由于研发投入对经济可持续增长的作用可能具有滞后效应，因此，可以构建如下滞后一期的中介效应模型，再进行检验：

$$geffval_{it} = \chi_0 + \chi_1 \ln ginv_{it-1} + \chi_2 control_{it} + \eta_i + \mu_t + \zeta_{it} \tag{6-4}$$

$$\ln randd_{it} = \delta_0 + \delta_1 \ln ginv_{it-1} + \delta_2 control_{it} + \eta_i + \mu_t + \psi_{it} \tag{6-5}$$

$$geffval_{it} = \phi_0 + \phi_1 \ln ginv_{it-1} + \phi_2 \ln randd_{it-1} + \phi_3 control_{it} + \eta_i + \mu_t + \xi_{it} \tag{6-6}$$

以上模型中 $\ln ginv_{it-1}$ 表示滞后一期的绿色金融发展，$\ln randd_{it-1}$ 表示滞后一期的研发投入，检验的过程同前面的三个模型相同。绿色金融发展对产业结构的调整有影响，而产业结构对绿色金融发展有一定的约束作用，因为第三产业增加值占 GDP 的比重越大，第二产业增加值占 GDP 的比重越小，需要进行研发投入的比重相对会减少。研发投入对绿色金融发展和经济可持续增长关系的中介效应受到产业结构的约束，因此考虑将产业结构作为调节变量进行检验。考虑到产业结构调整的滞后性，建立以下两个模型进行检验：

$$\begin{aligned} geffval_{it} = {} & \kappa_0 + \kappa_1 \ln ginv_{it} + \kappa_2 \ln randd_{it} + \kappa_3 \ln instru_{it} + \\ & \kappa_4 \ln instru_{it} \times \ln ginv_{it} + \kappa_5 control_{it} + \eta_i + \mu_t + \rho_{it} \end{aligned} \tag{6-7}$$

$$\begin{aligned} geffval_{it} = {} & \lambda_0 + \lambda_1 \ln ginv_{it-1} + \lambda_2 \ln randd_{it-1} + \lambda_3 \ln instru_{it-1} + \\ & \lambda_4 \ln instru_{it-1} \times \ln ginv_{it-1} + \lambda_5 control_{it} + \eta_i + \mu_t + \pi_{it} \end{aligned} \tag{6-8}$$

以上模型中，$\ln instru_{it}$ 和 $\ln instru_{it-1}$ 分别表示产业结构当期的水平和滞后一期的水平，$\ln instru_{it} \times \ln ginv_{it}$ 和 $\ln instru_{it-1} \times \ln ginv_{it-1}$ 表示当期和滞后一期的产业结构和绿色金融发展的交互项。参考温忠麟等（2006）的研究，先检验交互项的系数 κ_4，如果显著，说明产业结构在绿色金融发展影响经济可持续增长的过程中具有调节效应。再检验研发投入的作用系数 κ_2，如果显著，说明研发投入的中介效应受到产业结构的约束。

6.2.2 指标的选取与数据来源

主要的检验变量如下。

（1）绿色全要素生产率（*geffval*）。该值代表经济可持续增长的能力。

（2）绿色金融发展（*ginv*）。治理环境污染投资总额，在一定程度上代表绿色金融发展。

（3）研发投入（*randd*）。通过研发投入，可以帮助污染严重的企业采用清洁技术节能减排，减少对能源的消耗，减少污染排放。另外它主要是用于新能源领域的技术投资。

（4）技术创新（*innova*）。通过技术创新，才能真正将研发投入转换为科技成果，应用于实际的生产当中。它主要以获得的专利授权数量来进行衡量。

（5）产业结构（*instru*）。这里用第三产业增加值占 GDP 的比重来衡量，如果第三产业增加值占 GDP 的比重较大，对能源的消耗以及造成的环境污染会比较少。

主要的控制变量如下。

（1）劳动力（*labor*）。各省区市劳动力就业人数根据当年年末及上一年年末就业人数的平均值计算得到。

（2）财政支出（*fisexp*）。财政支出包括对节能环保的补贴与污染治理的投入。

（3）资本存量（*inv*）。本书采用永续盘存法计算资本存量，计算方法与第 5 章相同。

（4）对外开放度（*open*）。用进出口额/GDP 来表示，其中进出口额的单位是亿美元，按照当年汇率折算成人民币，用其与 GDP 的比值来衡量。

本章样本数据设定为 2005 ~ 2017 年，数据来源于《中国劳动统计年鉴》《中国统计年鉴》《中国区域经济统计年鉴》《中国环境统计年鉴》，以上除 *geffval* 和 *open* 之外的变量都取对数，以避免异方差，保证数据的平稳性。主要变量的描述性统计如表 6 - 1 所示。

表 6 - 1　主要变量的描述性统计

变量名称	符号	均值	标准差	最小值	最大值
绿色全要素生产率	*geffval*	0.748	0.251	0.207	1.777
绿色金融发展	ln*ginv*	4.922	1.001	1.668	7.256
研发投入	ln*randd*	4.871	1.453	0.467	7.759
产业结构	ln*instru*	3.727	0.187	3.353	4.389
技术创新	ln*innova*	9.043	1.685	4.060	12.715
劳动力	ln*labor*	7.583	0.853	4.440	8.820
资本存量	ln*inv*	9.157	1.390	5.739	11.932
对外开放度	*open*	0.306	0.350	0.012	1.711
财政支出	ln*fisexp*	7.726	0.853	5.019	9.618

注：样本数量共 390 个。

6.3　实证结果分析

6.3.1　中介效应模型的实证结果分析

首先对模型进行 Hausman 检验，结果发现，各模型均拒绝了使用随机效应模型的假设，因此采用固定效应模型进行检验。首先对模型（6 - 1）至模型（6 - 3）进行估计，结果如表 6 - 2 所示。

表 6-2 中介效应模型的估计结果（以研发投入作为中介变量）

变量	模型（6-1）	模型（6-2）	模型（6-3）
	geffval	ln*randd*	*geffval*
ln*ginv*	0.0540 ** (0.0258)	0.0103 (0.0249)	0.0529 ** (0.0254)
ln*labor*	-0.7439 *** (0.0641)	0.2886 *** (0.0570)	-0.7727 *** (0.0654)
ln*inv*	-0.1778 *** (0.0339)	0.0584 ** (0.0296)	-0.1836 *** (0.0335)
open	0.0064 (0.0883)	0.0190 (0.0747)	0.0045 (0.0886)
ln*fisexp*	0.9465 *** (0.1204)	0.8099 *** (0.0862)	0.8656 *** (0.1137)
ln*randd*			0.0998 * (0.0580)
_cons	1.3249 (0.9567)	-4.2761 *** (0.6896)	1.7517 * (0.9278)
R^2	0.7920	0.9929	0.7944
N	390	390	390

注：括号内数值为标准误，*、** 和 *** 分别表示 10%、5% 和 1% 的显著性水平。

从表 6-2 的结果可以看出，在 5% 的显著性水平下，当期绿色金融发展对绿色全要素生产率的作用系数是 0.0540，即对其有正向影响，这一点在第 5 章已经得到证明，但是对研发投入的作用系数是 0.0103，而且并不显著，而研发投入对绿色全要素生产率的作用系数在 10% 的水平下显著。这样，对于研发投入是否具有中介效应需要用 Bootstrap 方法进行进一步的检验，对模型（6-2）进行 500 次抽样，抽样结果表明 95% 的置信区间为［701.96，1217.49］，不包含 0，中介效应显著。但不能判定这是由研发投入带来的，可能的原因是绿色金融资本通过资金的引导作用进行研发投入有一定的时滞效应，企业即使得到资金也不一定马上投入研发，但是研发投入对绿色全要素生产率的影响是显著为正的，只是绿色金融发展的直接效应并没有下降，我们用滞后一期的变量再进行检验。检验结果如表 6 – 3 所示。

表 6 – 3　滞后一期的中介效应模型的估计结果
（以研发投入作为中介变量）

变量	模型（6 – 4）	模型（6 – 5）	模型（6 – 6）
	geffval	ln*randd*	*geffval*
L. ln*ginv*	0.0065 (0.0316)	−0.0151 (0.0269)	0.0136 (0.0301)
ln*labor*	−0.7994 *** (0.0650)	0.2336 *** (0.0585)	−0.8427 *** (0.0692)
ln*inv*	−0.2167 *** (0.0365)	0.0490 * (0.0271)	−0.2286 *** (0.0348)
open	0.0812 (0.0908)	0.0878 (0.0869)	0.0739 (0.0887)
ln*fisexp*	1.0130 *** (0.1461)	0.8799 *** (0.0953)	0.8454 *** (0.1328)
L. ln*randd*			0.2085 *** (0.0770)
_cons	1.0460 (1.1780)	−4.1553 *** (0.7676)	1.8084 * (1.0883)
R^2	0.8174	0.9945	0.8249
N	330	330	330

注：括号内数值为标准误，* 、** 和 *** 分别表示 10% 、5% 和 1% 的显著性水平。

由表 6 – 3 可见，滞后一期的绿色金融发展对绿色全要素生产率的作用都变得不显著，说明绿色金融发展没有滞后效应。

在判定是否具有中介效应的方法中，如前述的模型中，β_1 和 γ_2 其中有一个不显著时，除了进行 Bootstrap 检验之外，还可以进行 Sobel 检验，如果检验的结果显著，可以判定中介效应显著，如果检验的结果不显著，则认为中介效应不显著，而且可以看出直接效应和间接效应的大小。因此本节进行 Sobel 检验，结果如表 6 – 4 所示。

表6-4　Sobel检验结果（以研发投入作为中介变量）

	系数	标准误	Z	P>Z
Sobel	0.02555093	0.00913491	2.797	0.00515691
Goodman-1	0.02555093	0.00922943	2.768	0.00563288
Goodman-2	0.02555093	0.0090394	2.827	0.00470423
a	0.352036	0.05693	6.18366	6.3e-10
b	0.072581	0.023142	3.13625	0.001711
间接效应	0.025551	0.009135	2.79707	0.005157
直接效应	0.050316	0.027073	1.85857	0.063089
总效应	0.075867	0.026113	2.90534	0.003669
间接效应在总效应中的占比			0.33678577	
间接效应与直接效应之比			0.50780841	
总效应与直接效应之比			1.5078084	

从表6-4中Sobel检验结果可以看出，它在1%的水平下是显著的，因此中介效应显著，直接效应的系数约为0.050，间接效应的系数约为0.026，在总效应中间接效应占的比重约为33.7%。由于技术创新代表研发投入的成果，其对绿色全要素生产率的影响可能更为显著。因此本章采用了技术创新的指标进行再一次的检验，基本模型同前，只是将研发投入指标更换为技术创新（*innova*），用各省区市的专利授权数量来衡量。

本节进行重新检验的估计结果如表6-5所示。

表6-5　中介效应模型的估计结果（以技术创新作为中介变量）

变量	模型（6-1）	模型（6-2）	模型（6-3）
	geffval	ln*innova*	*geffval*
ln*ginv*	0.0540** (0.0258)	0.1390** (0.0568)	0.0262 (0.0272)
ln*labor*	-0.7439*** (0.0641)	-0.0133 (0.1119)	-0.7812*** (0.0623)

续表

变量	模型（6-1）	模型（6-2）	模型（6-3）
	geffval	ln*innova*	*geffval*
ln*inv*	-0.1778*** (0.0339)	-0.0243 (0.0371)	-0.0450*** (0.0163)
open	0.0064 (0.0883)	0.0817 (0.1448)	0.1368 (0.0872)
ln*fisexp*	0.9465*** (0.1204)	0.6210*** (0.1332)	0.0936** (0.0391)
ln*innova*			0.0382** (0.0148)
_cons	1.3249 (0.9567)	3.4372*** (1.1954)	5.8439*** (0.4749)
R^2	0.7920	0.9815	0.3536
N	390	390	390

注：括号内数值为标准误，**、*** 分别表示 5%、1% 的显著性水平。

从表 6-5 的结果可以看出，在 5% 的显著性水平下，当期绿色金融发展对绿色全要素生产率的作用系数是 0.0540，即对其有正向影响，对技术创新的作用系数是 0.1390，而且在 5% 的水平下显著，而技术创新对绿色全要素生产率的作用系数在 5% 的水平下显著，作用系数是 0.0382，而且绿色金融发展对绿色全要素生产率的作用系数变得不显著，说明技术创新存在完全中介效应。为了进一步检验滞后一期的情况，利用前面的模型（6-4）至模型（6-6）再进行检验，估计结果如表 6-6 所示。

表 6-6 滞后一期的中介效应模型的估计结果
（以技术创新作为中介变量）

变量	模型（6-4）	模型（6-5）	模型（6-6）
	geffval	ln*innova*	*geffval*
L.ln*ginv*	0.0447 (0.0287)	0.2602** (0.1066)	0.0397 (0.0286)

续表

变量	模型（6－4）	模型（6－5）	模型（6－6）
	geffval	ln*innova*	*geffval*
ln*labor*	－0.7831 *** (0.0640)	0.1676 (0.2382)	－0.7863 *** (0.0637)
ln*inv*	－0.0460 *** (0.0160)	0.3538 *** (0.0595)	－0.0637 *** (0.0179)
open	0.1537 (0.0955)	0.0884 (0.3554)	0.1687 * (0.0952)
ln*fisexp*	0.1460 *** (0.0413)	0.4889 *** (0.1536)	0.1400 *** (0.0412)
L. ln*innova*			0.0319 ** (0.0148)
_cons	5.7098 *** (0.5018)	－0.5241 (1.8669)	5.6790 *** (0.4992)
R^2	0.3637	0.6894	0.3726
N	360	360	360

注：括号内数值为标准误，*、** 和 *** 分别表示 10%、5% 和 1% 的显著性水平。

从表 6－6 的检验结果可以看出，滞后一期的绿色金融发展对绿色全要素生产率没有显著的作用，但是对技术创新的影响在 5% 的水平下显著，滞后一期的技术创新对绿色全要素生产率在 5% 的水平下显著。由于技术创新具有高风险、投资回报周期长的特点，绿色金融发展对技术创新的作用存在时滞效应，技术创新成果的应用也需要一段时间才能显现出来，因此其对绿色全要素生产率的影响也存在时滞效应。

6.3.2 有中介的调节效应模型的实证结果分析

通过构建产业结构与绿色金融发展的交互项，构成产业结构的约束，由于前面以研发投入作为中介变量的检验不显著，而在滞后一期检验中研发投入起部分中介效应，因此这里没有列出将研发投入作为被解释变量的结果，估计结果如表 6－7 所示。

表 6-7　有中介的调节效应模型的估计结果（以研发投入作为中介变量）

变量	模型（6-7）	模型（6-8）
	geffval	*geffval*
ln*ginv*	1.2355*** (0.2727)	
L. ln*ginv*		1.2208*** (0.2742)
ln*randd*	0.1094** (0.0533)	
L. ln*randd*		0.1696*** (0.0580)
ln*instru*	1.6804*** (0.3488)	
L. ln*instru*		1.7450*** (0.3587)
ln*instru* × ln*ginv*	-0.3125*** (0.0729)	
L. ln*instru* × L. ln*ginv*		-0.3153*** (0.0729)
ln*labor*	-0.7594*** (0.0457)	-0.8285*** (0.0488)
ln*inv*	-0.2236*** (0.0333)	-0.2470*** (0.0338)
open	-0.0906 (0.0911)	-0.0053 (0.0937)
ln*fisexp*	0.7901*** (0.1101)	0.8473*** (0.1194)
_cons	-3.8529*** (1.3965)	-4.0466*** (1.4578)
R^2	0.8133	0.8263
N	390	360

注：括号内数值为标准误，**、*** 分别表示 5%、1% 的显著性水平。

从表 6-7 可以看出，在 1% 的水平下产业结构在绿色金融发展与绿色全要素生产率之间的调节效应非常显著，滞后一期的产业结构的系数是 1.7450，在 1% 的水平下也非常显著，研发投入和滞后一期的研发投入的系数都显著为正，表明研发投入在绿色金融发展与绿色全要素生产率之间的中介效应受到产业结构的调节。也就是说，绿色金融发展通过研发投入取得技术进步，缓解能源与环境的约束，提高绿色全要素生产率，促进经济可持续增长，在产业结构的调节下，这种中介效应更加明显。在高耗能与高污染的产业结构向节能环保型产业结构转变的过程中，绿色金融资本通过注入研发资金起到了非常重要的作用，因此，大力发展绿色金融，是中国向低碳经济转变、推动经济可持续增长的重要的制度安排。

由于技术创新存在完全中介效应，我们可以继续检验产业结构的调节效应是否可以通过技术创新来实现。根据温忠麟等（2006）的研究，本章重新构建有中介的调节效应模型：

$$geffval_{it} = \theta_0 + \theta_1 \ln ginv_{it} + \theta_2 \ln instru_{it} + \theta_3 \ln instru_{it} \times \ln ginv_{it} + \theta_4 control_{it} + \eta_i + \mu_t + o_{it} \tag{6-9}$$

$$\ln innova_{it} = \varpi_0 + \varpi_1 \ln ginv_{it} + \varpi_2 \ln instru_{it} + \varpi_3 \ln instru_{it} \times \ln ginv_{it} + \varpi_4 control_{it} + \eta_i + \mu_t + \tau_{it} \tag{6-10}$$

$$geffval_{it} = \vartheta_0 + \vartheta_1 \ln ginv_{it} + \vartheta_2 \ln innova_{it} + \vartheta_3 \ln instru_{it} + \vartheta_4 \ln instru_{it} \times \ln ginv_{it} + \vartheta_5 control_{it} + \eta_i + \mu_t + \sigma_{it} \tag{6-11}$$

对上述模型进行检验的估计结果如表 6-8 所示。

表 6-8　有中介的调节效应模型的估计结果
（以技术创新作为中介变量）

变量	模型（6-9）	模型（6-10）	模型（6-11）
	geffval	ln*innova*	*geffval*
ln*ginv*	0.8651*** （0.2449）	-2.1840** （0.9605）	0.7283*** （0.2606）

续表

变量	模型（6-9）	模型（6-10）	模型（6-11）
	geffval	ln*innova*	*geffval*
ln*instru*	1.3500*** (0.3489)	-1.7771 (1.3696)	1.1599*** (0.3696)
ln*instru* × ln*ginv*	-0.2209*** (0.0650)	0.6174** (0.2552)	-0.1834*** (0.0693)
ln*labor*	-0.7621*** (0.0623)	-0.0218 (0.2363)	-0.7681*** (0.0636)
ln*inv*	-0.0479*** (0.0175)	0.4529*** (0.0668)	-0.0749*** (0.0192)
open	0.0969 (0.0918)	0.0672 (0.3674)	0.1464 (0.0989)
ln*fisexp*	0.1006*** (0.0379)	0.3221** (0.1561)	0.1217*** (0.0423)
ln*innova*			0.0331** (0.0150)
_cons	0.9290 (1.3684)	8.3817 (5.3696)	1.4370 (1.4509)
R^2	0.3694	0.7082	0.3922
N	390	360	360

注：括号内数值为标准误，** 、*** 分别表示 5%、1% 的显著性水平。

从表 6-8 可以看出，交互项的系数始终是显著的，按照有中介的调节效应模型的检验步骤，首先，可以看出绿色金融发展与产业结构的交互项系数在 1% 的水平下显著，说明产业结构对绿色金融发展与绿色全要素生产率关系的调节效应显著；其次，可以看到交互项对技术创新的作用系数在 5% 的水平下显著，系数是 0.6174；最后，可以看到技术创新对绿色全要素生产率的作用系数是 0.0331，在 5% 的水平下显著，但由于交互项的系数也显著，说明这种调节效应不完全是由中介变量技术创新产生的。

重新构建以技术创新作为中介变量的滞后一期的调节效应模型，

如下所示：

$$geffval_{it} = \theta_0 + \theta_1 \ln ginv_{it-1} + \theta_2 \ln instru_{it-1} + \theta_3 \ln instru_{it-1} \times \ln ginv_{it-1} + \theta_4 control_{it} + \eta_i + \mu_t + \nu_{it} \tag{6-12}$$

$$\ln innova_{it} = \varpi_0 + \varpi_1 \ln ginv_{it-1} + \varpi_2 \ln instru_{it-1} + \varpi_3 \ln instru_{it-1} \times \ln ginv_{it-1} + \varpi_4 control_{it} + \eta_i + \mu_t + \partial_{it} \tag{6-13}$$

$$geffval_{it} = \vartheta_0 + \vartheta_1 \ln ginv_{it-1} + \vartheta_2 \ln innova_{it-1} + \vartheta_3 \ln instru_{it-1} + \vartheta_4 \ln instru_{it-1} \times \ln ginv_{it-1} + \vartheta_5 control_{it} + \eta_i + \mu_t + I_{it} \tag{6-14}$$

对于滞后一期的变量也进行了检验，结果基本一致，证明了结论的稳健性，估计结果如表 6－9 所示。

表 6－9　滞后一期的有中介的调节效应模型的估计结果（以技术创新作为中介变量）

变量	模型（6－12）	模型（6－13）	模型（6－14）
	geffval	ln*innova*	*geffval*
L. ln*ginv*	0.0116 (0.0283)	1.4182 *** (0.4217)	0.8130 *** (0.2655)
L. ln*instru*	0.2371 (0.1438)	1.2231 ** (0.5237)	1.2119 *** (0.3791)
L. ln*instru* × ln*ginv*	0.0156 ** (0.0074)	－0.3341 *** (0.1100)	－0.2059 *** (0.0709)
ln*labor*	－0.7717 *** (0.0605)	0.0255 (0.1007)	－0.7982 *** (0.0633)
ln*inv*	－0.1850 *** (0.0349)	－0.0806 ** (0.0398)	－0.0788 *** (0.0189)
open	0.0899 (0.0827)	0.0378 (0.1605)	0.1084 (0.1015)
ln*fisexp*	1.0358 *** (0.1338)	0.3809 ** (0.1519)	0.1331 *** (0.0408)
L. ln*innova*			0.0326 ** (0.0148)

续表

变量	模型（6－12）	模型（6－13）	模型（6－14）
	geffval	ln*innova*	*geffval*
_cons	－0.1335 （1.2019）	0.6619 （2.2448）	1.4397 （1.4269）
R^2	0.8076	0.9822	0.3923
N	360	360	360

注：括号内数值为标准误，**、*** 分别表示 5%、1% 的显著性水平。

从表 6－9 可以看出，首先，滞后一期交互项的系数始终是显著的，说明滞后一期的产业结构对绿色金融发展与绿色全要素生产率关系的调节效应显著；其次，可以看到滞后一期的交互项对技术创新的作用系数在 1% 的水平下显著，系数是－0.3341；最后，可以看到滞后一期的技术创新对绿色全要素生产率的作用系数是 0.0326，在 5% 的水平下显著，但由于滞后一期的交互项的系数也显著，说明这种调节效应不完全是由中介变量技术创新产生的。

6.4 本章小结

通过分析绿色金融发展对经济可持续增长的主要传导机制，可知其主要通过研发投入、技术创新和产业结构对经济可持续增长产生影响。

首先，从理论上分析这种传导机制，从资金的传导途径看，绿色金融资本流向获得扶持的环保企业，这类企业的研发投入相应地会增加，同时企业的融资环境得到改善，企业有着更为广泛的渠道向社会传递信息，降低社会投资者的投资风险，从而为企业的进一步融资提供帮助。政府的扶持政策和激励政策，以及对绿色金融发展的大力推进，使得金融机构加大对环保企业的支持力度，抑制对污染企业的投入，因此环保企业会得到更多的资金，用于清洁技术和其他新技术的研发。从产业结构上看，绿色金融在资金传导、资本市场工具运用、信息传导以及交易成本的降低等方面，对产业结构的调整起到重要的作用。

其次，通过构建中介效应模型进行实证检验，实证结果表明滞后一期的研发投入在绿色金融发展与绿色全要素生产率之间存在部分中介效应，而产业结构的调节效应比较显著。对技术创新进行实证检验，结果表明技术创新存在完全中介效应，也就是说，绿色金融发展对绿色全要素生产率的影响是通过技术创新实现的。通过有中介的调节效应模型的检验，发现产业结构对绿色金融发展与绿色全要素生产率关系的调节效应是部分地通过技术创新实现的。

最后，从检验中看到劳动力和资本存量对绿色全要素生产率的影响大多是在1%的水平下显著的负向影响，而研发投入和技术创新对绿色全要素生产率是正向的影响，从中可以得到这样的结论，考虑能源与环境约束的经济可持续增长不能依靠传统的劳动力和资本，而需要技术创新的推动，技术创新才是持久的动力，而这也正是内生经济增长理论证明的结论。

7 中国绿色金融制度实施的效果评估

7.1 理论分析与中国绿色金融制度的实践

关于金融制度对经济增长作用机制的阐述比较清楚的是两条主线：一是 McKinnon（1973）和 Shaw（1973）的金融深化理论，即 M－S 模型；二是 Stiglitz 和 Greenwald（2002）的制度内生的新范式，即 S－G 新范式。在 M－S 模型中，McKinnon 在修正的哈罗德－多马模型中引入了金融改革因素与储蓄因素，认为储蓄倾向可变，金融改革后，资本产出比增加，储蓄水平提高，经济增长率提高；而 Shaw 从货币非中性角度出发，认为它可以通过节约交易成本和促进资产组合发挥债务媒介的作用，从而对经济增长产生影响。McKinnon（1993）对中国金融改革的方式和绩效理论进行重大修改和补充，提出“金融剩余”和“金融控制”，并且由于中央政府对国有银行的金融控制，金融剩余得以迅速累积，生产的增长也变得与金融变量紧密相连，对其高度依赖。随着研究的进一步深入，Levine（1997）指出金融发展终将通过“资本积累”和“技术创新”对经济增长产生影响，而 Stiglitz 和 Greenwald（2002）把这些制度因素“内生化”于既有的框架下，建立了新的范式，强化了政府的积极作用，在信息不完全的情况下，金融市场是有限竞争的市场，政府可以通过强制干预保证有些企业可以以相对合理的条件获得信贷供给，提高市场效率。因此实行不同的金融制度，其货币体系和银行体系的制度结构的变化不同，对货币政策的影响也不相同。

我国的绿色金融制度实行如果从 1995 年中国人民银行颁布的《关于贯彻信贷政策与加强环境保护工作有关问题的通知》，国家环境保护局颁布的《关于运用信贷政策促进环境保护工作的通知》算起，到 2019 年已经走过 25 年的历程，但绿色金融只是在最近几年才成为社会关注的焦点话题。绿色金融制度开始实行是在 2007 年，《关于落实环保政策法规防范信贷风险的意见》由国家环境保护总局、中国人民银行、中国银行业监督管理委员会联合颁布，该意见一方面通过经济手段，促进企业污染减排；另一方面严格信贷环保要求，防范信贷风险。2011 年，按照国家发展改革委办公厅发布的《关于开展碳排放权交易试点工作的通知》，在北京、天津、上海、重庆、广东、湖北和深圳 7 个省市开展碳排放权交易试点工作，标志着我国绿色金融开始了一个新的阶段。2015 年，中共中央、国务院印发《生态文明体制改革总体方案》，首次明确要建立我国的绿色金融体系。2016 年，财政部等七部委联合发布《关于构建绿色金融体系的指导意见》，该意见成为绿色金融发展的纲领性文件。2017 年，国务院决定在浙江、江西、广东、贵州、新疆五省区选择部分地方，成立绿色金融改革创新试验区，为我国绿色金融的全面推广提供经验。为此，这些重大绿色金融制度的实行都成为我们评估制度效果的准自然实验。出于时间和数据的可得性，我们选取 2011 年进行碳排放权交易试点的事件进行实验。

7.2 指标的选取与数据来源

考虑到绿色金融制度的实施对节能减排的影响，被解释变量是二氧化碳排放量（co_2），本书采用各省区市（由于西藏的数据缺失严重，因此没有包括在内）在2005～2015年的二氧化碳排放量[①]。

核心解释变量主要是2011年试点省市推行碳交易制度的事件*tt*，$tt = treatment_i \times time_t$，其代表的含义是政策的组别变量与时间的虚拟变量的交互项。

其他解释变量主要包括对二氧化碳排放量产生主要影响的因素，如下所示。

（1）第二产业增加值占GDP的比重（*psecind*）。工业的发展增加对能源的消耗，同时会增加二氧化碳排放量，因此第二产业增加值占GDP的比重越大，对二氧化碳排放量的影响就越大。

（2）工业用电（*compow*）。工业用电指从事大规模生产加工行业的企业用电，包括采掘工业、加工工业和修理厂及电气化铁路牵引机车等。碳交易市场最先在电力行业试行也表明工业用电对碳排放的贡献很大。

（3）民用汽车拥有量（*civicar*）。它是指在报告期末，在公安交通管理部门按照《机动车注册登记工作规范》已注册登记领有民用车辆牌照的全部汽车数量。

（4）绿地覆盖率（*pgrecov*）。它是指城市内全部绿地覆盖面积与区域面积之比。绿地覆盖率高，可以进行碳中和，从而可以减少二氧化碳排放量。

---

① 数据来源于中国碳排放数据库（CEADs），见附录表A－3。

控制变量主要包括如下 4 个。

（1）各省区市的 GDP（*gdp*）。各省区市的 GDP 不同，在一定程度上决定了经济发展水平不同，对碳排放的影响也不同。

（2）各省区市人口数量（*popu*）。人口规模决定了消费的能力，对产品的需求高，消耗的二氧化碳也会增加。

（3）研发投入（*randd*）。通过技术创新与研发投入，可以帮助污染严重的企业节能减排，减少对能源的消耗，减少碳排放。

（4）财政支出（*fisexp*）。如果财政支出用来增加基础设施建设，可能会增加碳排放，如果是对节能环保进行补贴，可能会减少碳排放，这种影响是不确定的。

以上除第二产业增加值占 GDP 的比重和绿地覆盖率之外的变量都取对数，以保证数据的平稳性，消除异方差。数据来源于《中国统计年鉴》《中国区域经济统计年鉴》。主要变量的描述性统计如表 7－1 所示。

表 7－1　主要变量的描述性统计

变量名称	符号	均值	标准差	最小值	最大值	样本数量
二氧化碳排放量	$\ln co_2$	5.3505	0.7703	2.8034	6.7360	330
GDP	ln*gdp*	8.7607	0.9892	5.9059	10.7854	330
人口数量	ln*popu*	8.1668	0.7493	6.2971	9.2918	330
研发投入	ln*randd*	13.9390	1.4362	9.6772	16.7066	330
财政支出	ln*fisexp*	16.7973	0.8272	14.2292	18.6697	330
第二产业增加值占 GDP 的比重	*psecind*	0.4760	0.0784	0.1974	0.6150	330
工业用电	ln*compow*	6.9780	0.7483	4.4020	8.5775	330
民用汽车拥有量	ln*civicar*	5.2414	0.9582	2.4998	7.3204	330
绿地覆盖率	*pgrecov*	0.3638	0.0697	0.0424	0.6595	330

7.3 DID 模型的构建

2011 年 11 月，国家发展改革委提出设立碳交易市场的试点省市，在北京、天津、上海、重庆、湖北、广东及深圳正式启动碳排放权交易试点工作，这可以看作一项准自然实验，运用双重差分（DID）模型来估计这项绿色金融制度对二氧化碳排放量的影响，把试点省市作为处理组，其他未试点的省区市作为对照组。模型形式设定如下：

$$Y_{it} = \beta_0 + \beta_1 tt_{it} + \beta_2 X_{it} + \eta_i + \gamma_t + \varepsilon_{it} \tag{7-1}$$

其中，Y_{it}是被解释变量，是各省区市二氧化碳排放量的对数值。$tt = treatment_i \times time_t$，在样本期内，如果 i 省区市被设立为碳交易试验区，则 $treatment = 1$，否则为 0；当 $t \geqslant 2011$ 时，$time = 1$，否则为 0。本书中处理组为碳交易市场的试点省市，其中深圳包含在广东省，因为是省际面板数据，对照组为其他未试点的省区市，由于西藏的数据缺失严重，因此也未包括在内。下标 i 和 t 分别表示省区市和年份。X_{it}表示控制变量。η_i 表示省区市的固定效应，控制了影响碳排放的不随时间变动的个体因素。γ_t 表示时间效应，控制了随时间变化影响所有省区市的时间因素。ε_{it}表示随机误差项。估计系数 β_1 是政策效应。

7.4 实证结果分析

7.4.1 平行趋势检验

首先进行平行趋势检验，这是 DID 模型的前提条件，如果在实验前没有进行平行趋势检验，则无法说明是试点政策的推行带来的政策效应。

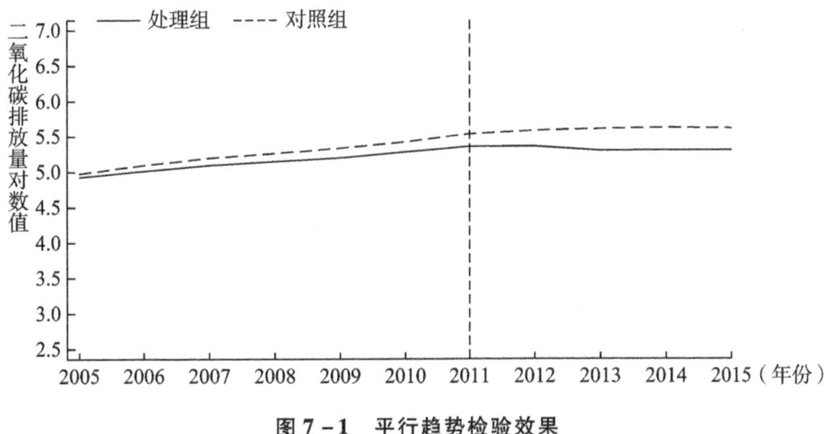

图 7-1 平行趋势检验效果

从图 7-1 可以看出，在 2011 年以前处理组与对照组的平行趋势比较明显，在 2011 年之后出现了差异性的变化，尤其是 2013 年之后，也就是碳交易制度在试点省市正式推行之后，政策效应比较明显，处理组的二氧化碳排放量在下降。

7.4.2 双重差分的结果比较

考察碳交易试点制度对二氧化碳排放量的影响，分别进行 OLS 估计和固定效应（FE）估计，结果见表 7-2。

表 7-2 碳交易试点制度对二氧化碳排放量的影响

变量	(1)	(2)	(3)	(4)
	OLS	OLS	FE	FE
tt	-0.0477** (0.0225)	-0.0523* (0.0267)	-0.0490** (0.0192)	-0.0453* (0.0240)
treatment	-0.5640*** (0.0522)	-0.3753*** (0.1265)		
time	-0.0031 (0.0143)	0.0128 (0.0146)		
psecind	0.6739*** (0.1392)	0.4594*** (0.1567)	0.6749*** (0.1292)	0.4623*** (0.1497)

续表

变量	(1)	(2)	(3)	(4)
	OLS	OLS	FE	FE
ln*compow*	0.5918 *** (0.0347)	0.5641 *** (0.0360)	0.5915 *** (0.0431)	0.5691 *** (0.0475)
ln*civicar*	0.0710 *** (0.0244)	-0.0124 (0.0552)	0.0690 *** (0.0238)	-0.0001 (0.0478)
pgrecov	-0.0670 (0.0732)	-0.0997 (0.0708)	-0.0673 (0.0761)	-0.0975 (0.0756)
ln*gdp*		0.0147 ** (0.0057)		0.0140 *** (0.0050)
ln*popu*		-0.1816 (0.1989)		-0.1859 (0.1530)
ln*randd*		-0.0630 * (0.0357)		-0.0642 * (0.0344)
ln*fisexp*		0.1518 *** (0.0553)		0.1475 *** (0.0490)
_cons	0.6680 *** (0.1520)	0.8759 (1.4418)	0.5691 *** (0.1824)	1.0116 (1.1588)
R^2	0.9920	0.9925	0.9065	0.9123
N	330	330	330	330

注：括号内数值为标准误，*、** 和 *** 分别表示 10%、5% 和 1% 的显著性水平。

从表 7-2 可以看出，第（1）列代表没有加入控制变量的情况下的回归结果，显示了碳交易试点制度对二氧化碳排放量的估计系数是 -0.0477（在 5% 的水平下显著），说明这种制度对于降低二氧化碳排放量起到了一定的效果，尤其是处理组的效果更为显著，估计系数是 -0.5640（在 1% 的水平下显著）。在第（2）列加入了控制变量的情况下，处理组的估计系数是 -0.3753（在 1% 的水平下显著）。在加入控制变量之前，其他影响因素如第二产业增加值占 GDP 的比重、工业用电、民用汽车拥有量都会显著增加二氧化碳排放量，这些结果都符合前面分析的预期；绿地覆盖率会减少二氧化碳排放量，但并不显著。在加入控制变量之后，只有民用汽车拥有量变成了减少二氧化碳排放量，但并不显著。原因可能是国家对于新能源汽车的补贴以及研发投入的增加，在一定程度上减少了二氧化碳排放量。第（3）列是固定效应的结果，经过 Hausman 检验，得到 prob > chi^2 的值是 0.077，与随机效应模型相比更适合用固定效应模型进行分析，回归结果与第（1）、第（2）列基本保持一致。第（4）列是加入了控制变量的固定效应进行的分析，结果基本保持不变，表明回归结果具有一定的稳健性。

从以上分析可以看出碳交易试点制度对于减少二氧化碳排放量的重要作用，这是市场机制发挥作用的结果。在试点省市推行成功之后，2017 年全国碳排放交易市场形成全国性的统一市场，为我国减少碳排放的承诺做出了很大贡献。

7.4.3 稳健性检验

1. 安慰剂检验

为了进一步检验本书的结果是不是由地区中的不可观测因素驱动的，对随机分配试点的省区市进行安慰剂检验。具体来说，本书从 30 个省区市中随机选取 6 个作为处理组，假设这几个省区市试行了碳排放交易的试点工作，其他省区市为对照组。随机抽样以确保本书构建的 $treatment \times time$ 对二氧化碳排放量没有影响。任何显著的结论都将表明本书的回归结果有偏差。本书进行了 1000 次随机抽样，并对前面的模型进行回归分析，发现交互项的估计系数均值几乎为零。从图 7－2 可以看出 1000 个估计系数的分布和相关的 p 值大多集中在零点附近。而本书的真实估计值在 －0.05 处，偏离零点，表明本书的估计结果不太可能是由地区中的不可观测因素驱动的。

2. 倾向得分匹配

利用前面的控制变量预测每个省区市设为试点的概率，再采用

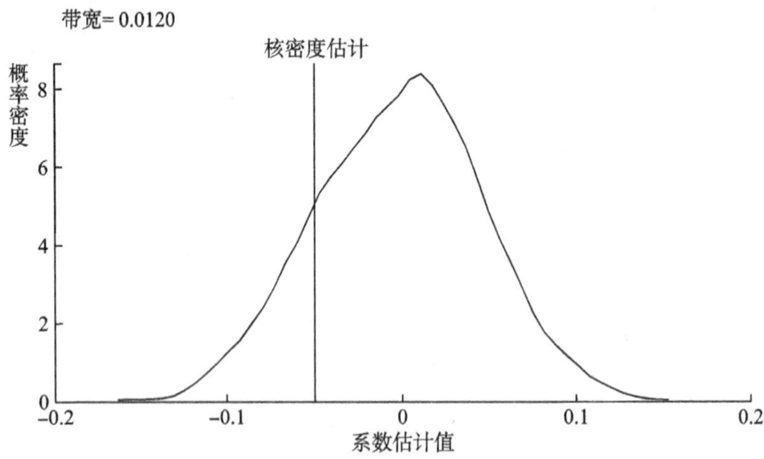

图 7－2　安慰剂检验结果

近邻匹配、核匹配、半径匹配等方法给试点省区市的样本（处理组）匹配对照组，尽可能地使它们在试点政策推行之前没有显著的差异，减少试点省区市的自选择偏误所带来的内生性问题。然后利用 DID 的方法识别出试点省区市推行碳交易制度的净影响。

从三种匹配方法上看，近邻匹配的结果如图 7－3 所示，匹配的数据比较靠近零点，表明匹配的效果较好。核匹配与半径匹配的结

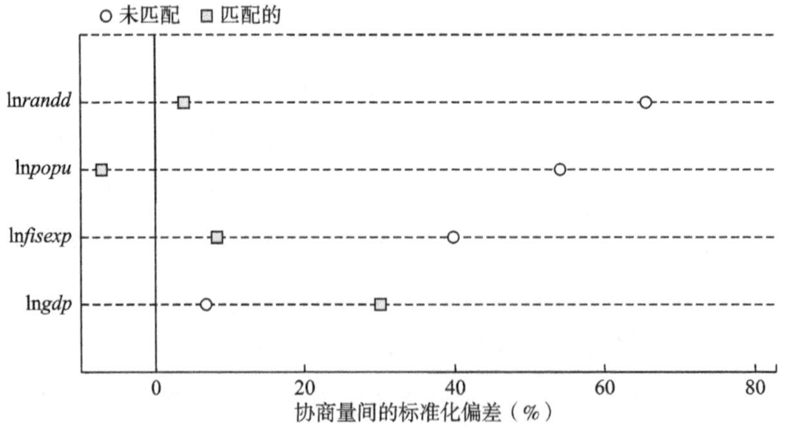

图 7－3　近邻匹配的结果

果见表 7－3 的第（1）列和第（2）列。

表 7－3 碳交易试点制度效果评估的稳健性检验结果

变量	(1)	(2)	(3)	(4)
	$lnco_2$	$lnco_2$	$lnco_2$	$lnco_2$
tt	－0.1160*	－0.1256	－0.1053*	－0.1106***
	(0.0640)	(0.0778)	(0.0581)	(0.0351)
ln*gdp*	－0.0091	－0.0098	－0.0113	－0.0231*
	(0.0074)	(0.0157)	(0.0157)	(0.0123)
ln*popu*	0.2994	1.3578	－1.0894	0.1528
	(1.1163)	(1.2139)	(0.7941)	(0.5330)
ln*randd*	－0.0387	－0.3627**	－0.0202	－0.0583
	(0.1192)	(0.1513)	(0.1103)	(0.0751)
ln*fisexp*	0.4693**	0.6689***	0.4505	0.4104***
	(0.2121)	(0.1899)	(0.3067)	(0.1112)
_cons	－4.1900	－11.7579	－8.2237	－1.6053
	(11.5474)	(11.7106)	(12.7882)	(5.1584)
R^2	0.9923	0.9906	0.9927	0.9919
N	191	97	165	174

注：括号内数值为标准误，*、** 和 *** 分别表示 10%、5% 和 1% 的显著性水平。

从表 7－3 第（1）列的结果看，碳交易试点制度在 10% 的水平下显著为负，减少了二氧化碳排放量。

3. 控制变量滞后一期

为了减少内生性影响，将控制变量滞后一期，重新进行回归，结果如表 7－3 第（3）列所示，与前面的回归结果相似，碳交易试点制度在 10% 的水平下显著。

4. 改变样本时期

由于本书基于 2005～2015 年的样本进行分析，政策提出是 2011 年，改革前的时期较长，因此采用从 2007 年算起，即改革的前 4 年和后 4 年的样本，再次进行检验，结果见表 7－3 的第（4）列，可以看出碳交易试点制度显著减少了二氧化碳排放量。

总之，经过上面的分析，可以得出与前文比较一致的结论，表明结果是比较稳健的。由于2017年全国统一的碳交易市场才正式形成，因此政策的效果在之后才能够更加明显。随着数据的不断累积，我们会不断地关注这一政策实施的动态效应。

由于以2011年为实验的时间，因此选择在2011～2015年进行了实证检验，结果如表7－4所示，对于不同经济发达程度省区市的划分依据同第5章，可以看出政策效果很明显是不同的。

表7－4　不同发达程度省区市碳交易试点制度效果评估的结果

变量	(1)	(2)	(3)
	发达省市	中等省区市	欠发达省区
tt	-0.1564*** (0.0540)	0.0801 (0.2174)	0.0000 (0.0000)
ln*gdp*	-0.0204 (0.0408)	-0.1556*** (0.0520)	0.1023 (0.1124)
ln*randd*	0.7459*** (0.0943)	-0.1346 (0.1079)	-0.0069 (0.2017)
ln*fisexp*	-0.0583 (0.1752)	-0.0469 (0.1550)	-0.2376 (0.6166)
psecind	3.8114*** (0.2797)	0.5278 (0.5411)	1.3125 (1.0675)
ln*compow*	0.4836*** (0.1727)	0.6579*** (0.0609)	1.3264*** (0.4394)
ln*civicar*	-0.3342*** (0.0354)	0.3820* (0.2149)	-0.0935 (0.5703)
pgrecov	-0.0742 (0.0765)	0.0355 (0.0456)	0.0333 (0.2689)
_cons	-8.2220*** (1.4855)	1.8111 (1.8753)	-0.1973 (8.5341)
R^2	0.0561	0.5632	0.3579
N	30	80	40

注：括号内数值为标准误，*、*** 分别表示10%、1%的显著性水平。

对于发达省市来说，政策实施可以显著减少二氧化碳排放量；对于中等省区市来说增加了二氧化碳排放量，但并不显著；而欠发达省区由于没有实行政策，因此没有效果。通过对比也可以看出在发达省市，第二产业增加值占 GDP 的比重变大会增加二氧化碳排放量，工业用电增加也会增加二氧化碳排放量。但是研发投入增加会增加二氧化碳排放量以及民用汽车拥有量增加会减少二氧化碳排放量很难得到解释，在中等省区市结果相反，可以得到解释。在欠发达省区，除了工业用电显著增加二氧化碳排放量之外，其他变量对二氧化碳排放量的影响都不够显著。这表明处在不同发展阶段的省区市应该根据其实际情况，建立绿色金融制度，而不能超越发展阶段，盲目采取对策。发达省市由于可以获得的资源较多，比如研发投入较多，可以进行技术创新，产业结构调整也比较充分，因此实行这样的制度较容易取得良好的效果。

7.5 本章小结

本章通过对金融制度对经济增长作用的梳理以及我国实行绿色金融制度的重要事件的阐述，以 2011 年碳排放权交易制度试点为例，对我国绿色金融制度实施效果进行评估，结果表明，实施碳排放权交易制度对减少二氧化碳排放量是有一定的效果的，尤其是对发达省市的减排效果更为明显，而对于中等省区市的作用效果并不显著。主要的原因在于中等省区市很多是以工业为主，在目前的发展阶段还不能达到减排的效果。本章运用 DID 模型进行分析，在分析之前先进行平行趋势检验，表明在试点之前处理组和对照组有平行趋势，在稳健性检验中运用了安慰剂检验、倾向得分匹配、控制变量滞后一期和改变样本时期等多种方法，表明结果是稳健的。对不同发达程度的省区市进行了分组回归，得出的结论是在不同发展阶段的省区市，实行碳排放权交易制度的减排效果并不相同。因此各省区市不应超越发展阶段去实行一样的政策，应该按自身情况选择。2011 年，按照“十二五”规划纲要关于“逐步建立碳排放交易市场”的要求，在北京、天津、上海、重庆、湖北、广东及深圳 7 个省市启动了碳排放权交易试点。建设全国统一碳排放权交易市场是利用市场机制控制和减少温室气体排放、推动经济发展方式绿色低碳转型的一项重要制度创新，也是落实国际减排承诺的重要政策工具。截至 2019 年底，中国碳强度较 2005 年降低约 48. 1%，非化石能源占一次能源消费的比重达 15. 3%，提前完成 2020 年碳排放承诺。截至 2020 年 8 月末，7 个试点碳交易市场配额累计成交量为 4. 06 亿吨，累计成交额约为 92. 8 亿元。中国试点碳交易市场已成长为配额成交量规模全球第二大的碳交易市场。

8 研究结论与对策建议

8.1 研究结论

在金融发展与经济增长的关系研究中，前人做了大量的理论与实证方面的研究，但未能得出一致的结论，并且关于金融发展对经济可持续增长的影响有正反两种观点。本书在以往研究的基础上，拓展了新的角度，剖析了绿色金融发展与经济可持续增长之间的关系，得出以下结论。

第一，通过建立绿色金融资本内生化经济增长模型，建立了绿色金融发展的理论框架，分析了经济可持续增长应该具备的条件。在能源约束条件下，绿色金融投资到新能源中的投资效率应该大于0，能源再生率也应该足够大，才能保持经济可持续增长。在环境约束条件下，绿色金融资本的增长率与经济增长率相同时，可以使污染排放密度的增长率为零，跨期替代弹性小于1，这是环境改善的必要条件，消费者的环保意识增强，稳态的增长率会提高。在能源与环境双重约束条件下，如果时间偏好率小于能源的自然增长率，投入新能源的绿色金融资本的产出效率与消费的边际效用弹性之和大于2。这意味着绿色金融资本投入新能源领域的投资效率应该保持正的增长率才能缓解可耗竭资源的消耗，开源与节能同样重要；绿色金融资本的增长率与经济增长率相同时，才能治理环境污染，无论是减排还是治污都需要绿色金融资本的投入；投入污染治理的绿色金融资本的产出效率应该大于1，治理环境污染才是有效率的，投入污染治理的绿色金融资本的比重应该大于时间偏好率与绿色金融资本投入污染治理后对污染减少的产出弹性之积与 $\pi-\beta$ 之比，即 $W_2>\frac{\rho\gamma}{\pi-\beta}$。治理污染在绿色金融资本中占的比重越大，表明污染排放强度的增长率小于0，治理污染的效果越好。以上结论为中国绿色金融发展提供了理论上的依据。

第二，在绿色金融发展与经济可持续增长关系研究中，利用固定效应模型得出了绿色金融发展显著提高了绿色全要素生产率，有利于经济可持续增长的重要结论，揭示了绿色金融发展对经济可持续增长的作用机制。通过非期望产出的 DEA－SBM 超效率模型的计算，以碳排放效率和绿色全要素生产率来度量经济可持续增长，通过对比发现中国在2011年之前碳排放效率几乎低于其他所有样本国家，在2011年以后，碳排放效率显著上升，尤其是2015年之后，上升效果更加明显，这与我国实行绿色金融制度相关。

第三，采用中介效应模型对绿色金融发展与经济可持续增长之间的传导机制进行检验，得出的结论是滞后一期的研发投入存在部分中介效应，技术创新存在完全中介效应，而产业结构在绿色金融发展对绿色全要素生产率的影响方面具有显著的调节效应，这种调节效应部分通过技术创新来实现。对于滞后一期的检验，有助于我们更好地得到稳健的结果。通过实证检验发现，传统的劳动力和资本存量对经济可持续增长可能是负向的影响，绿色金融发展只有通过技术创新，才能保持经济可持续增长。

第四，采用 DID 模型对绿色金融制度实行的效果进行了检验，进一步验证了推行绿色金融制度有利于经济可持续增长的效果评价机制，得出了实行碳排放权交易制度对中国较为发达省市的碳减排效果非常明显的结论，绿色金融制度可以实现在能源与环境的约束下，保持经济可持续增长。

本书从理论上构建了加入绿色金融资本的内生经济增长模型，并探讨了实现经济可持续增长的条件，主要从绿色金融发展对经济可持续增长的作用机制、传导机制和效果评价机制三个方面进行了实证研究，得出绿色金融发展可以促进经济可持续增长的结论。

从国内外绿色金融发展的现状也可以看出，中国已经走在世界绿色金融发展的前列，这与我国政府大力推行绿色金融发展的战略是紧密相关的。从实证检验中可以看出金融制度的重要性和绿色金融制度在促进经济可持续增长中的有效性，绿色金融资本在新能源与可再生能源领域的投入可以缓解能源约束，在治理污染的投资中绿色金融制度还需要与其他配套的制度一起，才能起到应有的作用。虽然我们在绿色金融发展领域取得了长足的进步，但在发展的过程中仍然存在很多问题，因此本书提出以下相关的对策建议来完善绿色金融制度的建设。

8.2　对策建议

从我国绿色金融制度的设计和推行的历程可以看出，中国政府出台了大量关于绿色信贷、绿色债券、绿色保险等的具体措施，鼓励发展和创新绿色金融产品和服务，加大绿色金融供给，鼓励更多的社会资本投入绿色产业，引导金融机构加大对绿色产业的扶持力度，发挥绿色金融在促进资源有效利用、促进企业加大对绿色环保产业的研发投入力度、推动技术创新、促进产业结构升级、推动经济可持续增长方面的作用，但同时存在制度方面的缺陷，应该从以下几方面不断完善。

一是加强绿色金融法律制度建设，对责任主体形成有效的约束。

我国制定的《中华人民共和国电力法》（1995 年）、《中华人民共和国节约能源法》（1997 年）、《中华人民共和国可再生能源法》（2005 年）、《中华人民共和国循环经济促进法》（2008 年）、《中华人民共和国环境保护法》（2015 年）在应对气候变化和发展绿色经济方面做了许多努力，但关于绿色金融的法律如对碳排放权的界定、碳交易制度还是空白。《关于贯彻信贷政策与加强环境保护工作有关问题的通知》（1995 年）、《关于进一步加强产业政策和信贷政策协调配合控制信贷风险有关问题的通知》（2004 年）要求银行机构加强信贷中的环境审批，《关于落实环保政策法规防范信贷风险的意见》（2007 年）要求银行在贷款审批中重点考虑企业的环保与社会责任，《绿色信贷指引》（2012 年）要求金融机构大力支持绿色经济的发展，建立绿色信贷制度体系。这些都可以看作绿色信贷方面的约束性文件，但没有形成法律文件，在绿色金融方面是政策层面的框架设计，没有真正在法律层面的约束，对企业的约束力是不够的，也应该对违反绿色信贷标准的金融机构予以法律制裁和追究。

首先，应该进一步完善环保方面的法律，在金融相关的法律中加入“绿色”元素，加大环境污染者的法律责任；其次，应该明确环境污染者应该承担的责任，加大环保的执法力度，通过明晰产权，划分清楚企业环境治理的界限，强化激励和约束机制；最后，金融监管部门应该协同环保部门，强化执法力度和政策的约束性。

二是加强绿色金融市场制度建设，丰富绿色金融产品与融资渠道。

运用市场机制来配置资源，完善绿色金融市场制度，包括制定绿色产品的标准，碳排放权交易制度，绿色信贷、绿色证券、绿色保险、绿色基金等方面的市场交易制度。只有建立有效的市场，才能保障绿色经济的投融资项目能够顺利进行，对产业结构的调整和经济可持续增长具有激励作用，这是市场机制解决环境问题的关键。同时需要进一步推动绿色指数、绿色资产证券化、绿色基金等绿色金融产品的不断创新，丰富绿色金融市场的交易品种，形成有效的、充满活力的绿色金融市场。只有不断地创新产品和业务模式，才能真正建立起绿色金融市场。目前来看，我国以银行体系为主要融资渠道的方式，决定了我国绿色金融市场的主要产品是绿色信贷，但仅靠绿色信贷开展绿色融资是远远不够的，我国绿色债券市场的发展规模在全球是比较领先的，如何利用绿债推动环保产业的发展还有许多方面的工作要做。

首先，应该扩大绿色金融市场的主体。由于绿色产业具有风险高、回报周期长的特点，因此不能仅依靠银行等金融机构，还要借助非银行业金融机构如证券公司、保险机构、风险投资者等，鼓励企业拓展绿色金融业务，有利于多主体的参与。

其次，应该确定绿色金融产品的标准。目前对于绿色信贷以及绿色债券等的标准还没有统一，这严重地制约了绿色金融发展，难以对金融机构形成有效的约束和激励。国家应该尽快制定有关绿色金融产品的标准，以有利于进一步推动产品标准化。

再次，应该创新绿色金融产品的工具。在扩大绿色金融发展规模的同时，应该注重创新，引入金融科技，使市场交易的品种增加，使投资者可以有更多的选择，以有利于活跃绿色金融市场，有效地配置绿色金融资源。

最后，应该拓宽绿色金融的融资渠道。应该改变目前主要通过银行绿色信贷的渠道，加快证券市场的发展，推动绿色保险的范围拓展，提高直接融资的比重，鼓励环保企业上市融资，以获得长期融资、拓宽融资渠道、加强风险管理，使市场健康有序地发展。

三是加强绿色金融监管制度建设，重视环境和社会风险管理。

2012 年 6 月，银监会印发了《银行业金融机构绩效考评监管指引》，要求金融机构设置社会责任类指标，对节能减排和环保方面的业务进行考评。2014 年 6 月，银监会印发了《绿色信贷实施情况关键评价指标》，主要是将绿色信贷纳入监管评级制度。监管机构应进一步完善绿色金融标准和监管机制，监督金融机构建立环境风险评估流程，合理控制绿色项目的融资杠杆率，对于研发投入可能带来的风险应该建立绿色金融预警机制。其他银行业金融机构也纷纷颁布自身的绿色信贷政策，越来越重视环境和社会风险管理。鼓励机构投资者发布绿色投资的责任报告，对所投资产涉及的环境风险和碳排放能力要进一步考察。同时建立绿色金融追责问责制度，在强化企业社会责任的同时，对金融机构的社会责任问题尤其应该予以高度重视，必须建立有效的监管制度，规范和约束金融机构的投资行为，这样才能从根本意义上保障绿色金融的推行。关于绿色证券、绿色保险、绿色基金、碳金融等方面的监管制度只有不断完善，才能保障绿色金融业务的真正开展。要进一步区分商业性金融机构和政策性金融机构，同时为绿色金融的发展制定配套的监管政策，在培育绿色金融市场方面建立保证市场秩序良好、市场信息透明、市场监管配套措施完善的政策支持体系。

四是加强绿色金融机构制度建设，发挥金融机构与第三方机构的服务作用。

出于我国绿色金融市场发展的需要，市场的参与主体与日俱增，需要与绿色金融业务相关的中介机构以及金融机构自身的组织机构来支持。加强与绿色项目开发相关的融资服务、碳咨询与碳资产管理、经纪业务、担保业务、项目评估、风险管理、法律与审计业务、第三方核证机构、绿色信用评级机构，以及绿色金融登记结算等业务机构的建设。金融机构自身的组织机构包括董事会、绿色信贷部门、环境与风险评估委员会等。另外建议成立政策性银行如绿色银行，或者由地方政府出资建立绿色基金管理机构，同时吸引社会资本的参与。金融机构和第三方机构在遵循“赤道原则”与《绿色信贷指引》的基础上，需要认真评估项目融资的风险，平衡盈利性与社会责任的关系，机构参与市场的主体地位决定了机构自身制度框架合理、高效的重要性。另外加快发展绿色金融专业人才建设，人才队伍的建设是绿色金融机构参与市场的重要保障。

五是加强绿色金融信息制度建设，促进信息披露的通畅与共享。

信息平台的建立是信息制度建设的重要举措。通过建立绿色产业项目库，可以建立绿色产业信息共享机制。建立绿色金融信息平台、信息披露制度与环评信息共享机制，对于上市公司社会责任的承担以及绿色金融业务的开展都极为重要，只有信息有效，市场有效才能成为现实，政府才能有制定政策的依据。商业银行对绿色信贷的信息披露是制定绿色金融制度的基础，环保部门可以定期向金融监管部门提供企业环境违法的名单以及评估金融机构在环保方面的表现，为有关监管部门制定鼓励或者惩罚措施提供依据。通过强化环境信息的披露来提升绿色金融市场的透明度，提高社会公众获得环境信息的便利性，加大社会监督力度和第三方认证的权威性，加快环境问题外部性内部化的进程，引导社会各界提升绿色偏好，增强公众的环保意识，降低绿色产业的绿色融资成本。共享信息是绿色金融深入发展的基石。加快构建投资者信息网络，使平台的信息尽快传递、公开和透明，使投资者在做出决策时能够有所依据。只有强化各部门的信息沟通，才能加大部门之间的合作力度，提高工作的效率。

总之，绿色金融发展在解决能源与环境约束问题上发挥着极其重要的作用，绿色金融制度是保障绿色金融发展的约束和激励，绿色金融发展可以促进经济可持续增长，而绿色金融制度提供了保障，因此完善绿色金融制度，对于经济可持续增长至关重要，保持经济可持续增长是人们一直追求的目标！

9　绿色金融发展的未来

9.1　新结构经济学视阈下的绿色金融发展

党的十九大报告提出“像对待生命一样对待生态环境”，尤其提到“构建市场导向的绿色技术创新体系，发展绿色金融，壮大节能环保产业、清洁生产产业、清洁能源产业”，表明我国政府重视绿色金融领域与绿色环保产业转型的方向。新结构经济学能够从结构的视角出发，形成新的理论分析框架，并应用于产业经济、金融经济与环境经济等领域，为绿色金融未来的发展提供了理论分析的依据。

9.1.1　新结构经济学在绿色金融发展中的应用

新结构经济学被认为是旧结构主义和新自由主义两波思潮之后的第三波思潮，也被称为经济学的第五次革命。从当代经济学发展历史来看，结构主义的奠基者 Prebisch（1950）提出了中心－外围概念和贸易条件恶化理论，发现了经济发展的制约因素与非均衡性质，强调改造外围国家经济结构的重要性。20 世纪五六十年代主要研究非均衡发展理论，主要的代表人物有刘易斯、缪尔达尔、赫尔希曼等人。刘易斯的二元经济结构理论、缪尔达尔的地区间结构差异理论、赫尔希曼提出的经济结构的不平衡发展战略等，都关注发展中国家的结构问题。20世纪七八十年代，资本主义的滞胀状态与拉美的经济危机，使得新自由主义经济学盛行起来，重新回归新古典经济学的研究方法，并在政策上主张经济的自由化、私有化、市场化，反对过多的国家干预。从20世纪80年代开始，学者们将一般均衡模型引入经济结构研究，哈佛大学教授Taylor（1983）将结构主义的分析方法运用到宏观经济学中，建立起结构主义宏观模型；而以Duchin（1998）的专著《结构经济学：技术、生活方式和环境变化的度量》为标志，把结构主义的分析方法应用于市场经济分析中，并开创了结构动态化研究。而在20世纪90年代末，拉美国家经济衰退，促使新结构主义理论发展，把结构主义与新自由主义相结合，Sunkel（1993）提出新工业化发展道路，重视产业互补及产业政策的作用。这一学派主张将市场机制与国家干预相结合，Lall（2005）强调“越是依赖市场，越需要政府的积极主动作为”，但这种思想并未对发展中国家的实践产生重要的影响。

新结构经济学由林毅夫（2011）提出，其理论主要是将结构引入新古典的分析框架，他认为一个经济体在每个时点上的产业和技术结构以及与之相适应的软硬基础设施内生决定于该时点的要素禀赋结构。按照禀赋结构可以形成自身的比较优势，遵循比较优势可以快速发展的制度前提是有效的市场和有为的政府。市场是资源配置最有效率的机制，但市场失灵时，政府可以利用产业政策的工具，发挥其有为作用，政府应该对符合比较优势的企业提供激励。强调在不同发展阶段的经济体，要素禀赋的差异会导致经济结构的不同以及相应的政府的作用也存在差异。

新结构经济学符合中国的国情，因此得以在许多领域运用。我国经济已持续增长40多年，经济实力有很大提升，但目前经济结构不平衡。首先我国产业结构不平衡，其次投资消费结构不合理，国际收支不平衡，地区和城乡经济也不平衡，还有能源与环境问题、污染防治问题都非常严重。研究结构的差异以及动态化，尤其在产业经济、金融经济和环境经济等方面，新结构经济学的开拓者们做了许多理论和实证的分析。特别是在产业经济的分析中，林毅夫（2017）提出了五类产业的划分，有追赶型、国际领先型、转进型、弯道超车型以及战略型。不同类型的产业需要的产业政策是不同的，尤其在研究经济发展和转型问题时，他指出企业的自生能力很重要。没有自生能力的生产者要存在，就必须有外部的保护补贴。对于环保产业而言，其竞争优势不明显，需要长期投资才有回报，或风险较大，银行不愿意进行融资，但对环境问题的解决又至关重要，因此需要政府来扶持这类没有竞争优势的产业。需要有效市场（碳排放权交易市场）来提供价格信息，需要有为政府来提供硬基础设施和软制度安排以及对先驱者的激励等，来实现产业的转型升级。

新结构经济学在金融经济领域的运用主要是讨论产业结构和金融需求。杨子荣和王勇（2018）认为在不同的发展阶段，不同的产业结构对于金融的需求并不相同，因此决定了大小银行之间、金融市场与金融中介之间的功能的差异，与产业结构相适应的金融结构才是能够促进经济增长的最优金融结构。在环境经济领域，新结构经济学也着重于产业结构与环境结构的需求，对发展战略与环境污染理论以及有为政府的环境治理策略进行探讨，对我国正在推进的资源型地区转型升级战略也有实践指导意义。而我国目前推行的绿色金融制度也可以被认为是新结构经济学在上述领域的综合运用。

从狭义上看，绿色金融制度是能够在绿色金融推行的过程中降低交易成本的规则；从金融产品创新的角度看，绿色金融制度包括绿色信贷、绿色证券、绿色保险、绿色基金、绿色信托以及碳金融等各种制度形式；从广义上看，绿色金融制度是指通过各种绿色金融产品以及绿色金融服务将社会资金引导到绿色产业发展中的一系列政策和制度安排。

9.1.2 有效市场与有为政府在绿色金融制度构建中的作用

新结构经济学是我国自主创新的经济学学科，新结构经济学强调“市场的有效以政府的有为为前提，政府的有为以市场的有效为依归”（林毅夫等，2018）。在绿色金融领域，建立有效市场，如碳排放权交易市场、绿色信贷市场、绿色债券市场等，都是通过市场机制解决环境问题的有效途径，而有为政府在制度的顶层设计、产业政策的支持以及产业结构的调整方面都可以体现出来。

一个国家工业化到一定程度，自然资源被掠夺性开发，环境污染越发严重，需要调整产业结构来改变。由于产业结构的形成与要素禀赋的结构直接关联，要素禀赋的价格体系遵循市场定价，因此有效的市场能够保障要素的相对价格，使企业在选择产业和技术时遵从比较优势的原理，可以使成本最小，利润最大。由于生态环境属于公共资源，因此追求利润最大化的企业不会考虑污染带来的负的外部性，由此导致市场失灵，其定价应该考虑环境成本。为了矫正市场失灵，政府应该进行干预。有为的政府可以采取不同的产业政策，一方面保障环保的激励政策；另一方面对非环保的行为进行惩罚，引导企业向绿色转型。

绿色金融制度可以将有效的市场和有为的政府结合起来约束企业的行为，激励企业进入环保产业，有利于产业结构的调整。不同于传统的金融手段和金融政策，它利用市场机制，能够使环境污染内在化，如碳交易制度可以通过碳排放权的交易，激励企业节能减排。再如通过绿色保险制度使参与企业严格控制和预防环境风险，起到降低和防治污染的目的；通过绿色债券制度融通资金，缓解绿色产业的投资回报周期长的问题。绿色金融制度主要是由政府来制定与监督运行。政府对经济发展和产业结构调整的方向都会对整体经济有显著的影响，因此当政府把可持续发展作为经济发展的主要目标时，绿色金融制度的构建显得尤其重要。

按照新结构金融学的观点，在不同的经济发展阶段，金融结构的调整应该与产业结构的调整相适应。从目前来看，我国银行导向型的金融结构决定了绿色信贷仍然是主要方面，随着绿色经济的发展以及向绿色产业方面的结构调整，我国对绿色金融的绿色信贷需求巨大，截至2019年上半年，21家银行绿色信贷余额达到10.6万亿元，占21家银行各项贷款比重的9.6%。随着我国经济向高收入的阶段迈进，产业结构会不断地升级，市场导向型的金融结构会使绿色金融市场的产品更多，绿色证券等发展的速度更快。这种金融结构的调整是与绿色产业的结构调整相适应的，绿色产业的发展需要更多形式的绿色金融市场的融资方式，绿色债券的比重日益提高。

9.2 “一带一路”背景下的绿色金融发展

“一带一路”倡议的核心是加大基础设施投资，如果能结合国际社会的政策、金融、专业和技术资源，同时支持低碳发展，该倡议将为全球减碳行动创造重要机遇。

9.2.1 “一带一路”倡议与绿色投资原则

2013年，我国提出“一带一路”倡议，除了在国内实现可持续发展目标外，中国已成为全球可持续发展的主要融资和投资来源国，支持着其他的发展中国家。此倡议旨在加强全球互联互通，促进全球金融、贸易、创新、知识和文化的交流，将为实现2030年可持续发展目标做出重大贡献。

共建“一带一路”国家多数仍是收入相对较低的发展中国家，因此，该倡议主要着眼于为参与国家基础设施建设筹集资金，加强各国之间的经济联系。除中国外，目前共建“一带一路”的 126 个国家 GDP 约占全球 GDP 的 23%，碳排放量约占全球碳排放总量的 28%。但是，如果这些国家继续采用当前的碳排放密集型发展模式，未来 20 年，共建“一带一路”国家所占的全球碳排放量比重有可能急剧上升。在 2016～2030 年共建“一带一路”国家的基础设施投资中，至少需要 12 万亿美元的绿色投资，才能确保与《巴黎协定》的气候目标相一致。2017 年环境保护部（现生态环境部）、外交部、国家发展改革委、商务部联合发布《关于推进绿色“一带一路”建设的指导意见》，该指导意见指出，在“一带一路”建设中突出生态文明理念，推动绿色发展，加强生态环境保护，共同建设绿色丝绸之路。2018 年 11 月，中英两国共同发起的《“一带一路”绿色投资原则》(GIP)，得到了全球金融界的热烈响应。截至 2019 年 8 月，全球已有 30 家大型金融机构签署了该原则，其中包括参与“一带一路”投资的主要中资金融机构，以及来自英国、法国、德国、卢森堡、日本、新加坡、阿联酋、巴基斯坦、哈萨克斯坦、蒙古国等国家和地区的大型银行和其他金融机构。

《“一带一路”绿色投资原则》(以下简称《原则》) 有以下七条。

原则一：将可持续性纳入公司治理。

我们承诺将可持续性纳入公司战略和企业文化中来。机构董事会和高层管理人员将紧密关注可持续性相关的风险和机遇，建立有效的管理系统。同时将指派专业人员对相关风险和机遇进行识别、分析和管理，并密切关注本机构在共建“一带一路”国家的投资经营活动中对气候、环境和社会方面的潜在影响。

原则二：充分了解 ESG 风险。

我们将更好地了解本行业内以及东道国相关的社会文化环境标准、法律法规等。我们将把环境、社会和治理（ESG）因素纳入机构的决策过程，开展深度环境和社会尽职调查，必要时，在第三方机构的支持下制定风险防范与管理方案。

原则三：充分披露环境信息。

我们将认真分析自身投资业务对环境所产生的影响，包括能源消耗、温室气体排放、污染物排放、水资源利用和森林退化等方面，并积极探索在投资决策中如何运用环境压力测试。我们将根据气候相关财务信息披露工作组（TCFD）的建议，不断改进和完善我们环境和气候相关信息的披露工作。

原则四：加强与利益相关方沟通。

我们将建立一套利益相关方信息共享机制，用来加强政府部门、环保组织、媒体、当地社区民众、民间社会组织等多个利益相关方的有效沟通。同时将建立冲突解决机制，及时、恰当地解决与社区、供应商和客户之间存在的纠纷。

原则五：充分运用绿色金融工具。

我们将更加积极主动地运用绿色债券、绿色资产支持证券（ABS）、YieldCo（收益型公司）、排放权融资和绿色投资基金等绿色金融工具为绿色项目融资。我们还将积极探索绿色保险的运用，例如通过灵活使用环境责任险，巨灾险以及绿色建筑保险等，有效规避在项目运营和资产管理中存在的环境风险。

原则六：采用绿色供应链管理。

我们将把 ESG 因素纳入供应链管理，并在自身投资、采购和运营活动中学习和应用温室气体排放核算方法、水资源合理使用、供应商“白名单”、绩效指标、信息披露和数据共享等优秀国际实践经验。

原则七：通过多方合作进行能力建设。

我们将建立专项资金并指派专业人员通过主动与多边国际组织、研究机构和智库开展合作，来努力提升自身在政策执行、系统构建、工具开发等《原则》所涉及领域的专业能力。

2019年9月2日，清华大学五道口金融与发展研究中心联合英国Vivid Economics与美国气候工作基金会（Climate Works Foundation）发布了全球第一份关于共建“一带一路”国家绿色投资和碳排放路径的量化研究报告，该报告提出的五项建议如下。

第一，共建“一带一路”国家的能力建设：建议设立一个国际化平台（可由联合国主导），支持共建“一带一路”国家金融体系绿色化的能力建设，满足这些国家快速增长的绿色发展需求。

第二，中国应就对外投资采取的行动：建议中国将其绿色环保要求扩展到“一带一路”投资，包括强制要求中资机构在对外投资之前对项目进行环境影响评估。

第三，国际绿色投资：促进全球投资者采用绿色投资原则。中英两国已针对“一带一路”投资，牵头发起了《“一带一路”绿色投资原则》（GIP），但GIP的成员国数量和范围还应进一步扩大。

第四，环境信息透明度：鉴于共建“一带一路”国家的基础设施投资将可能对全球碳排放产生重要影响，有必要强化这些项目对环境和气候影响的信息披露。

第五，国际气候联盟：建议联合各种国际、区域和双边合作机制，建立国际联盟，更加高效地推进共建“一带一路”国家发展绿色低碳和气候适应型投资。

9.2.2 各金融机构在“一带一路”中的绿色投资状况

“一带一路”建设的融资合作逐步加深，中国的开发性金融机构、政策性银行同新兴多边融资机构、中国的商业银行、传统多边融资机构以及出口信用保险公司之间通过建立合作机制、设立股权基金、开展银团贷款等合作方式，形成多元化融资架构。

1. 亚投行

亚投行是亚洲基础设施投资银行的简称，于2013年10月由国家主席习近平代表中国政府提议建立，并于2015年12月25日正式成立，总部位于北京。亚投行是首个由中国倡议设立的多边金融机构，重点支持基础设施建设，立志促进亚洲区域建设的互联互通化和经济一体化进程。亚投行注册资本为1000亿美元，截至2020年8月，共有103个成员国或潜在成员国，其中已经认缴股本的区域内成员国有45个，区域外成员国有37个，潜在成员国21个。

2017年6月，亚投行发布了“亚洲可持续能源战略”。该战略继承并发展了联合国人人享有可持续能源计划、《2030年可持续发展议程》及《巴黎协定》规定的国家自主贡献（NDC）原则。它确定了三个优先事项：可持续基础设施建设、跨国联通及私人资本流动。该战略的实施将以成员国在区域发展层面、国家与国家之间及国家级以下的各级战略部门的规划和进程为依据。尽管该战略文件并没有明确规定取消对化石燃料和核电的投资，但对这些项目的融资设定了限制条件，强调了能源向可持续性的过渡。

亚投行是支持亚洲基础设施建设的重要资金来源，也是支持共建“一带一路”众多亚洲国家发展的重要金融机构。截至2020年9月，亚投行共批准项目92个，分布于26个成员国，涉及投资金额199.8亿美元，获批项目分布于能源、金融机构、信息通信科技、交通、水资源、城市等领域。按项目数量计，与应对气候变化相关的能源、交通、水资源类项目分别占总项目数量的23%、17%以及11%。

据估计，亚投行于2019年提供气候融资约17亿美元，对应总项目投资额的39%，其中8.06亿美元投资于减缓气候变化类项目，占气候项目投资总额的47%；3.87亿美元投资于适应气候变化类项目，占23%；5.49亿美元投资于同时具有减缓和适应气候变化效果的项目，占32%，项目主要涉及可再生能源以及绿色交通等领域。

2. 国家开发银行

2014 年，国家开发银行建立环境和社会风险管理体系，完善相关信贷政策制度和流程管理，有效识别、监测、控制业务活动中的环境和社会风险。它是中国绿色信贷第一大贷款行。2017 年，国家开发银行成功发行首笔 5 亿美元和 10 亿欧元中国准主权国际绿色债券，债券募集资金用于支持“一带一路”建设相关清洁交通、可再生能源和水资源保护等绿色产业项目。2018 年，国家开发银行发放绿色贷款 3428 亿元，贷款余额突破 1.9 万亿元。其中在共建“一带一路”国家国际业务余额 1059 亿美元，累计为 600 余个“一带一路”项目提供融资超过 1900 亿美元，超过绿色贷款的一半。为了加大对绿色经济、低碳经济、循环经济的支持，防范环境和社会风险，国家开发银行制定了相关的管理办法，管理国家开发银行的客户及其重要关联方在建设、生产、经营活动中可能给环境和社会带来的危害及相关风险，包括与耗能、污染、土地、健康、安全、移民安置、生态保护、气候变化等有关的环境与社会问题。国家开发银行环境与社会风险管理制度体系将具体要求纳入国家开发银行贷前、贷中、贷后管理，明确在项目规划开发、尽职调查、授信评审、资金支付、贷后管理等环节的相关要求和制度。

3. 兴业银行

总部位于海上丝绸之路核心区福建省的兴业银行，依托区位优势和绿色金融领先优势，在共建绿色“一带一路”、推动中国绿色金融国际化进程方面走在业内前列。2008 年，兴业银行采用“赤道原则”，以实施《绿色信贷政策》作为切入点，出台了一系列管理办法、操作指引以及与“赤道原则”相关的支持系统和文件。2010 年，绿色信贷的相关概念被纳入《2011～2015 年企业金融业务发展战略规划》，强调了可持续发展理念的重要性。2011 年，兴业银行制定了新的战略体系，包括全面的风险管理战略，其中涉及环境及社会风险管理等八个子战略。兴业银行将“赤道原则”这一国际金融机构广泛采用的“黄金准则”运用到“一带一路”项目评审管理中去，有效规避和降低了环境与社会风险，并帮助企业提升风险管理能力。2018 年 11 月，兴业银行在卢森堡发行首只境外绿色债，成为中资商业银行中首家完成境内、境外两个市场绿色金融债发行的银行，亦成为全球绿色金融债发行余额最大的商业金融机构。截至 2019 年 3 月末，兴业银行累计对 1090 笔项目开展适用性判断，其中 418 笔适用“赤道原则”，涉及金额 18169 亿元。① 2019 年 4 月，第二届“一带一路”国际合作高峰论坛上，“一带一路”绿色发展国际联盟（以下简称“联盟”）正式宣告成立，兴业银行作为唯一一家银行业金融机构，受邀加入该联盟。该联盟由我国和联合国环境规划署共同启动组建，旨在打造政策对话和沟通平台、环境知识和信息平台、绿色技术交流与转让平台，推动以绿色建设贯通“一带一路”成为国际共识和共同行动，落实联合国《2030 年可持续发展议程》。

2020 年 9 月 16 日，兴业银行理财子公司兴银理财推出首只 ESG 理财产品——“兴银 ESG 美丽中国”，该产品面向兴业银行私人银行客户专属发售，以引导企业主个人投资者主动履行社会责任，共享可持续发展投资成果。

4. 中国工商银行

2007 年，中国工商银行（以下简称“工行”）发布《关于推进“绿色信贷”建设的意见》，是国内首家率先推动绿色信贷的银行。2011 年，《绿色信贷建设实施纲要》明确了基本目标和原则，并针对信贷文化、分类管理、政策体系、流程管理、产品和服务创新及

---

① 兴业银行特色化金融服务助力“一带一路”建设［EB/OL］. http://www.xinhuanet.com/money/2019-04/26/c_1124421947.htm，2019-04-26.

评估机制提出了具体要求。2015 年，工行印发了《中国工商银行绿色信贷发展战略》，制定了工行强制性环境规则，执行绿色信贷一票否决制，意味着任何未能通过环境评估测试的借款人或项目都不能获得信贷。工行还提出了对监控、识别、管控以及降低环境和社会风险的具体要求。工行与中证指数有限公司合作，于 2017 年推出 ESG 绿色指数，成为中国金融机构发布的首个 ESG 指数。截至 2019 年 12 月末，工行绿色信贷余额 13508.4 亿元，较 2019 年初增加 1130.8 亿元，资产质量优良。工行绿色信贷规模居国内商业银行第一位。贷款支持的节能环保项目带来的节能减排效益相当于节约 4627 万吨标准煤、减排 8986 万吨二氧化碳当量、节约 5904 万吨水。

工行在 2017 年 5 月首届"一带一路"国际合作高峰论坛期间举办"一带一路"银行家圆桌会，会议发布《北京联合声明》，成立了"一带一路"银行间常态化合作机制（BRBR），倡导绿色、透明、可持续目标，提升金融合作水平，为成员加强绿色金融、信用评级、金融科技应用等方面的资源共享提供条件。工行首只绿色债券为 2017 年 9 月在卢森堡证券交易所上市的"一带一路"绿色气候债券。该债券是由中资金融机构根据国际资本市场协会（ICMA）的《绿色债券原则》和中国人民银行发布的《绿色债券支持项目目录》发行的首份绿色债券，该债券共募集 21.5 亿美元。2018 年 6 月，工行在伦敦证券交易所发行价值 15.8 亿美元的三币种浮动利率债券。筹集资金将用于"一带一路"低碳交通、可再生能源和海上风电等绿色资产项目。海上风电场表明工行在本地市场提供绿色信贷服务的承诺。截至 2019 年，工行累计支持"走出去"和"一带一路"项目超过 400 个，合计承贷金额超过 1000 亿美元，在共建"一带一路"21 个国家和地区拥有 129 家分支机构。2019 年 4 月，第二届"一带一路"国际合作高峰论坛举行，工行发行首只"一带一路"银行间常态化合作机制绿色债券，并与欧洲复兴开发银行、法国东方汇理银行、日本瑞穗银行等共同发布“一带一路”绿色金融指数，深入推动“一带一路”绿色金融合作。

由于信贷风险中环境因素难以量化，传统的信贷评级体系不考虑环境风险。工行正创建环境风险压力测试，将环境因素对银行信贷风险的影响量化，有效提升环境风险防控能力，优化企业绿色信贷结构。

5. 中国银行

中国银行密切参与“一带一路”建设，并在共建“一带一路”24个国家设立机构，是在共建“一带一路”国家设立分支机构数量最多的中资银行。截至2019年末，中国银行共跟进“一带一路”重大项目逾600个，为共建“一带一路”国家提供超过1600亿美元的授信支持。

2014年以来，中国银行积极响应国家“一带一路”倡议，计划打造“一带一路”金融大动脉，并始终坚持高环保标准的绿色信贷原则，支持了多个促进当地绿色发展的投资项目，助力“一带一路”建设绿色发展理念落地生根。中国银行还充分发挥集团优势，创新绿色金融服务。2016年以来，中国银行已在境外发行5期合计64亿等值美元绿色债券。2017年11月，中国银行在境外成功发行多币种气候债券，募集资金用于对接2个风电项目和15个地铁项目，在项目的最终运营阶段每年可减少约274万吨二氧化碳排放量。2018年5月，中国银行发行了30亿港币可持续发展债券，是中资银行境外首笔可持续发展债券，募集资金主要用于支持清洁能源、清洁交通等绿色信贷项目，以及国家助学贷款等社会责任项目，吸引了众多知名绿色投资专业机构参与认购。

6. 招商银行

2009年，招商银行发布《绿色金融信贷政策》。2011年，招商银行确定的《绿色信贷规划》明确了六项执行措施。文件规定信贷政策的核心原则为“控两高促绿色”，“两高一剩”行业应作为审慎介入行业及逐渐退出的行业。2019 年末，招商银行绿色信贷余额为 1767.73 亿元，较上年末增加 107.40 亿元，占公司贷款总额的 10.88%。

招商银行目前提供“一带一路”客户融资，特别是中长期融资的服务，以银团贷款方式为主，通过投保中信保的相关出口保险产品进行风险缓释。在具体项目的风险管理方面，招商银行“一带一路”中长期重点项目由总行项目经理主导推动，针对每一个项目制定专属的融资服务方案，从前期的合同谈判到融资方案的设计，以及融资解决和后续的金融服务，实时跟进项目进展。2020 年 9 月 10 日，招商银行以香港分行的名义发行的 8 亿美元绿色债券成功于香港联交所上市。这是招商银行在建立绿色、社会责任与可持续发展债券框架后发行的首笔绿色债券，积极响应了央行等部委发布的《关于金融支持粤港澳大湾区建设的意见》中提及的绿色金融合作，也是该政策颁布后发行的市场首笔粤港澳大湾区金融债券。

其他银行也深度参与“一带一路”绿色金融领域的业务。2020 年 9 月，华夏银行与世界银行再次携手成功发行 100 亿元绿色金融债券，上线中证华夏银行 ESG 指数和中证 ESG120 策略指数，绿色融资余额超过 2000 亿元，绿色贷款年均增长率超 40%。中国光大集团与欧洲复兴开发银行等金融机构联合发起设立“一带一路”绿色投资基金。金融机构的参与使绿色金融的发展进入了实质性阶段。2020 年 7 月 21 日，中国人民银行发布了关于《关于印发〈银行业存款类金融机构绿色金融业绩评价方案〉的通知（征求意见稿）》公开征求意见的通知。这表明绿色金融的激励机制可以更进一步激发金融机构开展绿色金融业务的积极性，使得绿色信贷与绿色金融产品市场更加迅速地扩大。

9.2.3 “一带一路”绿色金融未来展望

大型基础设施项目容易对环境产生负面影响。而“一带一路”倡议涉及的国家数量众多，“一带一路”建设的经济活动会对世界环境产生重大且深远的影响。作为综合经济合作倡议和国际治理机制的一部分，“一带一路”倡议能够并且应该在落实《巴黎协定》中发挥更多的协调作用，最大限度降低对环境的负面影响。虽然“一带一路”绿色投资原则考虑了环境和社会因素，但目前存在的主要问题如下。

第一，国际合作缺少统一的投融资标准。国际社会普遍制定了各自的投资准则，然而，对于绿色的界定并不明确，对于绿色债券的标准也难以达成一致。因此标准问题可能是制约“一带一路”绿色金融的最重要的方面。不同国家从自己的实际状况出发，制定符合自己国家利益的投资标准，各国环境治理的优先事项和难度的差异化是标准不同的主要原因，给国际合作带来一定的困难。

第二，信息不对称与透明度不足。信息不对称以及透明度不足，一方面不便于投资者以及金融机构对项目展开调查，另一方面也不利于国际合作方对“一带一路”项目的参与。虽然环境与气候信息披露是“一带一路”绿色投资原则很重要的组成部分，但是由于数据信息的披露不完全，数据共享的覆盖率不高，因此它可能会阻碍绿色金融合作的进一步发展。

第三，金融机构面对较高融资风险。在共建“一带一路”国家中，很多国家属于中低收入或低收入国家，经济发展相对落后，一些国家债务负担重，财政收入不足，造成其主权信用评级较低。绿色项目前期有限的盈利能力、不健康的财政状态和较高的负债压力，导致“一带一路”沿线的绿色项目丧失偿付能力的可能性增加，给参与“一带一路”投融资的金融机构造成了较大的风险。

面对以上问题，本节提出以下相关建议。

首先，加强合作，统一标准。无论哪国都无法依靠一己之力完成绿色金融体系的构建。应充分利用现有国际平台和倡议，如可持续银行网络（SBN）和绿色金融平台，通过加强国际合作促进知识转移和能力建设。2019 年 6 月，欧盟委员会技术专家组连续发布《欧盟可持续金融分类方案》、《欧盟绿色债券标准》以及《自愿性低碳基准》三份报告，明确具有环境可持续性的经济活动类型，为政策制定者、行业和投资者提供实用性工具，使投资者和银行等更容易识别可持续金融市场投资机会。发达经济体制定的标准有其适用的条件，中国在制定绿色金融标准方面已经走在前列，应该成为发展中国家统一标准的制定者，但同时考虑到共建“一带一路”国家的不同情况，也应有灵活的应对措施。

其次，加强信息的强制披露建设。金融机构应该建立环境与社会风险评估的方法，将 ESG 评级纳入金融机构投融资的决策流程，将环境与社会风险管理纳入信贷和投资的管理流程，建立和实施环境信息披露制度。产业主管部门与金融行业监管部门应加强企业环保信息监测，将企业环境违法违规、安全生产、节能减排等信息纳入政务信息资源共享平台等地方信用信息共享平台和金融信用信息数据库，实现企业环境信息的共享，建立守信联合激励与失信联合惩戒机制。

最后，组成联盟应对可能的风险。加强共建“一带一路”国家中发达国家之间在绿色金融领域的合作，通过环保技术输出、绿色项目合作、可持续投资的合作，以市场化的合作方式来进行。而对于共建“一带一路”国家中的欠发达国家，在加速推进绿色产业转型的同时，完善绿色投融资政策，引导各类机构进行可持续投资，并在可能的情况下联合其他同盟国家进行金融机构间的合作，以共同面对风险。

2019 年 9 月 22 日，联合国正式发布《负责任银行原则》，包括中国工商银行、兴业银行、华夏银行 3 家中资银行在内的全球 130 家银行共同签署了该原则，首批签署行总资产超过 47 万亿美元，约占全球银行业资产总规模的 1/3，为银行构建可持续发展体系提供了一致性框架，签署银行承诺其业务战略与联合国 2030 年可持续发展目标及《巴黎协定》保持一致。从“赤道原则”到《负责任银行原则》，在战略、投资组合和交易层面以及所有业务领域融入可持续发展元素。从发达经济体到发展中经济体，绿色金融领域的发展正朝着一个充满阳光和希望的道路前进。

9.3　地方绿色金融试点的未来发展

9.3.1　地方绿色金融发展的特色

自 2016 年以来，湖州银行牢牢把握湖州国家绿色金融改革创新试验区建设的战略机遇，在组织保障上从上到下设立董事会绿色金融委员会、领导小组、绿色金融部、绿色支行，形成了较完善的绿色金融组织体系。2019 年 7 月 24 日，湖州银行正式宣布采纳“赤道原则”，成为我国境内第三家赤道银行。作为试验区内的地方法人银行，湖州银行紧紧围绕地方产业特色开发的“园区贷”等绿色信贷产品获各方好评，并成功发行绿色金融债 10 亿元，发放地方版绿色科企“投贷联动”6.8 亿元。此外，环境信息披露试点、联合国可持续银行 IT 系统试点等重点项目均取得实质进展。自获批试验区以来，湖州累计出台“绿色金改”25 条政策及配套操作办法，并在全国率先制定了绿色金融标准建设实施方案，积极推动绿色金融认定、评价、产品标准化，已发布绿色融资主体认定、绿色银行评级、绿色专营机构评估、绿色信贷产品分类等 6 项地方标准。湖州积极推动绿色金融认定、评价、产品标准化，有效解决了绿色认定难、绩效评估难、政策落地难等问题。在服务平台建设上，湖州在全国首创“绿贷通”银企对接服务平台，破解企业“融资难、融资贵”等问题，全市金融机构通过“绿贷通”平台可直接共享环保、节能等绿色信息，以对企业进行绿色认定和环境风险审查。平台上的“绿融通”是企业与资本对接的平台，主要是进行股权融资，让绿色金融资本赋能企业的发展。同时，为破解绿色融资主体认定标准落地难、绿色金融信息共享难等问题，湖州探索将金融科技与绿色金融相结合，搭建了“绿信通”平台，实现绿色认定精准化、自动化和可视化，经系统认定评价操作后，即可输出认定结果，获得企业（项目）绿色等级。湖州建成的三系统都是全国第一，其 ESG 认定评价系统是全国首个绿色融资主体认定评价系统，绿色金融信息系统是全国首个绿色信贷统计信息系统，“绿茵系统”是全国首个绿色银行监管评价和分析系统。

2017～2020 年，湖州的绿色信贷规模年均增长幅度达到 31.3%，高于全部贷款增幅的 9.9 个百分点，占全部贷款的比重在 20% 以上，累计发行绿色债券 28 单，规模达 164.7 亿元，设立了总规模超过 400 亿元的绿色产业基金。在绿色金融的有力支撑下，湖州 GDP 增速连续 3 年居全省前列。[①] 这充分体现了绿色金融发展与经济可持续增长的关系。

2017 年 6 月，贵安新区成为全国首批、西南地区唯一一个获准开展绿色金融改革创新的国家级试验区。2017～2020 年，贵安新区通过组建绿色金融港管委会，统筹协调试验区绿色金融改革创新工作；通过制定《贵州省绿色金融项目标准及评估办法（试行）》等一系列文件，为贵州省乃至西南地区绿色金融项目制定了产业标准，

---

① 30 多万人线上参加 2020 绿金委年会 [EB/OL]. http://www.greenfinance.org.cn/displaynews.php? id=2974, 2020－10－08.

引导全国以及国际绿色金融机构、资金向新区聚集，促进新区绿色产业快速有效发展。截至 2020 年 6 月，贵安新区已成功对接低息绿色资金 700 多亿元，创新性解决了贵阳市轨道交通 S1 线、月亮湖海绵城市建设等项目的融资问题，助力地方经济发展和生态文明建设。此外，得益于推动绿色金融改革创新，目前贵安新区已引进银行业金融机构 16 家，设立分支机构共 34 个。2018 年，绿色金融业纳税达 1.7 亿元，2019 年达 2 亿元。① 下一步新区将依托贵阳贵安融合发展，利用大数据优势，积极打造绿色金融数字平台，探索具有亮点的贵安模式绿色金融发展路径。

各地方绿色金融试点的重点各具特色：广州重点在环境权益抵质押以及搭建生态补偿机制方面的探索及成功实践；湖州主要在区域绿色金融发展指数、绿色企业和绿色项目认定、绿色银行和绿色金融专营机构评价、美丽乡村建设绿色贷款实施规范等绿色金融标准方面；衢州在传统化工企业绿色化转型、“一村万树”绿色期权等方面具备绿色金融创新；赣江新区重点在与垃圾分类有关的金融产品；贵安新区主要是分布式能源的产品创新；新疆昌吉州、克拉玛依市围绕体制机制、示范项目、支持政策、金融产品等方面推进绿色金融工作，哈密市则在“三品一标”实体认证和产品认证以及风电、光热发电项目方面具有优势。② 各地区除银行业之外还设立绿色专营机构，截至 2019 年底绿色专营机构的数量为：衢州市 49 家，湖州市 37 家，贵安新区 11 家，广州市花都区 11 家，赣江新区 10 家，哈密市、昌吉州和克拉玛依市 37 家（中国人民银行，2020）。

---

① 绿色金融助力绿水青山变金山银山｜全国绿色金融改革创新试验区第三次联席会议在贵安新区召开［EB/OL］. https://baijiahao.baidu.com/s? id = 1675652744227969879&wfr，2020 - 08 - 21.

② 广州市花都区金融工作局．全国绿色金融改革创新试验区第二次联席会议和绿色金融推动绿色发展论坛在穗举办［EB/OL］. https://www.huadu.gov.cn/gzhdjr/gkmlpt/content/5/5638/post_5638720.html#5149，2020 - 01 - 21.

这些机构对于绿色项目的引导作用十分显著。兰州新区进行绿色金融改革创新取得成效，截至 2019 年末，兰州新区绿色贷款余额为 24.27 亿元，同比增长 55.57%，甘肃银行、兰州银行成功发行合计 40 亿元的绿色金融债，有力地支持了绿色项目的发展（中国人民银行，2020）。

9.3.2 试验区对全国其他地区发展绿色金融的借鉴意义

试验区建立全国性绿色金融改革创新试验区联席会议、自评价和经验总结推广机制。2017 年以来，国务院批准的“六省九地”开展绿色金融改革创新试验，以湖州为代表的绿色金融改革创新试验区取得了一系列可复制可推广的经验，有力支持了地方绿色产业发展和经济转型升级，提升了金融机构的绿色金融业务水平，带动了制造业等实体经济加快绿色化改造，促进了绿色科技的推广和应用。尤其是湖州银行形成的湖州样本，特别值得较为发达地区借鉴，湖州积极探索推进绿色金融规范发展、生态资源有效转化、科技赋能有力支撑、央地政策协同创新，不仅带动了金融业的贷款速度增加，提升了经济发展的质量和效益，而且促进了生态环境的改善。

截至 2020 年上半年，各试验区绿色贷款余额超过 2000 亿元，占试验区全部贷款余额的 12.2%，高于全国平均水平 2 个百分点。绿色债券余额近 1200 亿元，同比增长 83%，试验区绿色项目库入库项目总数 2200 多个，绿色项目累计投资超过 1.87 万亿元。[①] 与此同时，我国多项绿色金融标准的实行，在试验区改革发展中也发挥了突出作用，同时也为中国绿色金融标准体系的完善贡献了宝贵的改革实践经验。

---

① 央行副行长陈雨露：继续推动绿色金融更好地服务中国经济双循环高质量发展 [EB/OL]. http://finance.china.com.cn/news/20200919/5374368.shtml，2020-09-19.

9.4 未来的 ESG 投资与绿色金融

随着与环境和气候有关的风险能够给金融机构带来风险的研究日益深入，气候和环境风险分析越来越受到重视。环境的信息披露制度逐渐由自愿变成了强制，环境风险分析包括 ESG 评级和环境压力测试。应该鼓励市场主体开展环境风险压力测试，针对不同客户的环境风险进行差异化定价，探索发行真正意义上的绿色市政债券，开展环境权益抵质押交易，开发绿色债券保险或设立专业化的绿色融资担保机构等。这些工作的开展首先需要掌握大量的 ESG 信息。

ESG 是指环境、社会和治理，是一种新兴的企业评价方式。中央财经大学绿色金融国际研究院提出环境指标①，该指标体系在定性指标上通过企业的绿色发展战略及政策、绿色供应链的全生命周期来判断其绿色发展程度，保证了那些注重绿色可持续发展但不是“节能环保产业”的企业得以入选，符合投资者追求产业多样化投资的需求。同时在定量指标上根据企业披露的污染物排放量、用水量、用电量，特别是绿色收入占比等数据，来衡量企业的绿色水平，确保了绿色收入占比高的相关行业得以入选，符合国家产业政策发展方向。在社会指标方面，指标体系从定性角度关注上市公司的可靠性、慈善、扶贫、社区、员工、消费者和供应商等方面的信息，定量指标则偏重测评企业的社会责任风险和社会责任量化信息，从这两个方面对上市公司的社会责任情况进行评估。在治理指标方面，ESG 指标体系既包含上市公司组织结构、投资者关系、信息透明度、技术创新、风险管理等定性指标，又包括盈余质量、高管薪酬等反映公司

① 中央财经大学．绿色金融国际研究院发布“美好中国 ESG100 指数”［EB/OL］. http://news. cufe. edu. cn/info/1122/16547. htm，2019 -08 -22.

治理能力的定量指标，从这些维度来综合判断上市公司的治理水平。

2018年9月30日，证监会修订的《上市公司治理准则》中增加了环境保护与社会责任的内容，明确了上市公司对于利益相关者、员工、社会环境等的责任，突出了上市公司在环境保护、社会责任方面的引导作用，确立了ESG信息披露基本框架。同年11月10日，中国证券投资基金业协会正式发布了《中国上市公司ESG评价体系研究报告》和《绿色投资指引（试行）》，提出了衡量上市公司ESG绩效的核心指标体系，致力于培养长期价值取向的投资行业规范，进一步推动了ESG在中国的发展。

ESG投资理念与策略被全球越来越多的投资者重视与运用。这种投资策略是将投资标的在环境影响、社会责任、公司治理三项非财务因素方面的表现纳入投资决策，期望获得更高长期投资回报的投资策略。现阶段国外的ESG投资策略基本上可以归纳为以下五种：基于价值标准的投资、可持续主题与影响力投资、股东倡导与参与、负面筛选/排除法和ESG整合。① 截至2018年末，美国共有ESG ETF 50只，总规模达到57.88亿美元，同比增长50%，是比较快速的ESG投资增长。② 北京盛世投资有限公司是国内首个签署负责任投资的政府引导基金的管理机构，将ESG因素融入公司经营流程。华夏银行建立了《华夏银行ESG数据及评价体系方案》，将ESG因子整合到非标、债券和权益投研流程中，2019年ESG系列主题理财产品累计发行规模超过100亿元，约占国内公募机构管理的ESG策略产品规模的1/10。江苏银行目前建立了ESG评估系统，适用的对象是银行的企业客户，通过ESG方面的基本绩效情况，有效地衡量企业的信用品质，

---

① 中央财经大学绿色金融国际研究院.ESG | ESG整合策略正逐渐兴起［EB/OL］. http://iigf.cufe.edu.cn/info/1012/3484.htm，2020-09-19.

② 中证指数公司：2018年ESG投资发展报告［EB/OL］. http://finance.sina.com.cn/money/fund/fundzmt/2019-03-11/doc-ihsxncvh1662671.shtml，2019-03-11.

对企业做出全面的评判，加强了银行的信贷风险识别与管理能力建设。

9.5 金融科技与绿色金融的融合发展

2014 年初，联合国环境署发起了“可持续金融体系探寻与规划”项目，首次对数字金融如何支持可持续发展进行探讨。2018 年，G20 可持续金融研究小组把金融科技推动可持续金融列为三大研究议题之一，旨在扩大资金来源，以应对环境与气候变化风险。中国绿色金融的发展必须克服标准不统一、信息不对称、绿色识别成本高、监管成本高、绿色金融难以向小微企业和消费领域延伸等障碍。而金融科技则为克服这些障碍提供了新的工具和方法。金融科技企业可依托企业大数据，建立企业绿色评级模型，帮助金融机构直观地了解企业的“绿色程度”，了解其环境风险情况，以支持其投资决策，筛选符合投资要求的绿色企业或项目。具体来说，金融科技手段在金融机构的绿色金融领域中的运用包括资产登记、数据统计、监测和报送、用户画像、交易、供应链管理、风险管理等，可以使金融机构降低成本，提升效率、安全性和数据真实性，也可以为金融监管在标准推广、统计、审计与反洗绿等方面提供更加准确高效的服务，同时为企业的绿色认证提供更加精准的服务。目前中国已有 60 余家机构应用金融科技手段服务于绿色金融场景，这些机构包括金融企业、研究机构、金融技术服务提供商等，主要集聚在北京、上海、广东、浙江地区。通过采用或集成大数据、人工智能、区块链、云计算、物联网等新兴技术，将其应用在 ESG 分析、环境风险管理、环境效益测算、绿色信贷、碳金融、绿色债券等 10 余个绿色金融的业务场景中。[①]

---

① 戴青丽，马骏，孙蕊，刘嘉龙．金融科技推动中国绿色金融发展［EB/OL］. http://finance. sina. com. cn/roll/2020 - 03 - 09/doc - iimxxstf7469027. shtml，2020 - 03 - 09.

在金融机构方面，首先，金融科技帮助金融机构提升环境风险识别能力。充分利用金融科技，可增强企业环境表现监测能力，通过大数据获取目标客户的环境行政处罚、安全生产事故、污染物排放、环境负面舆情等环境表现信息，帮助金融机构尽早发现客户是否存在环境风险，能够实时采集、统计分析和风险预警，以及制定相应的策略和方案。其次，帮助金融机构实现绿色业务的资金穿透管理。区块链技术所具有的去中心化、开放透明、自治匿名、不可篡改的特征为金融机构带来了新的管理方式，可以帮助金融机构解决资金穿透管理的问题，实现对绿色信贷、绿色债券等投向的跟踪，帮助其降低“洗绿”“漂绿”的风险。最后，金融科技可以对环境风险建模及智能定价。金融科技可帮助金融机构利用相关大数据，不断调整风险评估模型对应的调整因子，更新模型指标，实现对环境风险的动态分析。由于环境风险管理、压力测试等对建模、分析、预测的要求日趋复杂，人工智能、大数据分析等相关技术可更加高效地完成，因此金融科技可以实现对环境风险的量化分析，从而进行科学定价，将环境成本的外部性内部化。

在金融监管方面，首先，建立绿色金融信息统计平台。通过金融科技手段，建立金融信息统计平台，帮助金融监管部门提升监管效率。通过绿色金融业务信息的实时采集、统计分析和管理应用，为绿色金融支持政策和衍生交易等提供充分的信息和数据基础。实现节能减排和环境效益精准统计，为后续环境效益交易奠定数据基础。实现对绿色贷款效益的测评，为政府和监管部门政策激励、绩效考核提供系统支撑。探索绿色信贷业绩评价自动化，实现各类环境监管信息实时共享。其次，建立绿色信用评价体系。当前绿色金融发展所面临的阻碍为不同机构，特别是与绿色金融密切相关的金融机构与环保部门之间的信息共享机制不健全，信息不对称问题为金融风险的发生埋下隐患。金融科技企业可服务于政府地方绿色金融改革，整合多个政府部门的信息及数据，建立包括各类企业 ESG 信息的绿色信用信息体系，以及绿色信用评价体系。最后，建立绿色金融与绿色项目对接平台。着眼于绿色信贷业务线上撮合，实现企业绿色融资“一站式”供给，实现不同渠道间绿色融资数据整合、信息共享和实时监测，提高绿色融资对接效率，同时实现政府优惠政策与绿色项目快速对接，简化申请和落地程序。

在企业绿色化方面，提供绿色认证及辅导服务。依托金融科技手段，为申请绿色企业、绿色项目认证的机构提供智能预评估，并为企业提供绿色认证的辅导，帮助企业获得“绿色”相关的认证，进而获得相应的政策支持或金融支持。企业环境信息披露是企业的社会责任，但在很大程度上依赖企业自身的披露意愿。金融科技可以进行追踪，在某种程度上是强制披露了企业应该披露的信息，因此有利于企业自身加强社会责任、重视企业治理，在推行企业绿色化方面可以提供更多的帮助。

总之，“十三五”规划以来，我国在绿色金融标准、激励机制、环境信息披露、产品创新、地方试点等领域取得了全面的进展，初步建立了支持绿色金融发展的综合政策体系和市场环境。绿色金融在推动经济的绿色转型，促进经济高质量发展，打赢污染防治攻坚战的过程中发挥了重要作用，带来了看得见的经济效益和环境效益。截至 2020 年上半年，我国绿色信贷余额已经超过 11 万亿元，居世界第一位。绿色债券的存量规模为 1.2 万亿元，居世界第二位。试点碳交易市场配额累计成交量为 4.06 亿吨，配额成交量规模居世界第二位。[①] 绿色金融在我国的快速发展和所取得的成绩，无论是在国内金融机构和金融市场的规模、结构和效率方面，还是在国际合作

---

① 2020 中国金融学会绿色金融专业委员会年会暨中国绿色金融论坛于今日在京举行［EB/OL］. http://www.tjbhnews.com/finanec/2020/0920/25165.html，2020－09－20.

和引领方面都有举足轻重的地位，在“一带一路”背景下更需要通过绿色金融来推动绿色发展，建立合乎需要的环境和社会管理体系，推动投融资的绿色化，实现经济的可持续增长以及社会的可持续发展。

绿色金融在我国发展得如火如荼，绿色金融快速发展的实践让越来越多的主体参与其中，为经济的转型与绿色发展提供了可供融通的资金和方法，从顶层设计到地方实践，中国的绿色金融发展虽然也存在一些阻碍因素，但无论在标准的制定、政府的激励、金融机构的参与还是在企业的协同等方面都处于世界前列，因此可以在将来为世界其他国家提供范例。但中国在理论研究方面存在一定程度的滞后。本书在前面的论述中引入绿色金融资本内生化经济增长模型，试图解释绿色金融发展与经济可持续增长之间的关系、传导机制以及实行绿色金融制度的效果，建立了绿色金融发展的一般框架，在考察模型变量之间的关系以及传导机制方面，也有实证检验的结论，另外我国实行碳交易制度的效果也得到了检验。因此，大力发展绿色金融，投入绿色金融资本，在技术上的投入能够得到应有的回报，同时金融机构在实行绿色金融制度过程中的作用也得以显现，有更多的机构参与，包括披露环境信息以及遵循绿色投资的原则，在国际合作方面开拓更多可以合作的项目和领域。绿色金融在中国未来的发展中一方面通过支持绿色产业的融资需求并为社会提供更多的绿色金融产品，从而获得环境效益；另一方面通过引导绿色产业的发展带来经济的可持续增长，获得经济效益，同时深化绿色金融的国际合作，引领国际绿色金融标准的制定，为全球的经济转型和应对气候变化做出贡献！

附　录

附录 A　世界主要国家的碳排放效率以及中国各省区市的绿色全要素生产率和二氧化碳排放量

表 A－1　世界主要国家的碳排放效率及不同收入国家的碳排放效率均值

	1990 年	1995 年	2000 年	2005 年	2010 年	2015 年	2016 年
阿根廷	1.1082	0.8000	1.0315	0.4215	0.5150	0.5466	0.8085
智利	0.3902	0.3991	0.4346	0.4290	0.4574	0.4052	0.4975
德国	1.0298	1.0199	0.6948	1.0531	0.8473	0.8936	1.0415
芬兰	1.0081	0.6984	0.5969	0.7063	0.7528	0.6252	0.7137
法国	1.0567	1.0249	1.0034	0.9030	0.9172	0.8091	0.9063
英国	1.0044	1.0219	1.0920	1.1403	1.0854	1.1590	1.1060
希腊	0.5391	0.5674	0.4886	0.6653	0.7158	1.1704	1.1392
日本	1.3402	1.6529	2.1310	1.3342	1.6674	1.5261	1.2109
韩国	0.4236	0.3806	0.3982	0.4717	0.4312	0.6041	0.6016
荷兰	0.7261	0.7513	0.6625	0.6891	1.0018	0.6316	0.7363
挪威	0.5036	0.4689	0.5399	0.5985	0.5930	0.4869	0.6328
新西兰	0.7330	0.5144	0.4812	0.5690	0.6117	0.5650	0.6633
沙特	1.0576	0.4581	0.6152	0.5049	0.3987	0.4214	0.4583

续表

	1990 年	1995 年	2000 年	2005 年	2010 年	2015 年	2016 年
新加坡	0.3701	0.4354	0.4293	0.5123	0.5155	0.5212	0.5202
瑞典	1.0151	0.7218	0.7127	0.8170	1.0233	0.7422	0.8839
美国	1.1118	1.0620	1.0257	1.0552	1.0513	1.0738	1.1023
高收入国家均值	0.8386	0.7486	0.7711	0.7419	0.7866	0.7613	0.8139
巴西	1.0073	1.0188	1.0069	1.0178	0.5271	0.5100	1.0265
中国	0.2353	0.2257	0.2710	0.2271	0.2255	0.3615	0.4561
墨西哥	0.4859	0.4719	0.7018	0.5459	0.4630	0.4645	0.5011
马来西亚	0.3190	0.2675	0.3428	0.3514	0.3678	0.3281	0.3621
泰国	0.3047	0.2712	0.3930	0.2745	0.3199	0.3433	0.4087
南非	0.5214	0.4150	0.5880	0.4628	0.4238	0.3552	0.4048
伊朗	0.3409	0.2606	0.2459	0.2421	0.2643	0.2725	0.3104
中高收入国家均值	0.4592	0.4187	0.5071	0.4459	0.3702	0.3764	0.4957
孟加拉国	1.0917	0.4290	0.4082	0.3317	0.3096	0.2998	0.3800
埃及	0.2934	0.3340	0.4231	0.3479	0.3474	0.5596	0.6181
印度	0.3485	0.3052	0.3315	0.2639	0.2566	0.3401	0.3880
斯里兰卡	0.4689	0.3781	0.3240	0.3069	0.3889	0.3751	0.4242
摩洛哥	0.4106	0.3967	0.3635	0.3191	0.2937	0.2736	0.3191
巴基斯坦	0.4084	0.3532	0.4265	0.3396	0.3748	0.4478	0.5527
菲律宾	0.4019	0.3865	0.4516	0.3683	0.4211	0.4026	0.4418
中低收入国家均值	0.4891	0.3690	0.3898	0.3253	0.3417	0.3855	0.4463

表 A－2　2005～2015 年全国 30 个省区市的绿色全要素生产率

省区市	2005 年	2006 年	2007 年	2008 年	2009 年	2010 年	2011 年	2012 年	2013 年	2014 年	2015 年
北京	1.05	1.09	1.11	0.62	0.63	0.60	0.60	0.55	0.58	0.57	0.60
天津	0.89	0.95	1.00	1.05	1.13	1.14	1.14	1.05	1.03	1.08	1.09

续表

省区市	2005年	2006年	2007年	2008年	2009年	2010年	2011年	2012年	2013年	2014年	2015年
河北	0.57	0.55	0.54	0.54	0.61	0.58	0.58	0.56	0.62	0.66	0.74
山西	0.47	0.43	0.41	0.40	0.45	0.42	0.44	0.44	0.54	0.60	0.73
内蒙古	1.04	1.03	1.03	1.00	0.85	0.76	0.80	0.69	0.73	0.94	0.64
辽宁	1.23	1.24	1.20	1.18	1.27	1.33	1.37	1.35	1.12	1.01	0.65
吉林	0.80	1.01	1.09	1.10	1.03	1.00	0.76	0.81	0.76	0.84	0.85
黑龙江	0.57	0.56	0.56	0.55	0.62	0.65	0.65	0.68	0.67	0.49	0.54
上海	1.11	1.05	1.02	0.68	0.60	0.48	0.44	0.38	0.37	0.39	0.39
江苏	0.88	0.89	0.80	0.74	0.82	0.78	0.90	0.82	0.83	0.97	0.99
浙江	1.14	1.07	0.79	0.67	0.68	0.60	0.64	0.68	0.68	0.75	0.80
安徽	1.06	1.14	1.24	1.28	1.33	1.33	1.35	1.34	0.85	0.93	1.00
福建	0.83	0.89	0.90	0.81	0.76	0.77	0.83	0.84	0.80	0.85	0.91
江西	1.02	1.02	0.81	1.03	1.07	1.09	1.06	1.05	1.03	1.03	1.07
山东	0.85	0.75	0.63	0.59	0.61	0.58	0.61	0.58	0.66	0.70	0.79
河南	0.58	0.60	0.62	0.61	0.65	0.61	0.59	0.58	0.59	0.60	0.72
湖北	0.65	0.62	0.61	0.60	0.63	0.64	0.73	0.72	0.71	0.77	0.91
湖南	0.61	0.58	0.59	0.59	0.60	0.58	0.67	0.67	0.64	0.66	0.85
广东	0.76	0.71	0.63	0.56	0.54	0.50	0.51	0.46	0.46	0.47	0.55
广西	0.66	0.66	0.63	0.59	0.61	0.62	0.65	0.66	0.64	0.64	0.76
海南	0.89	0.79	0.68	0.72	0.75	0.77	0.87	0.94	1.33	1.59	0.83
重庆	0.56	0.61	0.60	0.56	0.63	0.65	0.64	0.60	0.73	0.84	1.00
四川	0.48	0.53	0.52	0.51	0.65	0.58	0.56	0.55	0.58	0.58	0.74
贵州	0.47	0.42	0.41	0.40	0.40	0.41	0.52	0.56	0.54	0.55	0.75
云南	1.14	1.09	1.03	1.03	1.02	0.73	0.74	0.74	0.54	0.51	0.65
陕西	0.65	0.71	0.74	0.73	0.78	0.76	0.84	0.88	1.02	1.03	1.01
甘肃	0.36	0.35	0.35	0.34	0.40	0.42	0.48	0.50	0.55	0.59	0.79
青海	0.62	0.53	0.48	0.44	0.51	0.50	0.60	0.62	1.57	1.58	1.67
宁夏	0.66	0.57	0.53	0.57	0.57	0.58	0.58	0.60	0.66	0.76	0.69
新疆	0.68	0.60	0.55	0.52	0.52	0.50	0.59	0.60	0.63	0.73	0.77

表 A－3　2005～2015 年全国 30 个省区市的二氧化碳排放量

单位：百万吨

省区市	2005年	2006年	2007年	2008年	2009年	2010年	2011年	2012年	2013年	2014年	2015年
北京	92.10	96.70	102.90	99.20	100.40	103.00	94.40	97.20	93.40	92.50	92.17
天津	89.00	95.50	103.40	110.20	122.30	136.60	152.00	158.00	157.00	155.40	151.92
河北	459.10	486.70	529.00	554.40	577.80	647.00	724.60	714.50	768.90	751.90	734.13
山西	290.00	320.10	344.90	370.90	375.40	406.50	438.80	466.00	488.20	475.70	440.16
内蒙古	240.50	290.70	340.00	411.40	445.30	477.40	598.20	621.60	576.20	582.20	584.70
辽宁	279.60	317.90	362.20	371.40	406.90	446.30	455.10	461.00	482.00	484.50	472.11
吉林	143.40	158.90	170.50	179.40	185.70	202.10	233.90	229.50	222.30	222.60	207.60
黑龙江	158.10	179.00	187.40	197.30	203.20	218.30	247.40	269.20	256.80	269.10	265.49
上海	158.90	165.20	174.80	178.20	179.10	187.10	200.20	194.80	201.20	187.70	188.56
江苏	396.10	440.90	468.70	496.60	515.60	580.30	633.30	656.20	694.30	704.50	704.11
浙江	255.80	290.30	325.30	330.20	338.50	358.60	379.40	377.20	379.00	375.30	375.35
安徽	156.70	175.80	197.70	225.00	251.50	261.90	291.30	318.20	343.10	350.40	351.33
福建	123.90	135.40	161.30	165.70	187.80	199.40	236.90	232.20	229.40	243.40	230.40
江西	96.40	108.80	127.20	130.30	142.20	148.40	164.00	164.00	197.40	202.30	210.43
山东	556.50	605.50	663.00	697.70	717.90	766.60	800.80	842.20	761.60	790.40	824.50
河南	336.20	379.00	426.20	435.60	450.70	504.70	548.50	520.70	483.90	535.40	517.77
湖北	189.30	225.20	249.80	254.00	275.20	324.30	373.60	367.60	309.20	310.20	308.22
湖南	178.50	203.20	223.30	226.50	239.00	254.90	285.50	281.70	271.20	269.90	289.22
广东	341.80	376.20	410.10	416.90	437.60	471.50	520.60	504.70	496.80	503.80	504.83
广西	98.90	112.80	128.20	133.00	151.80	171.80	192.30	204.90	210.00	207.80	198.05
海南	16.50	19.20	21.70	24.80	27.00	28.90	34.90	37.30	39.50	40.70	42.28
重庆	81.60	90.00	99.20	126.30	133.10	141.50	160.30	164.80	140.30	156.20	159.43
四川	170.10	189.80	208.50	230.10	263.10	303.80	303.40	330.70	343.10	341.30	322.79
贵州	145.60	169.60	172.00	163.40	184.70	191.50	211.00	230.10	233.20	231.00	233.61
云南	133.10	150.20	161.20	163.80	187.20	194.20	205.40	211.70	206.20	194.60	175.94
陕西	122.30	128.70	148.10	165.40	186.00	218.60	243.80	261.90	265.60	277.20	276.87
甘肃	84.20	89.40	97.80	103.30	100.80	126.50	138.90	152.70	159.60	163.50	158.51
青海	19.90	24.40	26.00	31.60	33.50	31.80	36.60	44.60	47.90	48.50	51.13

续表

省区市	2005年	2006年	2007年	2008年	2009年	2010年	2011年	2012年	2013年	2014年	2015年
宁夏	51.70	58.80	66.50	75.40	80.00	95.30	137.30	135.00	142.90	142.60	140.82
新疆	101.10	113.90	125.30	137.20	156.70	167.60	203.00	251.50	292.70	329.20	344.16

附录B　我国绿色金融发展大事记

（一）初始阶段（1995～2007年）

这一阶段以2007年《关于落实环保政策法规防范信贷风险的意见》为重要标志。

这一阶段的特点是将金融与环境保护相关联，为我国绿色金融发展探索出路。

1995年，随着中国人民银行颁布《关于贯彻信贷政策与加强环境保护工作有关问题的通知》，国家环境保护局也随之发布了《关于运用信贷政策促进环境保护工作的通知》。这些文件的出台，促使"绿色金融"这一概念在我国被首次提出。

1997年，出于规范全球环境基金赠款项目管理的目的，财政部发布了《全球环境基金项目管理暂行规定》，该规定既保证了相关项目符合国民经济与社会发展战略，也使得国家能够履行相关国际环境公约。

2001年，国家环境保护总局联合证监会公布了《上市公司环境审计公告》，2003年又先后下发了《上市公司或股票再融资进一步环境审计公告》以及《上市公司环境信息披露的建议》。

2006年，兴业银行同国际金融公司合作，开始正式发行绿色信贷。中国人民银行与国家环境保护总局联合发布《关于共享企业环保信息有关问题的通知》，将企业的环保信息纳入企业信用信息基础数据库。

2007年，招商银行宣布加入联合国环境规划署金融行动组织。这些商业银行通过学习国外银行先进的金融理念和管理经验，运用能效项目、减排交易的金融衍生品，为国内银行施行绿色金融项目探索出路。

2007年7月，国家环境保护总局、中国人民银行、中国银行业监督管理委员会共同发布《关于落实环保政策法规防范信贷风险的意见》。该意见一方面通过经济手段促进企业污染减排，另一方面严格信贷环保要求，防范信贷风险。之后，有关部门提出我国需要逐步建立绿色金融体系，推动可持续发展经济模式。

（二）逐步成熟阶段（2008～2015年）

这一阶段以2013年在北京、天津、上海、重庆、广东、湖北、深圳进行碳排放权交易试点为重要标志。

这一阶段的特点主要是绿色金融理念逐年不断深化，顶层设计逐步成熟，可以用一年一个台阶来形容。

2008年，为进一步引导上市公司承担保护环境的责任，国家环境保护总局下发了《关于加强上市公司环境保护监督管理工作的指导意见》，该意见提出上市公司应积极改进环境表现，争做环境友好型企业。

2009年，在《关于推进重庆市统筹城乡改革和发展的若干意见》中，国务院提出要建立和完善重污染企业退出机制、绿色信贷、环境保险等环境经济政策，加快形成节约环保型的生产、流通和消费方式。

2010年，长春召开了第六届中国吉林东北亚投资贸易博览会长春国际金融高级别会议，达成了《绿色金融松苑共识》，会议提出，要以绿色金融为手段，发挥绿色金融在经济结构调整和加速发展方式转变中的重要作用。这是我国绿色金融发展进入新阶段的标志。

2011 年，为建设绿色金融体系、碳排放交易市场，北京成立了绿色金融协会。会员单位包括五大电力企业、国际国内碳资产管理机构、碳交易机构、碳金融领域的领先银行等。同年 10 月，国家发展改革委办公厅发布的《关于开展碳排放权交易试点工作的通知》（发改办气候〔2011〕2601 号）要求，在北京、天津、上海、重庆、广东、湖北和深圳 7 个省市开展以碳排放总量控制为基础的碳排放权交易试点工作，试点时间为 2013～2015 年。

2012 年，中共十八大召开，提出了“五位一体”总布局，将生态文明建设上升到国家战略高度。同年，生态文明贵阳国际论坛分别设立了绿色金融分论坛、绿色金融创新与实体经济发展分论坛、绿色投资推动绿色转型金融分论坛。会议的主题是“绿色变革与转型——绿色产业、绿色城镇、绿色消费引领可持续发展”，习近平总书记发来致辞，提出“更加自觉地推动绿色发展、循环发展、低碳发展，把生态文明建设融入经济建设、政治建设、文化建设、社会建设各方面和全过程，形成节约资源、保护环境的空间格局、产业结构、生产方式、生活方式，为子孙后代留下天蓝、地绿、水清的生产生活环境”。

2013 年，十八届三中全会提出要深化生态文明体制改革，中央全面深化改革领导小组下设的第一个专项小组——经济体制和生态文明体制改革专项小组成立，体现了生态文明建设与经济建设密不可分。这一年也是中国的碳交易元年。碳交易各试点陆续宣布启动地区碳排放权交易，主要围绕建立试点省市重点碳排放企业碳排放报告和核查制度、企业碳排放配额分配制度，初步完成碳排放权交易市场支撑体系建设等工作。

2014 年，中国人民银行研究局与联合国环境规划署可持续金融项目联合发起成立绿色金融工作小组，成员由40多位专家组成。

2015年，行业内普遍认为这一年是中国绿色金融发展元年。中国金融学会绿色金融专业委员会成立，即绿金委，这也是中国首个以绿色金融为主题的行业指导机构。同年9月，中共中央、国务院印发《生态文明体制改革总体方案》，提出加快推进生态文明建设，提高资源利用效率，推动形成人与自然和谐发展的现代化建设新格局。首次明确提出要“建立我国绿色金融体系”，确立了我国绿色金融的政策框架——以系统性、整体性、协同性的角度，提出了八方面支持绿色金融发展的利益导向机制和有效约束机制，可以说，绿色金融首次进入了国家的重大决策。

（三）全面推进阶段（2016~2019年）

这一阶段以2017年浙江、江西、广东、贵州、新疆五省区八市（州、区）进行绿色金融改革试点为重要标志。

这一阶段的特点可以用“发展迅猛”来形容，可以说，随着“绿色发展理念”的不断深化，中国的绿色金融呈现全面提速的良好态势。

2016年，我国绿色金融的发展主要集中于绿色金融顶层设计和制度基础的快速完善。

3月，经十二届全国人大四次会议表决通过的《中华人民共和国国民经济和社会发展第十三个五年规划纲要》提出“构建绿色金融体系”的宏伟目标，即“发展绿色信贷、绿色债券，设立绿色发展基金”，这是绿色金融首次进入国家的五年规划。

8月，经国务院批准，中国人民银行、财政部、国家发展改革委、环境保护部、中国银行业监督管理委员会、中国证券监督管理委员会和中国保险监督管理委员会等七部委联合发布《关于构建绿色金融体系的指导意见》。该意见对绿色金融和绿色金融体系进行了明确的界定，提出了多重激励机制创新和促进绿色金融发展，不仅有助于推动我国经济发展向绿色化转型，促进环保、新能源、节能等领域的技术进步，也有利于增加绿色资金供给，加快培育新的经济增长点，助力生态文明建设，推动供给侧结构性改革。该项指导意见的出台，标志着中国建立了比较完整的发展绿色金融体系的政策框架，也使得中国成为世界上第一个由政府推动并发布政策明确支持“绿色金融体系”建设的国家。

9 月，在杭州举办的 G20 峰会上，中国作为主席国，首次将“绿色金融”纳入重要议题。绿色金融成为中国为 G20 贡献的智慧结晶之一。峰会在绿色金融的定义、识别和应对绿色金融的挑战等方面达成广泛共识，为中国在绿色债券、绿色信贷、环境压力测试等方面提升国际制度性话语权打下良好基础。这不仅体现了中国对经济向绿色低碳可持续发展方向转型的决心，也顺应了世界落实《巴黎协定》目标的呼声，推动实现气候、环境方面的全球合作。最后达成的峰会公报中首次“承认扩大绿色金融的重要性”，这也是二十国集团领导人首次在 G20 峰会的年度公报上提及绿色金融的重要性。

11 月，全国首单“碳保险”在武汉成功落地。

2017 年，绿色金融则进入了实质性的发展阶段，五省区八市（州、区）试验区的设立无疑是当年绿色金融领域的重大事件。

1 月，习近平主席在联合国日内瓦总部万国宫发表演讲，提出要“坚持绿色低碳，建设一个清洁美丽的世界”，“要倡导绿色、低碳、循环、可持续的生产生活方式，平衡推进 2030 年可持续发展议程，不断开拓生产发展、生活富裕、生态良好的文明发展道路”。

5 月，环境保护部、外交部、国家发展改革委、商务部联合发布了《关于推进绿色“一带一路”建设的指导意见》，提出在“一带一路”建设中突出生态文明理念，推动绿色发展，加强生态环境保护，共同建设绿色丝绸之路。

6 月 8 日，中国人民银行、银监会、证监会、保监会、国家标准委等五部委联合发布了《金融业标准化体系建设发展规划（2016—2020 年）》，将“绿色金融标准化工程”列为五大重点工程之一，将大力推进落实。

6 月 12 日，环境保护部与证监会签署《关于共同开展上市公司环境信息披露工作的合作协议》，以上市公司为起点，督促上市公司切实履行信息披露义务，引导上市公司在落实环境保护责任中发挥示范引领作用，“逐步建立和完善上市公司和发债企业强制性环境信息披露制度”，将成为对绿色金融资金运用引入社会监督和第三方评估的突破口。

6 月 14 日，经国务院常务会议决定，在浙江、江西、广东、贵州、新疆五省区选择部分地方，建设绿色金融改革创新试验区，为我国绿色金融的全面推广探索可复制可推广的经验。

6 月 23 日，中国人民银行、国家发展改革委、财政部、环境保护部、银监会、证监会和保监会等七部委联合印发各试验区的总体方案，明确了浙江省湖州市、衢州市，江西省赣州新区，广东省广州市花都区，贵州省贵安新区以及新疆维吾尔自治区哈密市、昌吉州、克拉玛依市共五省区八市（州、区）作为全国首批绿色金融改革创新试验区，主要在培育发展绿色金融组织体系、创新发展绿色金融产品和服务、拓宽融资渠道、夯实基础设施、加强对外交流合作、强化政策支持以及建立风险防范化解机制等领域探索实践符合地方特色和实际需求的绿色金融体制机制。

10 月，习近平同志在十九大报告中指出，“加快生态文明体制改革，建设美丽中国”。该报告首次把“发展绿色金融”作为推进绿色发展的路径之一，并强调“建设生态文明是中华民族永续发展的千年大计”。

11 月，中国金融学会绿色金融专业委员会和欧洲投资银行在第 23 届联合国气候大会举行地德国波恩联合发布《探寻绿色金融的共同语言》白皮书，为提升中国与欧盟的绿色债券的可比性和一致性提供基础，为推动绿色金融的定义和标准的一致化提供了重要参考。

12 月，包括中国人民银行在内的全球八个央行共同发起了央行绿色金融网络，讨论央行和金融监管机构应如何推动绿色金融与可持续发展，以及如何支持金融业分析和管理与环境和气候相关的风险。

2018 年是绿色金融进入实质性攻坚的一年，其主要特征是绿色金融供给端和需求端共同发力，双向推动。

1 月，中国人民银行发布《关于建立绿色贷款专项统计制度的通知》，在供给端绿色信贷创新有了新的突破。

4 月，上交所公布《上海证券交易所服务绿色发展　推进绿色金融愿景与行动计划（2018—2020 年）》。

5 月，生态环境部部务会议审议并原则通过《环境污染强制责任保险管理办法（草案）》，中国银行发行中资银行境外首只可持续发展债券和 10 亿美元绿色债券。

6 月，中共中央、国务院印发《关于全面加强生态环境保护　坚决打好污染防治攻坚战的意见》，要求“大力发展绿色信贷、绿色债券等金融产品。设立国家绿色发展基金”。各项生态环保政策都将绿色金融纳入其主体内容，使得生态环保和金融的联动桥梁逐渐形成。

7 月，国务院印发《打赢蓝天保卫战三年行动计划》，要求出台对北方地区清洁取暖的金融支持政策，选择具备条件的地区，开展金融支持清洁取暖试点工作。鼓励政策性、开发性金融机构在业务范围内，对大气污染防治、清洁能源和产业升级等领域符合条件的项目提供信贷支持，引导社会资本投入。支持符合条件的金融机构、企业发行债券，募集资金用于大气污染治理和节能改造。同月发布《银行业存款类金融机构绿色信贷业绩评价方案（试行）》，起到了引导金融机构加强绿色信贷基础统计能力和开展绿色信贷业绩评价的基础参照作用。国内绿色债券、绿色基金迅速发展的同时，相关机构加强了监管。

8 月，生态环境部发布《关于生态环境领域进一步深化“放管服”改革，推动经济高质量发展的指导意见》，提出“创新绿色金融政策，化解生态环保企业融资瓶颈制约。积极推动设立国家绿色发展基金，发挥国家对绿色投资的引导作用，支持执行国家重大战略和打好污染防治攻坚战的重点地区、重点领域、重点行业……引导开发性金融资金对生态环境治理的收入。鼓励绿色信贷、绿色债券等绿色金融产品创新，推动开展排污权、收费权、应收账款、知识产权、政府购买服务协议及特许经营协议项下收益质押担保融资”。

9 月，证监会发布修订后的《上市公司治理准则》，确立 ESG 信息披露基本框架。

10 月，湖州市上线全国首个地方性绿色融资企业认定评价 IT 系统。

11 月，中国证券投资基金业协会发布《绿色投资指引（试行）》以及《中国上市公司 ESG 评价体系研究报告》。同月绿金委和伦敦金融城绿色金融倡议在伦敦联合举办第三次中英绿色金融会议，发布《“一带一路”绿色投资原则》及《中英金融机构气候与环境信息披露试点 2018 年度进展报告》。

12 月，在波兰卡托维兹联合国气候变化大会期间，绿金委与欧洲投资银行联合发布《探寻绿色金融的共同语言》第二版白皮书。同月，中国银行业协会对中国 21 家银行开展了首次绿色银行评价。

2019 年是新中国成立 70 周年，也是努力实现全面建成小康社会第一个百年奋斗目标的关键之年，在“创新、协调、绿色、开放、共享”的发展理念和经济转型升级的背景下，中国经济转向高质量发展阶段，绿色金融成为这一阶段的重要任务。

2月，国家发展改革委、工信部、自然资源部、生态环境部、住房城乡建设部、中国人民银行、国家能源局等七部委联合出台《绿色产业指导目录（2019年版）》（以下简称《目录》）及解释说明文件，这是我国建设绿色金融标准工作中的又一重大突破，也是我国目前关于界定绿色产业和项目最全面、最详细的指引，以进一步厘清产业边界，将有限的政策和资金引导到对推动绿色发展最重要、最关键、最紧迫的产业上，有效服务于重大战略、重大工程、重大政策，为打赢污染防治攻坚战、建设美丽中国奠定坚实的产业基础。《目录》属于绿色金融标准体系中的“绿色金融通用标准”范畴，有了《目录》这一通用标准，绿色信贷标准、绿色债券标准、绿色企业标准以及地方绿色金融标准等其他标准就有了一个统一的基础和参考，有助于金融产品服务标准的全面制定、更新和修订。我国绿色金融将迎来标准的逐步统一。

4月，《“一带一路”绿色投资原则》被列入第二届“一带一路”国际合作高峰论坛成果清单，27家国际大型金融机构参加了仪式，标志着绿色投资在“一带一路”框架下逐渐得到共识。中国人民银行发布《关于支持绿色金融改革创新试验区发行绿色债务融资工具的通知》，该通知对试验区绿色债务融资工具募集资金用途进行了扩展，一方面是企业发行绿色债务融资工具获得的资金可投资于试验区绿色发展基金，支持地方绿色产业发展；另一方面是试验区内绿色企业注册发行绿色债务融资工具融得的资金，主要用于企业绿色产业领域的业务发展，可不对应到具体绿色项目。该通知的发布将大大推动绿色金融改革创新试验区绿色债务融资工具的发展，并进一步丰富我国绿色金融市场。

6 月，由中国核保险共同体编制的《核保险风险评估工作指引》中英文版标准正式发布，该标准是中国首个核保险行业标准。

10 月，生态环境部牵头，会同中国人民银行、银保监会、国家发展改革委、财政部等，成立了气候投融资委员会，首届气候投融资国际研讨会在北京成功举办，为气候投融资领域信息交流、产融对接和国际合作搭建了良好平台。

11 月，中国人民银行、国家发展改革委、财政部、生态环境部、银保监会、证监会联合印发《甘肃省兰州新区建设绿色金融改革创新试验区总体方案》。

12 月，中国人民银行发布《关于修订绿色贷款专项统计制度的通知》，同月中国信托业协会发布《绿色信托指引》，这些都是绿色金融标准体系的建设成果。

附录 C　关于构建中国绿色金融体系的对话

构建中国绿色金融体系，是中国实现经济可持续增长的保证。如何使央行投放的流动性更多地进入急需输血的包括绿色环保行业在内的实体经济中？

2018 年 11 月《国际融资》杂志记者独家采访了在国际上被称为“绿色金融先生”的中国金融学会绿色金融专业委员会主任、G20 绿色金融研究小组共同主席、清华大学国家金融研究院金融与发展研究中心主任马骏博士。下面的三个主题对话能够清晰地展示中国绿色金融发展的脉络、在发展中受到的障碍以及突破瓶颈的道路。

中国绿色金融的顶层设计足迹

记者：您在中国人民银行工作期间，曾多年从事绿色金融政策顶层设计的工作。这是一项涉猎领域众多的系统工程，设计路径是怎样的？有哪些进展？能否为我们具体阐述一下？

马骏：中国关于绿色金融的正式讨论始于2014年7月召开的“生态文明贵阳国际论坛”中的绿色金融分论坛。为形成一些更加具体的推动绿色金融发展的政策共识，在我主持的贵阳绿色金融分论坛讨论的基础上，发起了一个绿色金融工作小组。经过包括五个部委和金融业界数十位专家的研究，2015年初，该工作组正式向决策层提交了一份政策研究报告，得到了中共中央财经工作领导小组办公室的高度重视。在报告中，绿色金融工作小组首次提出了“构建我国绿色金融体系”的框架和14条具体建议，这些建议中的绝大多数此后被写入了中共中央、国务院印发的《生态文明体制改革总体方案》中。该方案首次以中共中央、国务院的名义提出要构建中国绿色金融体系。这标志着中国绿色金融政策体系的顶层设计的正式启动。

随后，经中国人民银行批准，中国金融学会绿色金融专业委员会（以下简称“绿金委”）于2015年4月22日正式成立，主要的发起成员就是绿色金融工作小组的一些骨干单位。自成立以来，绿金委的一个重要职责就是开展绿色金融领域的学术研究，并提出相关政策建议。2016年8月底，经国务院批准，由中国人民银行牵头，国家发展改革委、财政部、银监会、证监会、保监会和环保部等七部委联合发布了《关于构建绿色金融体系的指导意见》（以下简称《指导意见》）。《指导意见》提出了落实中共中央、国务院在《生态文明体制改革总体方案》中关于“构建我国绿色金融体系”的一系列具体措施，也发出了一个重要的政策信号，表明中国从最高战略层面到各相关部委的层面已经形成高度共识，决心全力支持和推动中国的绿色投融资，加速经济向绿色化转型。《指导意见》的出台，使得中国成为全球首个建立了比较完整的绿色金融政策框架的国家。

《指导意见》共9个方面35条内容，提出了支持和鼓励绿色投融资的一系列激励措施，包括通过再贷款、专业化担保机制、财政贴息、设立国家绿色发展基金等措施支持绿色金融发展；明确了证券市场支持绿色投资的重要作用，要求统一绿色债券界定标准，积极支持符合条件的绿色企业上市融资和再融资，支持开发绿色债券指数、绿色股票指数以及相关产品，建立和完善上市公司和发债企业强制性环境信息披露制度。提出发展绿色保险和环境权益交易市场，按程序推动制定和修订环境污染强制责任保险相关法律或行政法规，支持发展各类碳金融产品，推动建立环境权益交易市场，发展各类环境权益的融资工具。《指导意见》还支持地方发展绿色金融，鼓励有条件的地方通过专业化绿色担保机制、设立绿色发展基金等手段撬动更多的社会资本投资绿色产业。同时，还要求广泛地开展在绿色金融领域的国际合作。

此后，中国人民银行等七部委还就落实《指导意见》的具体措施制定了详细的实施方案，明确了具体的责任主体和时间表。2017年6月，国务院决定在浙江、江西、广东、贵州、新疆等五省区的八个城市建设绿色金融改革创新试验区。各试验区分别出台了各有侧重、各具特色的总体方案，并结合自身发展阶段、经济特色和财务能力出台了许多创新性政策措施和激励机制。

记者：“绿色金融”这个概念目前是比较时髦的词语，常见于传统媒体与新媒体中，但我们感觉在落地层面还比较弱，除了国企或大型民企外，能够享受绿色金融支持的企业不多，特别是那些高新技术绿色创新企业，由于都是轻资产公司，它们得到绿色金融支持的可能性更小。但是，任何一家伟大的公司都是从小微创新公司开始的，您认为绿色金融应该怎么支持这样的绿色创新企业？谈谈您的思考与解决方案，好吗？

马骏：过去几年，绿色金融政策的焦点确实集中在动员银行、股市、债市的金融资源来支持大中型的环保、节能、清洁能源、清洁交通、绿色建筑等项目，因此，绿色金融的主要参与者是大中型金融机构和大中型企业。我认为，下一步绿色金融发展的一个重点应该是覆盖更多的中小微企业和绿色创新企业。

绿色金融如何支持绿色小微企业，包括绿色科技创新企业，确实需要克服许多障碍。比如，小微和创新企业一般没有太多的资产可以作为抵押向银行融资，也达不到在股票市场上市和发行债券的基本财务要求。因此，发展绿色 PE、VC 基金应该是支持小微绿色创新企业的主要手段。国家正在鼓励这类基金的发展，比如，将成立国家级别的绿色产业基金。过去几年，地方上也成立了 200 多家各类绿色产业基金，其中不少以支持绿色创新企业为主要方向。以后，还应该鼓励和支持地方发起一批绿色科技的孵化器，针对创新企业的特点，提供相应的科技、法律、市场和信息服务，提供低成本租金等优惠政策。

对绿色创新企业，银行也并非完全无所作为。如果有了针对绿色科技企业的担保机制，银行就会有兴趣为这些企业提供贷款。关于对中小微绿色创新企业的担保，目前国内外已有了一些成功的案例，未来中国应考虑成立专业性的绿色贷款担保机构，还可以考虑多级政府（包括省、市、县）出资建立绿色项目风险补偿基金，用于分担部分绿色项目的风险损失，来支持绿色担保机构的运作。另外，一些银行正在试点的绿色投贷联动的做法也值得进一步探索。

记者：您认为，政策层面应如何支持更多的绿色私募基金的发展？

马骏：银行、保险、绿色债券和私募基金是不同的金融产品，具有不同的特点和风险偏好。比如，信贷和债券风险容忍度较低，相比而言，私募基金的风险偏好较高，一般对风险较高、回报率较高的项目感兴趣。保险资金可以是私募基金的资金来源之一。

关于培育绿色 PE、VC 投资者，可从如下几个方面入手。第一，对现有的私募基金进行绿色投资理念的宣传和推广，培育崇尚绿色投资的舆论氛围，鼓励这些投资者自愿采纳或加入绿色投资相关的原则，在投资分析和决策的过程中引入 ESG 理念，即将更多的“非绿”的私募基金改造成为绿色的基金。第二，政府以出资人的身份，参与组建新的绿色 PE 和 VC 基金。政府可以出 10% ~20%，其余来自社会资本，这样用一块钱的政府资金就可以撬动 5 ~ 10 元的社会资本参与绿色 PE 或 VC 的投资。这些做法在欧洲比较普遍。第三，建立绿色 PE 和 VC 投资者网络，加强同业交流，共享评估和投资绿色资产的方法、工具，提升开展绿色投资的能力。第四，强化企业的环境和项目信息披露制度，为机构投资者进行绿色投资创造更好的信息基础。

记者：很多绿色项目可以解决高污染、高耗能等问题，但因为这些项目属于高耗能、高污染行业，因此，很容易被金融机构纳入不予支持的行列。对此，您怎么看？

马骏：其实，2012 年银监会就发布了《绿色信贷指引》，列出了绿色信贷支持的 12 类领域。2015 年 12 月，绿金委又发布了《绿色债券支持项目目录》，包含六大类 31 小类环境效益显著项目及其解释说明和界定条件。31 小类中的很多项目就是为了解决高耗能、高污染行业的耗能或污染问题，例如高效能设施建设、节能技术改造项目，脱硫、脱销、除尘、污水处理等设施建设项目，以及工农业废弃物再生利用项目等。这类绿色项目，不论是被统计为绿色行业，还是属于“污染性”行业，都是应该被大力支持的。

某些银行忽视或不支持这类项目，一方面是银行自身对于绿色信贷的界定标准理解不够，或者缺乏内部评估的专业能力，因此，便简单地将行业大类作为评估项目是否“绿色”的标准。针对这个问题，有关部门可以考虑对《绿色信贷指引》出台更加细化的操作指南，引导银行具体识别属于污染性和高耗能行业的绿色项目。银行内部也应该强化对绿色项目的鉴别和评估的能力。另外，绿色认证评估等第三方机构应该发挥更大的作用，为这些银行提供相关服务。

绿色产业发展的障碍与解决之道

记者： 您认为，目前制约绿色金融发展的主要障碍有哪些？

马骏： 过去几年，绿色金融虽然发展很快，但所占的金融业务的比例仍然很小，原因是绿色金融还面临许多障碍。

一是绿色项目的环境外部性难以内生化。举个例子，一项清洁能源项目的效果是降低空气污染，周边 300 公里之内的居民都能够因此受益。但这些受益的居民没有给这个项目付钱，所以这个项目的正外部性就没有被完全内生化，使得这个项目的收益率不是很高，很可能低于私营部门所要求的收益率。因此，私营部门不太愿意参与这种正外部性没有被内生化的绿色项目。

二是信息不对称。有些投资者想找到有明显环境效益的绿色企业进行投资，但问题在于缺少对相关企业和项目绿色程度的判断依据，因为这些企业往往不披露如二氧化碳、二氧化硫、污水等排放和能耗信息。如果有量化数据，资本市场就有能力识别哪些项目或者企业是深绿、哪些是浅绿、哪些是棕色、哪些是黑色的。另外，只有企业披露了这些数据，资本市场才能用各种方法对这些企业的环境效益或绿色表现进行评估、排序。还有一类重要的信息不对称是投资者不完全掌握绿色科技是否在商业上可行的信息。

三是期限错配。绿色产业很多是中长期项目，但中国的银行系统平均负债期限只有六个月，所以其能够提供中长期贷款的能力非常有限，这就制约了中长期绿色项目的融资能力。

四是金融机构缺乏对环境风险和机遇的分析能力。一些金融机构一方面过低地估计对污染性行业的投资给自身可能带来的风险，从而为污染行业过度地提供贷款；另一方面又没有充分估计到投资绿色产业可能带来的长远好处，反而高估了这些绿色项目面临的风险，因此对绿色项目有过度的风险厌恶，不愿意投资。

五是绿色金融自身的一些问题。绿色金融的概念还没有被大多数金融机构真正了解和认可，绿色金融产品还处在不断开发与完善的过程中，现阶段为绿色产业发展提供的金融支持还比较有限。

绿色金融《指导意见》提出的35条措施，在很大程度上就是针对以上障碍所提出的改革。比如，《指导意见》提出了用再贷款、贴息、担保等手段来提高绿色项目的回报率，缓解外部性问题。再如，《指导意见》提出的对上市公司建立强制性环境信息披露制度，就是要解决信息不对称问题。另外，发展绿色债券市场、绿色基金等措施就是要解决期限错配的问题。只要将这些措施落实到位，并继续在相关领域创新，就有望持续改善绿色金融的发展环境。

记者：绿色创新会涉及对原有污染性、高耗能产业的革命，可能触及利益集团的蛋糕。尽管这些年中国政府推出的支持绿色创新企业和绿色产业发展的政策很多，但是真正能够落实到位的不多。您怎么看这个问题？在双重（金融机构怕风险，传统产业怕靠边）挤压下的绿色创新企业，如何才能快速发展？

马骏：触及利益集团蛋糕的问题，其实是每一个国家产业转型升级中必然会遇到的。而产业的绿色转型是全球的一个大的趋势，特别是在我国，目前政府和人民对绿色发展的意愿和决心都是很强的，所以，绿色转型的趋势是不可逆转的。一些传统产业，比如煤炭业、煤电和高污染的制造业，虽然仍有很大的体量，但其实已经是夕阳产业，如利润逐步下降、监管成本不断上升，必然会逐步退出市场。绿色金融在某种意义上可以加快传统产业的转型：绿色金融要求金融机构（如银行）不断减少对污染性、高碳企业的贷款，要求资本市场减少对这些企业的投资。

关于某些政策落实不到位，问题是多方面的。一些政策文件还停留在说原则、喊口号的阶段，没有具体的、可操作的办法，也没有落实政策的分工方案，没有具体的机构和官员对其负责，文件出台之后自然不了了之。也有的政策文件，确实因为制定阶段就没有充分考虑到市场的实际情况，缺乏可操作性（如政府答应的补贴由于缺乏资金无法落实），往往也是出台后不了了之的原因。

至于银行怕风险而不提供贷款的说法，部分是对银行业本身运行特点的误解。银行的钱来自储户，银行的贷款要保证安全第一，不能做大量高风险的投资，这是银行自身高杠杆的特点和监管要求。所以不可能要求银行像风险投资基金一样大量为存活率很低的创新企业提供贷款。当然，通过担保、提升银行识别项目的能力、投贷联动等方式，可以在一定程度上提高银行参与绿色科技投资的积极性，但科技投资的主体应该是股权投资机构和同行企业。

中国可持续/绿色金融重点探索的三个思路

记者：经历了大约两年的去杠杆进程后，自 2018 年以来，由于监管政策叠加效应、中美贸易摩擦等因素，金融机构的信用投放行为开始出现收缩的苗头，一些绿色环保企业面临资金断裂和违约的风险。为此，央行和监管部门正在考虑采取一些措施，推动金融机构信用投放，缓解经济下行压力。请问应该如何使央行投放的流动性更多地进入急需输血的实体经济中，包括绿色环保行业？

马骏：在“去杠杆”的大背景下，为引导流动性进入绿色环保行业，可以考虑如下措施。第一，适度降低环保产业的税率，如降低污水、垃圾、危废、医废、污泥处理等行业的增值税税率。第二，保证已开工的绿色 PPP 项目的正常运作，满足其合理融资需求。第三，将绿色企业纳入定向降准和再贷款的支持范围。第四，在中国人民银行对金融机构的宏观审慎评估（MPA）系统中纳入鼓励银行持有绿色债券的内容。第五，扩大对绿色企业的担保、贴息支持。第六，鼓励商业银行以应收账款质押、知识产权质押、股权质押等方式开展绿色信贷。

记者：作为G20可持续金融研究小组的共同主席，您能否解读一下《2018年G20可持续金融综合报告》中提出的三项新思路？这三项新思路对中国有什么特别意义？

马骏：G20可持续金融研究小组的前身是2016年中国倡导发起的G20绿色金融研究小组。该小组在2016年推动形成了G20框架下全球发展绿色金融的共识，将绿色金融从一个小众话题提升为金融发展的主流趋势。2018年，该小组提出了三个新思路，推动发展可持续，即要发展可持续资产证券化、可持续绿色PE/VC基金、利用数字技术发展绿色金融。这份文件已经于2018年7月得到G20财政和央行行长会议的批准。

这三个思路也是中国可持续/绿色金融下一步应该重点探索的方向。第一，中国国内目前绿色信贷总额是8万多亿元人民币，但绿色债券余额只有5000多亿元人民币，机构投资者可以持有的绿色资产非常有限。若能将大量绿色信贷证券化，持有数十万亿元人民币的中国机构投资者就可能深度参与绿色投资，对于绿色金融发展会是一个非常大的推动。第二，可持续和绿色领域的企业大多是轻资产的中小微企业，特别是初创期的可持续科技型企业，银行一般不愿意贷款，因此，绿色PE和VC应该是最合适的投资者。绿色科技能否快速发展也在很大程度上取决于绿色PE和VC的作用，因此，有必要大量推动绿色PE和VC的发展。第三，数字技术是现在金融领域很热的一个概念，虽然目前在可持续金融领域还没有很多的具体产品，但这是未来发展的一个重要方向。例如，利用卫星遥感技术加上大数据，可以对企业的碳排放和一个地区的生态环境指标进行实时监测。这些数据可以帮助金融机构及时、准确地判断企业的绿色程度，为绿色信贷、绿色债券以及碳交易提供信息基础。

记者：您是法国、中国、英国等发起的“央行绿色金融网络”的监管工作组主席，您认为未来是否应该降低绿色资产的风险权重？这项措施对绿色金融发展将产生怎样的作用？

马骏：我认为，降低绿色资产的风险权重，可以明显降低绿色信贷的成本，激励银行增加对绿色产业的贷款。这项措施如果到位，其对绿色金融的提升作用可能会大于历史上其他任何一项绿色金融的支持政策。据我们初步测算，对中国来说，如果将绿色信贷的风险权重从100%降到50%，就可能把全部绿色信贷的融资成本降低50个基点。

从国际上看，许多国家对此政策选项有兴趣，但对其利弊还无法做出明确的判断，主要原因是多数国家还没有对绿色信贷明确定义，也没有绿色信贷的统计和违约率的数据。但是，中国银监会于2013年就界定了绿色信贷的定义，并有了绿色信贷的统计和违约率的数据。2017年的数据显示，中国绿色信贷的不良率不到0.4%，远低于银行业贷款平均不良率1.7%。这表明，降低绿色信贷的风险权重是符合维护金融稳定这一审慎监管政策本意的，可以达到鼓励银行向低风险资产类别配置资产的目的。也就是说，降低绿色资产的风险权重，既能提升银行业的稳健性，又能加快金融资源配置向绿色转型，从而推进经济的绿色转型，是一举多得的措施。我建议监管机构认真考虑这项改革建议。

参考文献

安同信，侯效敏，杨杨．中国绿色金融发展的理论内涵与实现路径研究［J］．东岳论丛，2017，38（06）：92－100.

白俊红，聂亮．能源效率、环境污染与中国经济发展方式转变［J］．金融研究，2018（10）：1－18.

白钦先．论比较银行学的研究对象［J］．生产力研究，1999（04）：11－14＋82.

蔡海静．我国绿色信贷政策实施现状及其效果检验——基于造纸、采掘与电力行业的经验证据［J］．财经论丛，2013（01）：69－75.

蔡玉平，张元鹏．绿色金融体系的构建：问题及解决途径［J］．金融理论与实践，2014（09）：66－70.

曹玉书，尤卓雅．资源约束、能源替代与可持续发展——基于经济增长理论的国外研究综述［J］．浙江大学学报（人文社会科学版），2010，40（04）：5－13.

常杪，杨亮，王世汶．日本政策投资银行的最新绿色金融实践——促进环境友好经营融资业务［J］．环境保护，2008（10）：67－70.

陈刚．转型经济中金融制度与经济发展——中国经验的理论与实证研究［M］．厦门：厦门大学出版社，2015.

陈国庆，龙云安．绿色金融发展与产业结构优化升级研究——基于江西省的实证［J］．当代金融研究，2018（01）：120－128.

陈好孟．基于环境保护的我国绿色信贷制度研究［D］．青岛：中国海洋大学，2010.

陈诗一，李志青．绿色金融概论［M］．上海：复旦大学出版社，2019.

陈诗一．能源消耗、二氧化碳排放与中国工业的可持续发展［J］．经济研究，2009，44（04）：41－55.

陈诗一．中国的绿色工业革命：基于环境全要素生产率视角的解释（1980—2008）［J］．经济研究，2010，45（11）：21－34＋58.

陈伟光，胡当．绿色信贷对产业升级的作用机理与效应分析［J］．江西财经大学学报，2011（04）：12－20.

陈欣，刘明．金融发展对二氧化碳排放影响的经验研究［J］．财经问题研究，2015（04）：40－46.

陈雨露．发挥市场和政府两方力量　构建完善高效绿色金融体系［J］．财经界（学术版），2017（12）：6－7.

陈毓佳．绿色信贷、技术进步与产业结构优化——基于中国省际面板数据的实证分析［D］．杭州：浙江工商大学，2018.

陈志武．金融技术、经济增长与文化［J］．国际融资，2006（02）：22－27.

陈智莲，高辉，张志勇．绿色金融发展与区域产业结构优化升级——以西部地区为例［J］．西南金融，2018（11）：70－76.

崔百胜，朱麟．基于内生增长理论与GVAR模型的能源消费控制目标下经济增长与碳减排研究［J］．中国管理科学，2016，24（01）：11－20.

党晨鹭．区域绿色金融发展与产业结构的关系——基于我国省级面板的实证分析［J］．商业经济研究，2019（15）：143－145.

〔美〕德内拉·梅多斯，乔根·兰德斯，丹尼斯·梅多斯．增长的极限［M］．李涛，王智勇译．北京：机械工业出版社，2013.

邓兰．绿色信贷对产业结构调整的作用研究［D］．西安：西北大学，2017.

邓翔．绿色金融研究述评［J］．中南财经政法大学学报，2012（06）：67－71.

董晓红，富勇．绿色金融发展及影响因素时空维度分析［J］．统计与决策，2018，34（20）：94－98.

方建国，林凡力．我国绿色金融发展的区域差异及其影响因素研究［J］．武汉金融，2019（07）：69－74.

方颖，赵扬．寻找制度的工具变量：估计产权保护对中国经济增长的贡献［J］．经济研究，2011，46（05）：138－148.

傅晓霞，吴利学．制度变迁对中国经济增长贡献的实证分析［J］．南开经济研究，2002（04）：70－75.

G20绿色金融研究小组．G20绿色金融综合报告［R］．2016－9－5.

高建良．"绿色金融"：一种新的金融运营战略［J］．云南金融，1998（01）：21－22.

葛兆强．经济增长、金融制度与融资机制创新［J］．天津社会科学，1997（02）：39－44.

顾洪梅，何彬．中国省域金融发展与碳排放研究［J］．中国人口·资源与环境，2012（08）：22－27.

郭炳南，卜亚．人力资本、产业结构与中国碳排放效率——基于SBM与Tobit模型的实证研究［J］．当代经济管理，2018，40（06）：13－20.

郭郡郡，刘成玉，刘玉萍．金融发展对二氧化碳（co_2）排放的影响——基于跨国数据的实证研究［J］．投资研究，2012，31（07）：41－53.

郭占．中国绿色金融指数构建研究［D］．西安：西北大学，2019.

国家开发银行．融合投融资规则　促进"一带一路"可持续发展——

“一带一路”经济发展报告［R］. 2019.

国务院发展研究中心“绿化中国金融体系”课题组．发展中国绿色金融的逻辑与框架［J］. 金融论坛，2016，21（02）：17 －28.

何建奎，江通，王稳利．“绿色金融”与经济的可持续发展［J］. 生态经济，2006（07）：78－81.

何凌云，梁宵，杨晓蕾，等．绿色信贷能促进环保企业技术创新吗［J］. 金融经济学研究，2019，34（05）：109－121.

何小钢．能源约束、绿色技术创新与可持续增长——理论模型与经验证据［J］. 中南财经政法大学学报，2015（04）：30－38＋158－159.

胡宗义，刘亦文，唐李伟．低碳经济背景下碳排放的库兹涅茨曲线研究［J］. 统计研究，2013，30（02）：73－79.

黄建欢，吕海龙，王良健．金融发展影响区域绿色发展的机理——基于生态效率和空间计量的研究［J］. 地理研究，2014，33（03）：532－545.

黄菁．环境污染、人力资本与内生经济增长：一个简单的模型［J］. 南方经济，2009（04）：3－11＋67.

黄少安，韦倩，杨友才．引入制度因素的内生经济增长模型［J］. 学术月刊，2016，48（09）：49－58＋83.

贾晓薇，孙刚，王志强．我国金融制度与经济增长之间的关系研究——基于 ARDL 模型的分析［J］. 数量经济研究，2019，10（04）：88－103.

江晨光．绿色金融促进产业结构调整研究［D］. 南昌：南昌大学，2011.

姜再勇，魏长江．政府在绿色金融发展中的作用、方式与效率［J］. 兰州大学学报（社会科学版），2017，45（06）：108－114.

金玉国．宏观制度变迁对转型时期中国经济增长的贡献［J］. 财经科学，2001（02）：24－28.

李常武，蔡永卫，姜涓涓．绿色金融发展指数构建与思考［J］．甘肃金融，2018（09）：31－35.

李江涛，曾昌礼，徐慧．国家审计与国有企业绩效——基于中国工业企业数据的经验证据［J］．审计研究，2015（04）：47－54.

李玲，陶锋．中国制造业最优环境规制强度的选择——基于绿色全要素生产率的视角［J］．中国工业经济，2012（05）：70－82.

李仕兵，赵定涛．环境污染约束条件下经济可持续发展内生增长模型［J］．预测，2008（01）：72－76.

李晓西，夏光，等．中国绿色金融报告（2014）［M］．北京：中国金融出版社，2014.

李志青，刘瀚斌．中国人民银行发布《中国绿色金融发展报告（2018）》绿色金融呈现出最新发展特性［J］．环境经济，2019（22）：34－35.

梁玉，赵洋．绿色信贷产业结构优化效应研究［J］．西部金融，2017（08）：18－23.

廖涵，谢靖．金融发展对全要素生产率的空间溢出效应分析［J］．学习与探索，2017（06）：140－144.

林毅，何代欣．经济制度变迁对中国经济增长的影响——基于VECM的实证分析［J］．财经问题研究，2012（09）：11－17.

林毅夫，付才辉，陈曦．中国经济的转型升级——新结构经济学方法与应用［M］．北京：北京大学出版社，2018.

林毅夫，付才辉，王勇．新结构经济学新在何处［M］．北京：北京大学出版社，2012.

林毅夫．新结构经济学、自生能力与新的理论见解［J］．武汉大学学报（哲学社会科学版），2017，70（06）：5－15.

林毅夫．新结构经济学——反思经济发展与政策的理论框架［M］．

北京：北京大学出版社，2012.

林毅夫．新结构经济学——重构发展经济学的框架［J］．经济学（季刊），2011，10（01）：1－32.

刘冰欣．日本绿色金融实践与启示［J］．河北金融，2016（10）：28－32.

刘海瑞．金融发展对绿色全要素生产率的影响研究［D］．南京：南京师范大学，2019.

刘婧宇，夏炎，林师模，等．基于金融CGE模型的中国绿色信贷政策短中长期影响分析［J］．中国管理科学，2015，23（04）：46－52.

刘文革，高伟，张苏．制度变迁的度量与中国经济增长——基于中国1952—2006年数据的实证分析［J］．经济学家，2008（06）：48－55.

龙云安，陈国庆．"美丽中国"背景下我国绿色金融发展与产业结构优化［J］．企业经济，2018（04）：11－18.

龙云安，陈国庆．绿色金融助推我国产业结构调整升级［J］．金陵科技学院学报（社会科学版），2017，31（04）：14－18.

马骏．绿色金融：中国与G20［J］．海外投资与出口信贷，2016b（06）：3－10.

马骏．论构建中国绿色金融体系［J］．金融论坛，2015，20（05）：18－27.

马骏．中国绿色金融发展与案例研究［M］．北京：中国金融出版社，2016a.

马利民，王海建．耗竭性资源约束之下的R&D内生经济增长模型［J］．预测，2001（04）：62－64.

马中，周月秋，王文．中国绿色金融发展报告（2017）［M］．北京：中国金融出版社，2018a.

马中，周月秋，王文．中国绿色金融发展研究报告（2018）［M］．北京：中国金融出版社，2018b.

马中，周月秋，王文．中国绿色金融发展研究报告（2019）［M］．北京：中国金融出版社，2019.

毛诗琪．金融发展影响经济增长的区域差异——基于副省级计划单列市变系数模型的实证［D］．宁波：宁波大学，2013.

莫申生．制度安排视角下的中国金融结构调整与经济发展［D］．杭州：浙江大学，2014.

默顿，博迪．金融体系的设计：金融功能与制度结构的统一［J］．比较，2005（17）.

宁伟，佘金花．绿色金融与宏观经济增长动态关系实证研究［J］．求索，2014（08）：62－66.

牛海鹏，朱松，尹训国，等．经济结构、经济发展与污染物排放之间关系的实证研究［J］．中国软科学，2012（04）：160－166.

牛晓耕．能源与环境约束下的中国经济增长：理论探讨与经验研究［D］．沈阳：辽宁大学，2016.

〔印度〕帕瓦达瓦蒂尼·桑达拉彦，纳格拉彦·维崴克，范连颖．绿色金融助推印度绿色经济可持续发展［J］．经济社会体制比较，2016（06）：51－61.

裴育，徐炜锋，杨国桥．绿色信贷投入、绿色产业发展与地区经济增长——以浙江省湖州市为例［J］．浙江社会科学，2018（03）：45－53＋157.

彭路．产业结构调整与绿色金融发展［J］．哈尔滨工业大学学报（社会科学版），2013，15（06）：107－111.

彭水军，包群．资源约束条件下长期经济增长的动力机制——基于内生增长理论模型的研究［J］．财经研究，2006a（06）：110－119.

彭水军，包群．环境污染、内生增长与经济可持续发展［J］．数量经济技术经济研究，2006b（09）：114－126＋140.

彭水军．自然资源耗竭与经济可持续增长：基于四部门内生增长模型分析［J］．管理工程学报，2007（04）：119－124.

蒲勇健，杨秀苔．资源约束下的可持续经济增长内生技术进步模型［J］．科技与管理，1999（02）：4－8.

蒲勇健．经济增长方式的数量刻画与产业结构调整：一个理论模型［J］．经济科学，1997（02）：24－31.

钱水土，王文中，方海光．绿色信贷对我国产业结构优化效应的实证分析［J］．金融理论与实践，2019a（01）：1－8.

钱水土，王文中，石乐陶．绿色金融促进产业结构优化的实证分析——基于衢州、湖州的数据［J］．浙江金融，2019b（05）：36－43.

钱颖一，许成钢，董彦彬．中国的经济改革为什么与众不同——M型的层级制和非国有部门的进入与扩张［J］．经济社会体制比较，1993（01）：29－40.

邱海洋．绿色金融的经济增长效应研究［J］．经济研究参考，2017（38）：53－59.

曲晨瑶，李廉水，程中华．产业聚集对中国制造业碳排放效率的影响及其区域差异［J］．软科学，2017，31（01）：34－38.

任辉．环境保护、可持续发展与绿色金融体系构建［J］．现代经济探讨，2009（10）：85－88.

任力，朱东波．中国金融发展是绿色的吗——兼论中国环境库兹涅茨曲线假说［J］．经济学动态，2017（11）：58－73.

上海银监局绿色信贷研究课题组．绿色信贷支持金融创新与产业结构转型研究［J］．金融监管研究，2016（05）：98－108.

邵汉华，刘耀彬．金融发展与碳排放的非线性关系研究——基于面板平滑转换模型的实证检验［J］．软科学，2017，31（05）：80－84.

沈坤荣，张成．金融发展与中国经济增长——基于跨地区动态数据的实证研究［J］．管理世界，2004（07）：15－21.

舒晓婷．绿色信贷对中国产业结构调整的作用与价值［J］．改革与战略，2017，33（10）：123－125.

孙刚．金融与经济增长关系实证研究的发展与创新［J］．财经问题研究，2004a（12）：15－23.

孙刚．污染、环境保护和可持续发展［J］．世界经济文汇，2004b（05）：47－58.

孙凌云，贾晓薇．浅议绿色金融制度［J］．时代金融，2017（35）：55＋57.

孙焱林，施博书．绿色信贷政策对企业创新的影响——基于PSM－DID模型的实证研究［J］．生态经济，2019，35（07）：87－91＋160.

谈儒勇．中国金融发展和经济增长关系的实证研究［J］．经济研究，1999（10）：53－61.

唐勇，丁嘉铖．我国绿色金融发展促进产业结构转型升级研究［J］．石河子大学学报（哲学社会科学版），2018，32（03）：65－71.

屠行程．绿色金融视角下的绿色信贷发展研究［D］．杭州：浙江工业大学，2014.

王春波，陈华．“绿色金融”——现代金融的新理念［J］．甘肃农业，2003（11）：46－47.

王聪．金融发展对经济增长的作用机制［D］．西安：西北大学，2011.

王海建．耗竭性资源、R&D与内生经济增长模型［J］．系统工程理论方法应用，1999（03）：38－42.

王海建．耗竭性资源管理与人力资本积累内生经济增长［J］．管理工程学报，2000（03）：11－13＋4.

王卉彤，陈保启．环境金融：金融创新和循环经济的双赢路径［J］．

上海金融，2006（06）：29－31.

王婧，王光明．低碳经济路径下的绿色金融创新模式探讨［J］．新金融，2010（12）：53－59.

王军华．论金融业的“绿色革命”［J］．生态经济，2000（10）：45－48.

王康仕．工业转型中的绿色金融：驱动因素、作用机制与绩效分析［D］．济南：山东大学，2019.

王小江．绿色金融关系论［M］．北京：人民出版社，2017.

王小鲁．中国经济增长的可持续性与制度变革［J］．经济研究，2000（07）：3－15＋79.

王修华，刘娜．我国绿色金融可持续发展的长效机制探索［J］．理论探索，2016（04）：99－105.

王遥，罗谭晓思．中国绿色金融发展报告（2018）［M］．北京：清华大学出版社，2018.

王遥，马庆华．地方绿色金融发展指数与评估报告（2019）［M］．北京：中国金融出版社，2019.

王遥，潘冬阳．地方绿色金融发展指数与评估报告（2018）［M］．北京：中国金融出版社，2019.

王钊，王良虎．碳排放交易制度下的低碳经济发展——基于非期望DEA与DID模型的分析［J］．西南大学学报（自然科学版），2019，41（05）：85－95.

王志强，孙刚．中国金融发展规模、结构、效率与经济增长关系的经验分析［J］．管理世界，2003（07）：13－20.

魏梅，曹明福，江金荣．生产中碳排放效率长期决定及其收敛性分析［J］．数量经济技术经济研究，2010，27（09）：43－52＋81.

温忠麟，叶宝娟．中介效应分析：方法和模型发展［J］．心理科学进展，2014，22（05）：731－745.

温忠麟，张雷，侯杰泰，等．中介效应检验程序及其应用［J］．心理学报，2004（05）：614－620.

温忠麟，张雷，侯杰泰．有中介的调节变量和有调节的中介变量［J］．心理学报，2006（03）：448－452.

信怀义．货币政策传导中的金融脱媒影响研究［D］．大连：东北财经大学，2017.

邢新朋．能源和环境约束下中国经济增长及其效率问题研究［D］．哈尔滨：哈尔滨工业大学，2016.

胥刚．论绿色金融——环境保护与金融导向新论［J］．中国环境管理，1995（04）：13－16.

徐仁杰．德日“洗绿”风险的经验借鉴与思考［J］．河北金融，2020（05）：25－28.

徐胜，赵欣欣，姚双．绿色信贷对产业结构升级的影响效应分析［J］．上海财经大学学报，2018，20（02）：59－72.

徐扬．绿色信贷对产业结构调整的作用研究［D］．天津：天津商业大学，2014.

许士春，何正霞，魏晓平．资源消耗、技术进步和人力资本积累下的经济可持续增长模型［J］．哈尔滨工业大学学报（社会科学版），2008（04）：83－88.

许士春，何正霞，魏晓平．资源消耗、污染控制下经济可持续最优增长路径［J］．管理科学学报，2010，13（01）：20－30.

薛俊宁，吴佩林．技术进步、技术产业化与碳排放效率——基于中国省际面板数据的分析［J］．上海经济研究，2014（09）：111－119.

杨万平，袁晓玲．能源持续利用、污染治理下的经济可持续增长模型［J］．西安交通大学学报（社会科学版），2011，31（05）：80－85.

杨万平，张志浩，卢晓璐．中国经济发展的可持续性及其影响因素

分析 [J]. 管理学刊，2015，28 (05)：37 -45.

杨万平. 能源消费与污染排放双重约束下的中国绿色经济增长 [J]. 当代经济科学，2011，33 (02)：91 -98 +127.

杨晓敏，韩廷春. 制度变迁、金融结构与经济增长——基于中国的实证研究 [J]. 财经问题研究，2006 (06)：70 -81.

杨子荣，王勇. 新结构金融学理论与应用 [J]. 金融博览，2018 (05)：34 -35.

易文斐，丁丹. 中国金融自由化指数的设计和分析 [J]. 经济科学，2007 (03)：66 -75.

殷剑峰，王增武. 中国的绿色金融之路 [J]. 经济社会体制比较，2016 (06)：43 -50.

于渤，黎永亮，迟春洁. 考虑能源耗竭、污染治理的经济持续增长内生模型 [J]. 管理科学学报，2006 (04)：12 -17.

于成永. 金融发展与经济增长关系：方向与结构差异——源自全球银行与股市的元分析证据 [J]. 南开经济研究，2016 (01)：33 -57.

于永达，郭沛源. 金融业促进可持续发展的研究与实践 [J]. 环境保护，2003 (12)：50 -53.

余冯坚，徐枫. 空间视角下广东省绿色金融发展及其影响因素——基于固定效应空间杜宾模型的实证研究 [J]. 科技管理研究，2019，39 (15)：63 -70.

袁鹏，程施. 中国工业环境效率的库兹涅茨曲线检验 [J]. 中国工业经济，2011 (02)：79 -88.

曾冰. 我国省际绿色创新效率的影响因素及空间溢出效应 [J]. 当代经济管理，2018，40 (12)：59 -63.

曾学文，刘永强，满明俊，等. 中国绿色金融发展程度的测度分析 [J]. 中国延安干部学院学报，2014，7 (06)：112 -121 +105.

张彬，左晖. 能源持续利用、环境治理和内生经济增长 [J]. 中国人口·资源与环境，2007（05）：27－32.

张承惠，谢孟哲．中国绿色金融：经验、路径与国际借鉴［M］．中国发展出版社，2015.

张承惠，谢孟哲．中国绿色金融——经验、路径与国际借鉴（修订版）［M］．北京：中国发展出版社，2017.

张杰．金融分析的制度范式：制度金融学导论［M］．北京：中国人民大学出版社，2017.

张杰．中国国有金融体制变迁分析［M］．北京：经济科学出版社，1998.

张杰．中国金融改革的制度逻辑［M］．北京：中国人民大学出版社，2015.

张杰．中国金融制度的结构与变迁［M］．北京：中国人民大学出版社，2010.

张杰．中国农村金融制度：结构、变迁与政策［M］．北京：中国人民大学出版社，2003.

张军，吴桂英，张吉鹏．中国省际物质资本存量估算：1952—2000［J］．经济研究，2004（10）：35－44.

张莉莉，肖黎明，高军峰．中国绿色金融发展水平与效率的测度及比较——基于1040家公众公司的微观数据［J］．中国科技论坛，2018（09）：100－112＋120.

张明志．我国制造业细分行业的碳排放测算——兼论EKC在制造业的存在性［J］．软科学，2015，29（09）：113－116.

赵丽霞，魏巍贤．能源与经济增长模型研究［J］．预测，1998（06）：33－35＋50.

赵振全，于震，刘淼．中国金融发展与全要素生产率的关联性——基于面板数据GMM估计的实证检验［A］．载：汪同三，王仁祥．21世纪数量经济学（第八卷）［C］．武汉：武汉理工大学出版社，2008.

赵振全，于震，杨东亮．金融发展与经济增长的非线性关联研究——基于门限模型的实证检验［J］．数量经济技术经济研究，2007（07）：54－62.

郑振龙，陈国进，等．金融制度设计与经济增长［M］．北京：经济科学出版社，2009.

中国人民银行．中国绿色金融发展报告（2018）［M］．北京：中国金融出版社，2019.

中国人民银行．中国绿色金融发展报告（2019）［M］．北京：中国金融出版社，2020.

周林海，蓝春锋，吴狄，等．绿色信贷对地区产业结构发展的影响——基于湖州市数据的实证分析［J］．浙江金融，2019（08）：44－53.

周腾，田发．中国区域绿色金融发展水平的测度分析——基于不同经济发展阶段的视角［J］．经济研究导刊，2019（33）：60－62＋73.

庄晓玖．中国金融市场化指数的构建［J］．金融研究，2007（11）：180－190.

邹至庄．在亚洲金融风暴中的中国经济政策［J］．金融研究，1999（02）：2－7＋81.

Acemoglu D.， Johnson S.， Robinson J. A. The Colonial Origins of Comparative Development：An Empirical Investigation［J］. American Economic Review，2001，91（5）：1369－1401.

Aghion P.， Bacchetta P.， Banerjee A. Financial Development and the Instability of Open Economies［J］. Journal of Monetary Economics，2004，51（6）：1077－1106.

Aghion P.， Howitt P. A Model of Growth through Creative Destruction［J］. Econometrica，1992，60（2）：323－351.

Aghion P.， Howitt P. Endogenous Growth Theory［M］. Cambridge：MIT

Press, 1998.

Allen F. , Gale D. Comparing Financial Systems [M]. Cambridge: MIT Press, 2000.

Anderies J. M. Economic Development, Demographics, and Renewable Resources: A Dynamical Systems Approach [J]. Environment and Development Economics, 2003, 8 (2): 219 - 246.

Anderson J. Environmental Finance [A] //Ramiah V. , Gregoriou G. N. Handbook of Environmental and Sustainable Finance [C]. Amsterdam: elsevier, 2016.

Andreeva O. , Vovchenko N. G. , Ivanova O. B. , et al. Green Finance: Trends and Financial Regulation Prospects [M]. Bradford: Emerald Publishing Ltd, 2018.

Arrow K. The Economic Implications of Learning by Doing [J]. Review of Economic Studies, 1962, 29 (3): 155 - 173.

Bagehot W. Lombard Street: A Description of the Money Market [M]. London: Henry S. King and Co. , 1873.

Bandiera O. , Gaprio G. , Honohan P. , et al. Does Financial Reform Raise or Reduce Saving? [J]. Review of Economics and Statistics, 2000, 82 (2): 239 - 263.

Beck T. , Demirgüc-Kunt A. , and Levine R. Law, Endowments, and Finance [J]. Journal of Financial Economics, 2003, 70 (2): 137 - 181.

Beck T. , Maksimovic V. Financial and Legal Constraints to Firm Growth: Does Size Matter? [M]. Washington: The World Bank, 2002.

Bello A. K. , Abimbola O. M. Does the Level of Economic Growth Influence Environmental Quality in Nigeria: A Test of Environmental Kuznets Curve (EKC) Hypothesis [J]. Pakistan Journal of Social

Sciences, 2010, 7 (4): 325 - 329.

Beltratti A. Growth with Natural and Environmental Resources [A] //Carraro C., Siniscalco D. New Directions in the Economic Theory of the Environment [C]. Cambridge: Cambridge University Press, 1997.

Bian Y., Yang F. Resource and Environment Efficiency Analysis of Provinces in China: A DEA Approach Based on Shannon's Entropy [J]. Energy Policy, 2010, 38 (4): 1909 - 1917.

Birdsall N., Wheeler D. Trade Policy and Industrial Pollution in Latin America: Where Are the Pollution Havens? [J]. The Journal of Environment & Development, 1993, 2 (1): 137 - 149.

Bovenberg A., Smulders S. Environmental Quality and Pollution-Augmenting Technological Change in a Two-Sector Endogenous Growth Model [J]. Journal of Public Economics, 1995, 57 (3): 369 - 391.

Brock W. A., Taylor M. S. Economic Growth and the Environment: A Review of Theory and Empirics [R]. NBER Working Paper 10854, 2004.

Carson R. Silent Spring [M]. New York: Fawcett Crest, 1962.

Charemza W. W., Deadman D. F. New Directions in Econometric Practice: General to Specific Modelling, Cointegration, and Vector Autoregression [M]. Chelten ham: Edward Elgar Press, 1997.

Charnes A. C., Cooper W. W., Rhodes E. L. Measuring the Effciency of Decision Making Units [J]. European Journal of Operational Research, 1978, 3 (4): 338 - 339.

Chichilnisky G., Heal G., and Beltratti A. The Green Golden Rule [J]. Economics Letters, 1995, 49 (2): 175 - 179.

Cowan E. Topical Issues in Environmental Finance [Z]. Research Paper Was Commissioned by the Asia Branch of the Canadian International

Development Agency (CIDA), 1999 (1): 1 – 20.

Dasgupta P., Heal G. The Optimal Depletion of Exhaustible Resources [J]. The Review of Economic Studies, 1974, 41 (5): 3 – 28.

Demirgüc-Kunt A., Levine R. Bank-Based and Market-Based Financial Systems: Cross-Country Comparisons [D]. World Bank Policy Research Working Paper No. 2143, 1999.

Duchin F. Structural Economics: Measuring Change in Technology, Lifestyles, and the Environment [M]. Washington DC: Island Press, 1998.

Francisco C., Pilar M. Technological Diffusion and Renewable Resources in Two-Country Trade Endogenous Growth Model [J]. International Journal of Tomography and Statistics, 2007, 22 (9): 20 – 55.

Frankel J. A., Romer D. H. Does Trade Cause Growth? [J]. American Economic Review, 1999, 89 (3): 379 – 399.

Frankel J. A., Rose A. An Estimate of the Effect of Common Currencies on Trade and Income [J]. The Quarterly Journal of Economics, 2002, 117 (2): 437 – 466.

Frankel M. The Production Function in Allocation and Growth: A Synthesis [J]. The American Economic Review, 1962, 52 (5): 996 – 1022.

Gemmell N. Evaluating the Impacts of Human Capital Stocks and Accumulation on Economic Growth: Some New Evidence [J]. Oxford Bulletin of Economics and Statistics, 1996, 58 (1): 9 – 28.

Goldsmith R. W. Financial Structure and Development [M]. New Haven: Yale University Press, 1969.

Goulder L. H., Schneider S. H. Induced Technological Change and the Attractiveness of CO_2 Abatement Policies [J]. Resource and Energy Economics, 1999, 21 (3 – 4): 211 – 253.

Grimaud A., Rouge L. Carbon Sequestration, Economic Policies and Growth [J]. Resource and Energy Economics, 2014, 36 (2): 307 - 331.

Grimaud A., Rouge L. Polluting Non-Renewable Resources, Innovation and Growth: Welfare and Environmental Policy [J]. Resource and Energy Economics, 2005, 27 (2): 109 - 129.

Grossman G., and Helpman E. Quality Ladders and Product Cycles [J]. Quarterly Journal of Economics, 1991, 106 (2): 557 - 586.

Grossman G., Krueger A. Economic Growth and the Environment [J]. Quarterly Journal of Economics, 1995, 110 (2): 353 - 377.

Gurley J. G., Show E. S. Financial Aspects of Economic Development [J]. American Economic Review, 1955, 45 (4): 515 - 538.

Hafner S., Jone A., Anger-Kraavi A., et al. Closing the Green Finance Gap—A Systems Perspective [J]. Environmental Innovation and Societal Transitions, 2020, 34: 26 - 60.

Hellman T., Murdock K., and Stiglitz J. Financial Restraint: Towards a New Paradigm [M]//Masahiko A., et al. The Role of Government in East Asian Economic Development: Comparative Institutional Analysis [Z]. Oxford: Clarendon, 1997.

Hellman T., Murdock K., Stiglitz J. Liberalization Moral Hazard in Banking, and Prudential Regulation: Are Capital Requirements Enough? [J]. The American Economic Review, 2000, 90 (1): 147 - 165.

Hotelling H. The Economics of Exhaustible Resources [J]. Journal of Political Economy, 1931, 39 (2): 137 - 175.

Hou B., Wang B., Du M., et al. Does the SO_2 Emissions Trading Scheme Encourage Green Total Factor Productivity? An Empirical Assessment on China's Cities [J]. Environmental Science and Pollution Research, 2020, 27 (6): 6375 -6388.

Huang J. H. , Chen J. J. , and Yin Z. J. A Network DEA Model with Super Efficiency and Undesirable Outputs: An Application to Bank Efficiency in China [J]. Mathematical Problems in Engineering, 2014 (9): 1 -14.

Jones C. I. R&D-Based Models of Economic Growth [J]. Journal of Political Economy, 1995, 103 (4): 759 -784.

Jones C. I. Time Series Tests of Endogenous Growth Models [J]. The Quarterly Journal of Economics, 1995, 110 (2): 495 -525.

Kaldor, N. Capital Accumulation and Economic Growth [M]. MacMillan, 1961.

King R. G. , Levine R. Finance and Growth: Schumpeter Might Be Right [J]. The Quarterly Journal of Economics, 1993c, 108 (3): 717 -737.

King R. G. , Levine R. Finance, Entrepreneurship and Growth [J]. Journal of Monetary Economics, 1993a, 32 (3): 513 -542.

King R. G. , Levine R. Financial Intermediation and Economic Development [A] //Mayer C. , Vives X. Capital Markets and Financial Intermediation [C]. Cambridge: Cambridge University Press, 1993b.

Krugman P. How Did Economists Get It So Wrong? [J]. New York Times, 2009, 2 (9).

La Porta R. , Lopez-de-Silanes F. , Shleifer A. , et al. Legal Determinants of External Finance [J]. Journal of Finance, 1997, 52 (3): 1131 -1150.

La Porta R. , Lopez-de-Silanes F. , Shleifer A. , et al. Agency Problems and Dividend Policies around the World [J]. Journal of Finance, 2000, 55 (1): 1 -33.

La Porta R. , Lopez-de-Silanes F. , Shleifer A. , et al. Law and Finance [J] . Journal of Political Economy, 1998, 106 (6): 1113 - 1155.

Labatt S. , White R. Environmental Finance: A Guide to Environmental Risk Assessment and Financial Products [M]. Canada: John Wiley & Sons Inc. , 2002.

Lall S. Rethinking Industrial Strategy: The Role of the State in the Face of Globalization [A] //Gallagher K. Putting Development First: The Importance of Policy Space in the WTO and IFIs [C]. London: Zed Book, 2005.

Levine R. , Zervos S. Stock Markets, Banks, and Economic Growth [J]. American Economic Review, 1998, 88 (3): 537 - 558.

Levine R. Bank-Based or Market-Based Financial System: Which Is Better? [J]. Journal of Financial Intermediation, 2002 (11): 398 - 428.

Levine R. Finance and Growth: Theory and Evidence [J]. Social Science Electronic Publishing, 2004 (5): 37 - 40.

Levine R. Financial Development and Economic Growth: Views and Agenda [J]. Social Science Electronic Publishing, 1997, 35 (2): 688 - 726.

Lindenberg, N. Definition of Green Finance [R]. Deutsches Institut für Entwicklungspolitik, 2014.

Lucas R. E. On the Mechanics of Economic Development [J]. Journal of Monetary Economics, 1988, 22 (1): 3 - 42.

Mauro P. Corruption and Growth [J]. Quarterly Journal of Economics, 1995, 110 (3): 681 - 712.

McKinnon R. I. Money and Capital in Economic Development [M]. Washington: Washington Press, 1973.

McKinnon, R. I. The Order of Economic Liberalization: Financial Control in the Transition to a Market Economy [M]. Baltimore : Johns Hopkins University Press, 1993.

Meng F., Su B., Thomson E., et al. Measuring China's Regional Energy and Carbon Emission Efficiency with DEA Models: A Survey [J]. Applied Energy, 2016, 183: 1-21.

Merton R. A Functional Perspective of Financial Intermediation [J]. Financial Management, 1995, 24: 23-41.

Narayan P. K. The Saving and Investment Nexus for China Evidence from Cointegration Tests [J]. Applied Economics, 2005, 37 (17): 1979-1990.

Nordhaus W. D. Optimal Greenhouse-Gas Reductions and Tax Policy in the DICE Model [J]. American Economic Review, 1993, 83 (2): 313-317.

North D. C., Thowmas R. P. The Rise of the Western World: A New Economic Histroy [M]. Cambridge: Cambridge University Press, 1973.

North D. C. Institutions, Institutional Change and Economic Performance [M]. Cambridge: Cambridge University Press, 1990.

Pagano M. Financial Markets and Growth—An Overview [J]. European Economic Review, 1993, 37 (3): 613-622.

Patrick H. T. Financial Development and Economic Growth in Underdeveloped Countries [J]. Economic Development and Cultural Change, 1966, 14 (2): 174-189.

Pesaran H., Shin Y. Generalised Impulse Response Analysis in Linear Multivariate Models [J]. Economics Letters, 1998, 58 (1): 17-29.

Prebisch R. The Economic Development of Latin America and Its Principal Problems [M]. New York: United Nations, 1950.

Rajan R., Zingales L. Financial Dependence and Growth, American Economic Review [J]. Social Science Electronic Publishing, 1998, 88 (3): 559 - 586.

Ramanathan R. A Multi-Factor Efficiency Perspective to the Relationships among World GDP, Energy Consumption and Carbon Dioxide Emissions [J]. Technological Forecasting and Social Change, 2006, 73 (5): 483 - 494.

Rasche R. H., Tatom J. A. The Effects of the New Energy Regime on Economic Capacity, Production, and Prices [J]. Federal Reserve Bank of St. Louis Review, 1977, 59 (4): 2 - 12.

Rashe R. H., Tatom J. A. Energy Resources and Potential GNP [J]. Federal Reserve Bank of St. Louis Review, 1977, 59 (6): 10 - 24.

Rebelo S. Long-Run Policy Analysis and Long-Run Growth [J]. Journal of Political Economy, 1991, 99 (3): 500 - 521.

Romer P. M. Endogenous Technological Change [J]. Journal of Political Economy, 1990, 98 (5): S71 - S102.

Romer P. M. Increasing Returns and Long-Run Growth [J]. Journal of Political Economy, 1986, 94 (5): 1002 - 1037.

Sadorsky P. The Impact of Financial Development on Energy Consumption in Emerging Economies [J]. Energy Policy, 2010, 38 (5): 2528 - 2535.

Salazar J. Environmental Finance: Linking Two World [R]. A Workshop on Financial Innovations for Biorliversity Bratislav, 1998 (1): 2 - 18.

Schou P. Polluting Non-Renewable Resources and Growth [J]. Environmental and Resource Economics, 2000, 16 (2): 211 - 227.

Schou P. When Environmental Policy Is Superfluous: Growth and Polluting

Resources [J]. The Scandinavian Journal of Economics, 2002, 104 (4): 605 -620.

Schumpeter J. A. The Theory of Economic Development [M]. Cambridge: Harvard University Press, 1911.

Schumpeter J. Capitalism, Socialism, and Democracy [M]. New York: Harper & Brothers, 1942.

Shahbaz M., Tiwari A. K., Nasir M. The Effects of Financial Development, Economic Growth, Coal Consumption and Trade Openness on CO_2 Emissions in South Africa [J]. Energy Policy, 2013, 61 (10): 1452 -1459.

Shaw E. S. Fiancial Deepening in Economic Development [M]. Oxford: Oxford University Press, 1973.

Shi G. M., Bi J., and Wang J. N. Chinese Regional Industrial Energy Efficiency Evaluation Based on a DEA Model of Fixing Non-Energy Inputs [J]. Energy Policy, 2010, 38 (10): 6172 -6179.

Solow R. M. A Contribution to the Theory of Economic Growth [J]. Quarterly Journal of Economics, 1956, 70 (1): 65 -94.

Solow R. M. Intergenerational Equity and Exhaustible Resources [J]. The Review of Economic Studies, 1974b, 41 (5): 29 -45.

Solow R. M. The Economics of Resources or the Resources of Economics [J]. Journal of Natural Resources Policy Research, 1974a, 1 (1): 69 -82.

Stiglitz J., Greenwald B. Toward a New Paradigm in Monetary Economics [M]. Cambridge: Cambridge University Press, 2002.

Stiglitz J. Growth with Exhaustible Natural Resources: Efficient and Optimal Growth Paths [J]. The Review of Economic Studies, 1974, 41 (5): 123 -137.

Stokey N. L. Are There Limits to Growth? [J]. International Economic Review, 1998, 39 (1): 1-31.

Sun Y., Ding W., Yang Z., et al. Measuring China's Regional Inclusive Green Growth [J]. Science of the Total Environment, 2020, 713: 136-367.

Sunkel O. Development from Within: Toward a Neostructuralist Approach for Latin America [R]. Colorado, US: Lynne Rienner Publishers, 1993.

Taylor L. Structuralist Macroeconomics: Applicable Models for the Third World [M]. New York: Basic Books, 1983.

Tobin J. A Dynamic Aggregative Model [J]. Journal of Political Economy, 1955, 63 (2): 103-115.

Tobin J. Money and Economic Growth [J]. Econometrica: Journal of the Econometric Society, 1965, 33 (4): 671-684.

Tone K. A Slacks-Based Measure of Efficiency in Data Envelopment Analysis [J]. European Journal of Operational Research, 2001, 130 (3): 498-509.

Tone K. A Slacks-Based Measure of Super-Efficiency in Data Envelopment Analysis [J]. European Journal of Operational Research, 2002, 143 (1): 32-41.

Wang Q., Su B., Zhou P., et al. Measuring Total-Factor CO_2 Emission Performance and Technology Gaps Using a Non-Radial Directional Distance Function: A Modified Approach [J]. Energy Economics, 2016, 56: 475-482.

Xu X., Huang X., Huang J., et al. Spatial-Temporal Characteristics of Agriculture Green Total Factor Productivity in China, 1998-2016: Based on More Sophisticated Calculations of Carbon Emissions [J]. International Journal of Environmental Research and Public Health,

2019, 16 (20): 3932.

Yue S., Lu R., Chen H., et al. Does Financial Development Promote the Win-Win Balance between Environmental Protection and Economic Growth? [J]. Environmental Science and Pollution Research, 2018, 25 (36): 438-448.

Zaim O., Taskin F. A Kuznets Curve in Environmental Efficiency: An Application on OECD Countries [J]. Environmental and Resource Economics, 2000b, 17 (1): 21-36.

Zaim O., Taskin F. Environmental Efficiency in Carbon Dioxide Emissions in the OECD: A Non-Parametric Approach [J]. Journal of Environmental Management, 2000a, 58 (2): 95-107.

Zhang Y. J. The Impact of Financial Development on Carbon Emissions: An Empirical Analysis in China [J]. Energy Policy, 2011, 39 (4): 2197-2203.

后　记

十年前，我对绿色金融领域产生兴趣，以下是我自身的学术经历和学术积累。

2010 年 12 月，参加第四届亚太经济与金融论坛国际研讨会，并做专题报告《试论碳金融掀起我国金融体系的绿色变革》。

2012 年 11 月，参加第五届亚太经济与金融论坛国际研讨会，在平行论坛上做专题报告《绿色经济与提高经济增长质量之间的关系研究》。

2014 年 9 月，考入东北财经大学金融学院读博，有两篇论文对我的影响很大，一篇是发表于《管理世界》的《中国金融发展规模、结构、效率与经济增长关系的经验分析》（王志强、孙刚，2003），另一篇是发表于《财经问题研究》的《金融与经济增长关系实证研究的发展与创新》（孙刚，2004）。这两篇论文使我对金融发展与经济增长的关系产生浓厚的兴趣，促使我继续深入研究。

2017 年 9 月，参加辽宁省第七届社会科学学术活动月公共管理论坛，论文《辽宁碳交易市场现状及制度框架设计——基于 7 个试点省市的比较分析》获得此次活动征文一等奖，做主题报告《辽宁省碳交易现状及制度框架》。

2018 年，有幸进入北京大学新结构经济学研究院进行访学，对内生经济增长理论的研究兴趣使我重新审视金融发展与经济增长之间的关系，在绿色金融发展与经济可持续增长之间建立关联。内生经济增长理论中的阿吉翁-霍伊特模型考虑了在能源与环境的约束下建立经济增长的平衡路径，给了我较大的启发。

2019 年 9 月，参加以“中国经济绿色发展的理论与实践”为主题的学术研讨会，在平行论坛上做专题报告《新结构经济学视阈下绿色金融制度的构建》。

2020 年 6 月，完成了我的博士毕业论文《中国绿色金融发展与经济可持续增长关系研究：理论与实证》。

本书是我在博士毕业论文的基础上修订完成的。它记载了我读博生涯的酸甜苦辣，记载了我无数个不眠的夜晚在电脑前的敲敲打打，记载了我在无数个值得感激的人的鼓励中奋进前行，也记载了自己为梦想而执着的步伐。

首先，我最想感谢的是引我走入学术殿堂的恩师孙刚教授，孙老师为人谦逊、和蔼、宽容、善良，在学术上追求严谨，知识渊博，让人在轻松的氛围中感受学术的美好与乐趣，只是自己才疏学浅，粗枝大叶，对待某些问题不求甚解，加之学术功底薄弱，对此导师给予了极大的耐心和宽容，让我深感愧疚，因此在无数次想放下完成论文的念头之后又选择了拼尽全力，终得陋作。即使身处沟壑也要仰望星空，每个不曾起舞的日子，都是对生命的辜负，于是我披星戴月，风雨无阻，在追求学术的道路上毅然前行。在此也非常感谢同门的师兄师姐、师弟师妹们的鼎力相助，没有你们的帮助、鼓励和支持，我不会生出“隐形的翅膀”，飞过绝望。在此感谢王志强教授、刘波教授、路妍教授、王振山教授、张抗私教授、崔艳娟博士等，感谢读博期间所有的授课老师，你们的辛苦付出，让我有了更为广阔的视野。还有读博期间结识的同学信怀义博士、尹航博士、张梦博士、高旭东博士、侯帅圻博士、张国建博士，以及其他院校的张宗新教授、王遥教授、张建政博士、周晓时博士，感谢你们的